A PHYSICAL EXPERIENCE OF ANKOKU BUTOH

暗黒舞踏の身体経験

アフェクトと生成の人類学

The Anthropology of Affect and Creation

ケイトリン・コーカー［著］

Kyoto University Press
京都大学学術出版会

若い知性が拓く未来

今西錦司が『生物の世界』を著して、すべての生物に社会があると宣言したのは、三九歳のことでした。以来、ヒト以外の生物に社会などあるはずがないという欧米の古い世界観に見られた批判を乗り越えて、今西の生物観は、動物の行動や生態、特に霊長類の研究において、日本が世界をリードする礎になりました。

若手研究者のポスト問題等、様々な課題を抱えつつも、大学院重点化によって多くの優秀な人材を学界に迎えたことで、学術研究は新しい活況を呈しています。これまで資料として注目されなかった非言語の事柄を扱うことで斬新な歴史的視点を拓く研究、あるいは語学的才能を駆使し多言語の資料を比較することで既存の社会観を覆そうとするものなど、これまでの研究には見られなかった溌剌とした視点や方法が、若い人々によってもたらされています。

京都大学では、常にフロンティアに挑戦してきた百有余年の歴史の上に立ち、こうした若手研究者の優れた業績を世に出すための支援制度を設けています。プリミエ・コレクションの各巻は、いずれもこの制度のもとに刊行されるモノグラフです。「プリミエ」とは、初演を意味するフランス語「première」に由来した「初めて主役を演じる」を意味する英語ですが、本コレクションのタイトルには、初々しい若い知性のデビュー作という意味が込められています。

地球規模の大きさ、あるいは生命史・人類史の長さを考慮して解決すべき問題に私たちが直面する今日、若き日の今西錦司が、それまでの自然科学と人文科学の強固な垣根を越えたように、本コレクションでデビューした研究が、我が国のみならず、国際的な学界において新しい学問の形を拓くことを願ってやみません。

第26代　京都大学総長　山極壽一

はじめに

多くの読者は、本書の表題を見て、なぜ外国人が日本で暗黒舞踏を研究し日本語で論文を書いたのかと考えるかもしれない。私自身、この一〇年間なぜ暗黒舞踏を研究することになったのかと何回も自問自答した。そして、その答えは毎回異なる。

今、確かに言えるのは、それがダンスと日本への興味から始まったということである。三歳のときから現在に至るまで、私にとっての最高の喜びとは、様々な人と様々なダンスをすることである。子供の頃はダンス・スタジオに通い、バレエ、ジャズ・ダンス、タップ・ダンスを習い、踊らない日はなかった。

ダンスは身体が主役であり、それを身につけることができた私であるが、私が育った南部アメリカ、サウス・カロライナの地は、身体を罪とするキリスト教バプティスト派の社会と制度で色濃く染められていた。一〇代の私の身体と道徳に関する考えはバプティスト派の教義と大きく相反し、やがてキリスト教への反発心を抱くようになった。そんなとき、神話学者ジョーゼフ・キャンベルが、日本をアメリカと違ってキリスト教に基づいていない国と語ったことを聞き、日本とはどのような国なのかと、好奇心が掻き立てられたのである。

大学では現代舞踊を学んだが、そこで指導をしてくれた先生が、一九六〇年代に日本で始まった暗黒舞踏について、「intense（強烈または懸命）」であると表現し、暗黒舞踏を学ぶことを勧めてくれた。図書館にあった暗黒舞踏の写真集を見る限り、そのダンスは舞踊の規範を破りつつ、キリスト教的な道徳に対しても叛乱しているという印象をもった。二〇〇六年に卒業してまもなく、舞踊人類学の視点から暗黒舞踏を研究するために、日本に渡った。

来日の数か月後、舞踏家・今貂子のもとで私は暗黒舞踏を踊り始めた。最初に振付をしてもらった時、おとぎ話のような語りを聞かされて、突然「踊ってみて」と言われた。西欧の舞踊の振付の手本や合理的な説明に慣れていた私は、正直、どうしたらいいか分からなかったが、とにかく思いついたままに踊ってみた。実際にどんな踊りだったか、そのときのことは、野良猫が天窓から私をじっと見ていたことと、楽しかったことしか憶えていない。

今氏の舞踏カンパニーでの稽古は、身体的強さや柔軟さのみならず、繊細さ、集中、思考力を重要視したものであった。稽古場で今氏は、身体や踊り、文化などについての日本語の文章を読み上げて説明してくれることもあった。そんな中で、私自身の踊りの課題は、身体的訓練を通してというより、人や言語との出会いを通して解決するものであると考えるようになった。

その後、暗黒舞踏を中心に様々な人や考えと出会うことができた。そこで発見したものが本書の元になっている。大学のときには暗黒舞踏を「叛乱」であると思っていたが、多角的に考えてみると、叛乱というよりも身体とその生命への絶え間ない検討、そしてこの孤立した身体と他の身体とモノとの親密さへの自覚であると考えるようになった。

そして、もう一つの発見があった。それは暗黒舞踏をするに当たっては、暗黒舞踏を踊らなくても良いということである。舞踏家から教えてもらったことを大事にしていきたい。しかしながらそれは宗教とは違うので、舞踏家の信奉者になる必要はない。そもそも、彼らは信奉者をほしがっていない。このような舞踏家のおかげで、私は生涯踊っていくのだろう。

「なぜ外国人が暗黒舞踏を？」と聞かれて、今はそう答えていこうと思っている。

凡例

＊本書の本文中には、二次元コード（ＱＲコード）が付されています。インターネットに接続されたスマートフォンやタブレットなどでコードを読み取ってサイトにアクセスすると、当該部分の記述や写真に関連する動画を参照できます。

＊本書で分析される暗黒舞踏の稽古では、差別的表現ないしは差別的表現ととられかねない言葉が用いられている場合があります。著者・発行者とも、こうした言葉を社会生活において使用することについては批判的です。しかし、舞踏家たちが、さまざまな不自由や障害などの身体経験・身体感覚について芸術家たちの稽古という限られた場で伝える際の慣行として、本書ではそのまま掲載しました。

目次

第2部　暗黒舞踏の形成

第I部

アフェクト——暗黒舞踏を捉える鍵

序章

1　身体と身体、あるいはモノと身体の不可視な繋がりを解く
――本書の問題意識と目的

われわれに最も近いが、われわれの理解から最も遠いものは何か。われわれには可視であるが視線によって捉えきれないものは何か。

これら二つの問いへの答えこそ、われわれの身体である。自分の身体を客観的に見ることも知ることもできず、身体を生きること、むしろ身体に生かされることしかできない。客観的に見ることができても身体は固定した状態で理解できるのではない。それはつねに動くことで世界を経験し、変化していくからである。私はこの変化にこそ、「身体の生命力」の躍動あるいは活性化を認める。身体の動きを通じてこの

生命の躍動がどのように生じるのかを知るというのが、私のフィールドワークの目的であった。

二〇〇六年に来日したとき、私の最初の師匠・今貂子は、踊りがこの身体の生命を活性化させると述べた。私はそれを、踊るという身体運動が触媒になり、身体で感じる力が増殖することだと解釈する。また、観客は踊りを見て、自分が動いていないにもかかわらず、動いている感覚、動かされている感覚、または別世界に連れ去られている感覚を覚えることがある。今貂子の踊りを見ると、千年動かないでそこにいる岩のような絶対的な力が、目と肌から放たれているように感じる。その踊りを見ると、観客自身もそれ以前の自分と違う自分であると感じられる。そのため踊りは身体運動に留まらず、踊り手と観客が共に経験する、間身体的な出来事となると考える。

具体的に言えば、今貂子が行う踊りは「暗黒舞踏」という、一九六〇年代に日本で生まれた前衛的な身体的パフォーマンスであり、劇場の客席に座って鑑賞するものである。人前で踊ることの理想は鑑賞者の身体そのものに何かが届き影響を与えることである。その一方で、踊り手も観客から何かの力を受け、踊らされるのだ、と今貂子は述べている。

これは身体と身体との不思議な相互作用とも言えるが、踊りや劇場でのパフォーマンスに限らない。むしろ、日常生活においてこそ、そうした相互作用がありふれていると考える。なぜか穏やかで肯定的な性格の人と一緒にいると、自分も胸を開き考えが明るくなるが、逆に惨めで否定的な人と一緒にいざるをえないと、胸が苦しくなりお腹も痛くなり頭の中が充血しているようにも感じる。そして、自分の状態がまた相手に同様に影響を及ぼす。場所も同様で、混んでいる電車に乗ると身体の中もパンパンになっているように感じ、海に広がる水平線や山の頂上から見下ろす地平線を眺めると、自分の身体も広がりつつ軽くなっている感覚があるだろう。また、誰かが部屋に登場するだけでそこの空気が変わってしまうことも、そこにいる人たちがその変化に気づくこともある。なぜなのか。まるで身体と身体、あるいは物と身体は不可視なところで気のような何かを交換したり、または混ぜたりしているようである。不可視で不思議で、捕まえにくい現象だが、どうにか言葉で捉えて明らかにしたい。言葉でその理解を深めることができたら、その理解が日常そして踊りを変容させると信じるからである。

そのような問題意識のもと、本書では、身体運動とそれによる様々な関係性を検討することで、上記のような身体的経験を理論的に言語化して示してみたい。より具体的にいえば、日本で暗黒舞踏を踊る人たちの身体運動に焦点を当てて、言葉と身体運動が繰り広げられることによって、その身体的経験がいかに生成されているのかを可能な限りに明らかにしたい。さらに身体の生命について、あるいは身体としていかにより充実した生き方ができるかという洞察を深めたい。このように、本書は、舞踏研究ならびに身体論への貢献を目的とする。

2　暗黒舞踏の人類学の問題点

今まで暗黒舞踏は人類学的な研究対象としてほとんど取り上げられてこなかった。そのため、まずは暗黒舞踏がいかなる人類学的文脈において検討できるのかを考えておく必要がある。

暗黒舞踏は舞踊全般に多大な影響を及ぼしてきた。しかし、暗黒舞踏を「舞踊」や「ダンス」と呼ぶことには多くの問題がある。ここでこの問題を紹介し、なぜ暗黒舞踏を舞踊理論の文脈に置くことができるかを論じる。

暗黒舞踏は舞踊一般と同様に、非言語身体表現であることは間違いなく、普通、舞踊と思われがちである。しかし、舞踊の固定概念に従わない。舞踊の作品では意味を帯びた運動や起承転結のような物語がみられるのに対し、暗黒舞踏の振付は、含蓄に富むがはっきりした意味をもっていない。また、舞台上の出来事はシュールかつ支離滅裂の連続とも言える。そして、暗黒舞踏の創始者であり大黒柱であった土方巽は、その一生において、暗黒舞踏の作品を再演せず、たえず新しい作品を上演した。このように、舞踊は決まった身体的形態に形式を安定させるのに対し、暗黒舞踏はその歴史を跨いで、身体的形態を創り壊し新しく創るという過程を繰り返している（舞踏家小林嵯峨からの聞き取り　二〇一二年一〇月三日）。また、暗黒舞踏は一般的に思われている舞踊と違い、既存の舞踊形式や音楽に縛られない。舞踊形式は音楽で決まる時間やリズムを活用するが、暗黒舞踏では踊り手が自らのタイミングを管理する（舞踏家和栗由紀夫の稽古への参与観察より　二〇一五年八月二五日）。総じて、暗黒舞踏は既存概念に囚われないように自らを定義することそのものを拒否するというのが、これまでの調査の中で得た私の認識である。要するに、暗黒舞踏を舞踊と分類し舞踊と定義することは困難なのだ。仮に暗黒舞踏を舞踊とすれば、舞踊そのものの概念を考え直すことになる。

　この点に関わって言えば、私は、暗黒舞踏の誕生は舞踊を根本から考え直す作業だったと考えている。近代の舞踊の固定概念から逸脱する特徴をもつが、その固定概念が舞踊の全てではない。舞踊は長い歴史をもつものの、その誕生については未だに不明である。そもそも舞踊自体、固定概念をもっていなかったと言っていい。私はこの研究を通じて、舞踏家が舞踊の誕生や生命の誕生まで、その起源を語っている場面に多々遭遇した。また、土方巽や初期の舞踏家たちは現代舞踊の訓練を受けていたダンサーたちであった。彼らが現代舞踊の形式を捨て、暗黒舞踏を生み出したと言えるからこそ、その行為は現代舞踊との関係において文脈づけられている。既知を未知にはできない。身体は特にそうである。そして、暗黒舞踏の振付や作品を創造した際、内部ではその営みを単に「踊り」と呼ぶことが最も多かったそうである（舞踏家和栗由紀夫からの聞き取り　二〇一二年一二月八日）。「暗黒舞踏」という呼称を使用すること自体、他の舞踊活動と区別をつけるためであった。「舞踏」は様々な言語的意味や含蓄を持つが、それらをどの程度意識していたかは定かではない。そして、「暗黒」という言葉が最も大事という舞踏家もいる（第3章参照）。これらの事実を踏まえると、確かに暗黒舞踏は舞踊と言いかねる点もあるかもしれないが、舞踊にとって非常に意味があるとも言えるのだ。

このように暗黒舞踏は舞踊を根本から再び作り上げた、舞踊の再生成として考えることもできる。したがって、暗黒舞踏を人類学的に研究する際、舞踊人類学からのアプローチをとることも可能かも知れない。しかし私は、それは適切でないと考えている。

3　舞踊人類学批判

舞踊は人類学史の初期から一つの研究対象として注目されてきた。調査地に舞踊という概念がない場合でも、人類学者が現地で観察する身体運動を舞踊と称することも多々ある。あらゆる社会に舞踊と思われる行為があるがゆえに、舞踊をいかに人類学的に研究し考察するかという問題は避けられない。ここで人類学における舞踊の扱いについて、舞踊はいかに分析され論じられてきたかをまとめて紹介する。

二〇世紀半ばまでの人類学では、舞踊は特定の社会で行われる儀礼や儀式の一角として扱われていた。ただ記録のみで終わることもあるが、舞踊に注目する場合、その主なアプローチは舞踊の社会的機能を理論化することであった。アルフレッド・ラドクリフ＝ブラウンは、アンダマン島民の民族誌の中で、舞踊の基本的機能はその社会に調和や統一をもたらすことであると主張した［Radcliffe-Brown 1922: 282］。この主張に対し、エドワード・エヴァンズ＝プリチャードは、中央アフリカで調査した舞踊は本質的に不調和であると批判した［Evans-Pritchard 1965: 74］。もっともこうした論争は例外的なもので、それまでのたいていの人類学的研究では舞踊はさほど着目されず、儀式や儀礼の一つの側面としてのみ取り上げられている。それでも、この機能主義的アプローチは、その後の舞踊人類学に受け継がれる。

一九六〇年代になって、舞踊に焦点を当てることが既存の人類学に欠如していると批判し、舞踊に焦点を当てその理論化を図る、ガートゥルード・プロコスチ・クラスやジュディス・ハナなどの人類学者が現れた。その多くが西洋の現代舞踊の経験があることが、その研究関心に大きな影響を与えた［Kurath 1964; Hanna 1987; Kaeppler 2000; Kealiinohomoku 1983; Royce 1977; Williams 2004; Farnell 2012 などを参照］。彼女らは舞踊人類学という分野を立ち上げ、身体的形態はその社会的機能の基盤を成していると論じ、舞踊の社会的機能と共にその身体的形態を分析する重要性を強調した。その分析にあたっては舞踊のための譜面（ダンス・ノーテーション）を使用し、舞踊の振付を保存する必要性を唱えた。舞踊人類学が登場すると、舞踊を実際に踊った経験のない人類学者も舞踊に目を向けるようになり、舞踊人類学は拡大した［Blacking 1983 と Spencer 1986 参照］。

かつての人類学がいわゆる「エスニック」舞踊、すなわち前近代社会の儀式や儀礼で行われる舞踊を取り上げてきたことに対し、ジョアン・ケアリーノホモクはいわゆる西洋舞踊も考察する意義を訴えた。ケアリーノホモクは、バレエの美学に西洋の文化史が凝結されていることから、バレエも「エスニック」舞踊として扱うべきだと言う［Kealiinohomoku 1983］。これは西洋から発生した舞踊を研究する可能性を開き、さらに舞踊を分析することでその文化的価値観と考え方を解釈するという方法論を提示した。

社会的機能の次に、多くの舞踊人類学者が論じたのは、文化的文脈における舞踊の意味である。その際、彼女らは、舞踊が現地の文化とその社会の考え方を代表する表象として、舞踊の形態をテキストのように読み取ろうとする［Hanna 1987; Kaeppler 2000; Ness 1992］。ジュディス・ハナは様々な舞踊を比較分析し、舞踊にも意味論（セマンティックス）があると述べている。さらに、舞踊は文化そのものの換喩（メトニー）または隠喩（メタファー）であると主張する［Hanna 1987: 233］。同様に、サリー・ネッスは、自身のセブ市のシヌログ祭りの舞踊を中心とした民族誌（ダンス・エスノグラフィー）の中で、舞踊が社会的文化的文脈の様々な要素によって構成されている象徴（シンボル）であると論じている［Ness 1992: 17］。

こうしたアプローチに対し、シンシア・ノヴァク、井上淳生は、実際に踊っている舞踊の実践者からその舞踊を切り離して論じていると批判する［Novack 1990; 井上 2013: 63 参照］。ネッスも、舞踊が実践者の個人的歴史と生活に直接関係していることを無視できないと論じている［Ness 1992: 233］。こうした批判を契機にして、舞踊への人類学的考察は、社会全体というマクロより、踊っている人々の実践というミクロな側面に焦点を当て始めた。舞踊は踊る者の「アイデンティティ」、すなわち彼らがいかに社会的自己を意識している、またはさせられているかを表現しているという研究者も現れてきた。

このように一九八〇年代以降の人類学や学際的な研究は、舞踊がいかにアイデンティティを表象し、とくに身体に刻印されたジェンダーやセクシュアリティーを表現しているかを論じている［Hanna 1987; Novack 1990; Daniel 1994; Browning 1995; Savigliano 1995］。ヘレン・トマスによれば、この傾向はフェミニスト研究の影響を帯びている［Thomas 2003］。また、舞踊史を遡り、その振付を再考察し、セクシュアリティーや人種に関する社会的概念を読み取ろうとする論述もある［Desmond 2001; Gottschild 2003］。

しかし私は、舞踊を読み解く以上のアプローチが、踊る身体を、何かを表象する安定した媒体と見なしていることには、大きな問題があると考える。

一点目の問題は、こうした研究が、上演に焦点を当てる傾向があることである。上演は踊る過程における氷山の一角でしかなく、踊る実践を理解するに当たっては、調査対象として不十分である。訓練や振付など、舞踊を生み出す創造過程に注目する視点が欠如しているからだ。二点目の問題は、身体的形態に着目し、譜面によって記号化する傾向があることである。このような記録のみでは、舞踊の営みに洞察を与えることにならない。細密に記録しても再演できるかさえも疑問である。

最初の問題に関して言えば、舞踊の上演に基づいて調査・分析し、舞踊の理論化を図る研究は矛盾している。すなわち上演の観察のみでは観客の視点の調査に留まるので、舞踊家自身を理解することにはならないからである。舞踊の上演では、確かに舞踊家と観客が同じ出来事に参加しているが、舞踊家と観客にはそれぞれの役割と経験がある。[*1] ほとんどの場合、舞踊家は上演の場を創出、管理し、観客はその舞踊家の世界に踏み入るために来客する。このように舞踊家と観客とが区別されている場合、上演のみでは舞踊家の経験に肉薄できない。上演までに舞踊家がどのような過程でいかにその舞踊を誕生させたかを調査しないと、舞踊の内実に迫らないまま、分析と考察を進めていくことになってしまうだろう。

二つ目の問題に関して、舞踊人類学者の中には、舞踊を分析し論じる際、ラバノーテーション等の舞踊譜面で身体運動を記録すべきだと主張する者がいる［Farnell 2012］。この主張に対しては、舞踊譜面は分析にあたり役立つであろうが、読み手のほとんどは舞踊譜面を読めないという事実も指摘されている［Zuckerman 2013］。私自身は、そもそも身体的形態を譜面として記号化する必要性に疑問を抱く。この記号化は動きを譜面のシステムに変換し解釈してしまう。舞踊家がいかに自らの舞踊を保存または伝達しているかは考慮されていない。舞踊譜面は、三次元で舞踊の身体的形態と、速度や強度などの不可視な要素を分類し記号化できることは確かだが、これは、相手の動きを自らの枠組みに当てはめ、翻訳することにしかならないと考える。舞踊家自身がいかに踊りの動きを作るかという問題を無視すると、その心を理解できなくなる。

この二点の問題に対し、本書では暗黒舞踏の上演よりも稽古に焦点を当てて、舞踊人類学以外の身体論的アプローチすなわちアフェクト論的アプローチの必要性を主張する。しかし、アフェクト論について論じる前に、暗黒舞踏の研究史を紹介し、そこでの本書の貢献を述べておきたい。

4　暗黒舞踏の先行研究

暗黒舞踏における先行研究のほとんどは、その動きが作られる具体的な過程、すなわち稽古を考察に入れていない。しかしわずかではあるが、舞踏家自身が学術的に暗黒舞踏について記した論考があり、彼ら自身の手による記述には舞踊人類学がとってこなかったアプローチも見ることができ、多くの示唆を与えてくれる。以下にそれらを紹介し、本書がいかにそれらに対して新たな事柄を提示し、その議論を引き継いで展開しているかを述べておこう。

(1) 稽古する過程に焦点を当てる研究

三上賀代［1993］は暗黒舞踏の稽古に焦点を当て、その運動がいかに言語的指導から生み出されているかを論じている。三上は一九七八年から一九八一年まで土方に弟子入りして、暗黒舞踏の稽古を受けた。その後、御茶の水女子大学で博士号をとり、現在は学者として暗黒舞踏の研究をしつつ舞踏家として活動している。三上は、自分の経験と他三人の弟子による稽古ノートに基づき記述する。三上によると、稽古は、弟子が社会的自己を捨て、稽古に身を投げ捨てるところから始まったそうである。そこで培われる身体は言語的指導からのイメージを無限に受け入れ変貌できる物すなわち器である。稽古の中、弟子は師匠からの多々の言語的イメージを知覚することで、身体運動が導かれ、そのイメージに「なる」と述べている。

三上の研究は初めて実践者の視点から暗黒舞踏の稽古、すなわち暗黒舞踏の身体運動を創る過程を述べた点で、画期的であった。三上は姉・兄弟子のノートを参考にしたが、その読み取り方は三上自身の弟子入りの経験に基づいている。稽古の過程を考えるとき、一人のみの経験ではなく、なるべくその集団全体を把握しつつ、個々人の多様性を検討すべきだと考える。三上のみならず、なるべく多数の姉・兄弟子がいかに暗黒舞踏の運動を伝達しているかに焦点を当てることで、暗黒舞踏とその身体をより多角的に明らかにできる、と私は考える。

ところで三上は暗黒舞踏の身体は完全な受動体であると述べるが、暗黒舞踏の身体性に能動的と言える特徴もあるのではないかとの疑問を私自身は抱く〔第3部参照〕。また、三上の主観的な執筆に対し、より客観的な分析手法をとることで、明らかにできることもあると考える。たとえば、三上は舞踏家と鑑賞者との関係において「踊り手と観客のいのちが響き合う」と記すが、それはどのような関係性なのか。客観的な分析によって、三上の論を具体的な方向へと展開できるだろう〔第7章参照〕[三上 1993: 140]。

(2) 舞踊ノーテーションに対する「舞踏譜」

暗黒舞踏の先行研究においては、舞踊ノーテーションが使われておらず、「舞踏譜」というものが活用されている。土方が雑誌などから切り取った絵画や語りからの言語的イメージが振付の記号として書かれたもので、土方の弟子の和栗由紀夫によってまとめられ、舞踏譜と名付けられた[和栗 1998]。その後、舞踏譜を巡る研究は、土方の弟子の協力を得て、慶應義塾大学アート・センターの土方巽アーカイヴで進められている。具体的には、弟子が記憶している振付を撮影し、土方からの指導を記録しているノートを分析し、それらを照合し考察するというものである。

また和栗は、舞踊ノーテーションと比較して舞踏譜を論じている。和栗によれば、舞踏譜は西洋の舞踊の譜面とも、日本の伝統芸能における譜面とも異なっているという。すなわち、西洋や日本の伝統芸能の譜面は両方とも舞踊の身体的形態を記録し、前者は抽象的で後者は写実的であるが、舞踏譜は符号や描写より、主に言葉を活用しているというのである。この言葉は土方巽の言語的指導であり、舞踏家にインデックスのように働きかけ、身体的イメージを呼び起こすと述べている。

しかし和栗らの研究では、身体的イメージがいかにして身体運動になるかは明らかになっていない。言葉と動きのみに注目すると、動きを言葉という記号に単純化してしまう。これに対して本書では、暗黒舞踏を言語あるいは記号に単純化せず、土方の弟子である多数の舞踏家の稽古に焦点を当て、彼らがいかに暗黒舞踏の動きを生成させるかについて考察する。つまり、身体運動を記号化するのではなく、本書は暗黒舞踏を踊ることとそのものの身体経験に肉薄することで、暗黒舞踏を明らかにする。その際の理論的な枠組みとなるのがアフェクト論である。そこで次節以降ではアフェクト論とその諸課題を提示し、本書の視座を示す。

5　アフェクト論の先行研究

社会科学において、いかに身体と身体的経験を論じるかは長年の課題である。二〇世紀までに多く使われていた表象主義的アプローチや文化論的アプローチ、または言語分析的アプローチに対し、二一世紀に入る頃から、アフェクト論が身体的経験の内実に肉薄する可能性をもつアプローチとして多く使われるようになった。簡単にいえばアフェクト（affect）とは、自らの身体を基盤として、他の身体や物を感じ取って影響を与えたり、または与えられたりすること、およびそれに関する概念である。

本書は、アフェクト論を、踊る際に身体と身体との間に流動するものへの最も適切なアプローチとして考える。ここではまずアフェクトという概念がいかに哲学そして社会科学の身体論において論じられてきたのか、人類学においていかに適用されてきているのかを紹介したい。アフェクト論が身体論のどのような問題点を克服したのか、またはアフェクト論においてどのような問題点が現れてきたのかを論じる。

(1) アフェクト論の登場

アフェクトとは情動や感情と訳されることが多々あるが、その理論は一般に考えられている情動・感情という言説や認知の層より一層深く掘り起こした身体的経験を把握しようとする概念であると考える。この概念は哲学者バールーフ・デ・スピノザのアフェクトゥス（*affectus*）に由来している。スピノザは、一六七七年の『エチカ』において、アフェクトゥスは身体と身体との相互作用による情動あるいは身体的変動であるという［Spinoza 1994］。スピノザは四八種類のアフェクトを挙げ、その主なものを欲望、快楽、悲しみとしている。そして、アフェクトゥスはその情動のみならず、情動によって身体の活動する能力が増幅・減少することでもあると述べる［Spinoza 1994: 154］。さらに、スピノザはこの身体の活動する能力を、「存在する力（*existendi vis*）」とも呼んでいる［Kisner 2011: 20］。つまり、アフェクトゥスという概念で、スピノザは感情から「身体の生命力」までを包括的に論じている。

その三〇〇年後、フランスの哲学者ジル・ドゥルーズと、哲学者にして精神分析学者のフェリックス・ガタリは『千のプラトー』で、彼らのいう身体とその変容をめぐってスピノザのアフェクトゥスに基づいた「アフェクト」の要素について論じた。本節では、前述したスピノザのいう「存在する力」と「変動」

に対し、ドゥルーズとガタリのいうインテンシティズ（諸強度）ならびに「生成変化」（becomings）を取り上げて、彼らがいかにアフェクトと身体的経験を考えていたのかを考察したい。

ドゥルーズは、インテンシティズとは、空腹や苦痛でもあり、内部と外部から起こされる身体的感覚でもあるというが［Deleuze 1987］、哲学者ブレント・アッドキンスはインテンシティに対しエキステンシティ（空間性）を対比概念とし、インテンシティを次のように説明している。


例えば、温度はインテンシティでありつつ、量はエキステンシティ（空間性）である。湯一杯を想像すると、このことをはっきりと見出すことができる。この湯には水量も、水温もある。この一杯の半分を注ぎ出すと、量は半分に減らすことができる。それは、量は分離可能なものであり、漸次に増やしたり減らしたりすることができるからである。しかし、水温はこれと完全に異なっているものである。半分を注ぎ出すと、水温は半分になるわけではない。まったく同じ水温になる。温度は強度のある、不可分で途切れないものである。［Adkins 2015: 100］

このようにインテンシティは抽象的なものだが、実際に感じられるものでもある。言い換えれば、物質的なものとしては測られないが、確かに身体を駆け巡る。インテンシティの形態で身体を流れるのは寒さや痛み、快楽などとされる。

またドゥルーズとガタリは、単に在ること（being）は同じ存在を再生産させるのに対し、「生成変化」（becoming）は新たな何かを生み出すような実験であるという［ドゥルーズ&ガタリ 1994: 315-316］。これを私は、生成変化は他者のアフェクト、すなわち身体の成し得ることを指摘し、自分も自分なりに他者のようにアフェクトを果たすようになることであると解釈する。この解釈を説明するために、ドゥルーズとガタリが述べる「馬のアフェクト」そして「馬になること」を以下に引用しよう。

〔馬のアフェクト〕
ここでもう一度、子供たちの助けを借りることにしよう。そして彼らはどのように動物を語り、何に熱中するのか、注目してみよう。子供たちは情動のリストを作成する。ハンス坊やの馬は表象〔代理〕的なものではなく、情動においてとらえられている。〈中略〉……遮眼帯で目をふさがれていること、轡と手綱のせいで自由がきかないこと、誇り高いこと、大きなおちんちんをもっていること、重い荷を引くこと、鞭で打たれること、倒れること、脚で騒々しい音をたてること、噛みつくこと……〈後略〉……お馬が道に倒れちゃった！〈中略〉……荷が重すぎて、鞭がひどすぎて、もう立ち上がれない。お馬が死んじゃう！というわけだ。

［ドゥルーズ&ガタリ 1994: 296-297］

〔馬になること〕
ハンスのものでも、馬のものでもない、ハンスが馬に〈なる〉生成変化に特有の、いまだ知らざるアレンジメントがあるのかどうか。たとえば馬が歯をむきだし、ハンスの方はそれと別のもの、足や脛やおちんちんなどを、手当たり次第むきだしにする、そんなアレンジメントがあるのかどうか。

［ドゥルーズ&ガタリ 1994: 297］

私はここで二つのことを指摘したい。第一に、この過程は、他者を模倣することではないことである［Uno 2012 参照］。第二に、子供は馬のことを文化的な記号で考えているわけではなく、馬から身体で受け取るインテンシティズすなわちアフェクトで考えている。ドゥルーズとガタリは、馬はハンス坊やと違う位置（これを機械状アレンジメントという）に置かれているとも書いている。ゆえに、その立場の「馬になること」はハンス坊やでも元々の馬でもなく、その間にある。この間にいるようになること、つまり「なること」でスピノザのいう自分の身体が影響を及ぼす・及ぼされる能力、すなわちアフェクトの可能性を高める効果が重視される。しかし、ドゥルーズとガタリは制限すなわち不可能性といえるものもそのアフェクトに含めている。馬が荷の重さや鞭で苦しみ、結局死んでしまうことも人を泣かせたのではないかと、そこにある否定的なアフェクトも認めるのである。「なる」過程で全てのアフェクトが身体状態というアフェクトを拡大させる。

まとめると、ドゥルーズとガタリは抽象度を上げつつ、アフェクト概念をより具体的な方向へ展開した。アフェクトは外部との関係だけでなく、まだ名前のない、微妙な内なる感覚からももたらされるものである。その一方、外部との関係が身体の内なるミクロ・レベルまで影響を及ぼす。そうして、内と外、そして身体と環境という境界線はアフェクトでかすむことになる。

『千のプラトー』を英語に翻訳した哲学者ブライヤン・マッスミ［Massumi 1995, 2002］は、アフェクトはインテンシティズ、「なること」でみられた変化、アフェクトする能力であるから、個人的感情（emotion）ではないと指摘する。マッスミは自らの著作『バーチャルの比喩――運動、アフェクト、感覚（*Parables for the Virtual: Movement, Affect, Sensation*）』でこれを展開させ、アフェクトを自律的（autonomous）なものであると論じる［Massumi 2002: 35］。

そして、マッスミは同書の中で、既存の身体論で見逃されていたとされる運動、アフェクト、感覚を論じて、とくにアフェクトをより深く抽象度高く提示している。その後、マッスミの影響を受けて、多くの社会科学者は表象論または文化論が捉えきれない身体の諸要素に目を向けた。そして、二〇〇〇年代から「アフェクト的転換（affective turn）」と言われるほど、多くの社会科学の諸分野もアフェクト、および身体運動や感覚に目を向けることになる。そこで次項では、主にマッスミの論述に依拠しつつ、社会学者たちはいかにアフェクトを捉えてきたのか、前述した強度の現れと作用をいかに論じているかを示す。そして、アフェクト論が身体論のどのような問題を克服したのか、またどのような問題を残したのかを述べて、その問題をいかに解決できるかを論じる。

(2) 身体論におけるアフェクトの意義

近年の社会科学における身体論は、身体化（embodiment）の概念なくしては論じられない。トーマス・ショルダッシュによると、身体化論はモーリス・メルロー＝ポンティの現象学に依拠し既存の身体論の表象論を補うアプローチでもあるという［Csordas 1993, 1994 参照］。身体化とは、人間の身体的実践はいかに現地の文化によって形成されているのかという理論とそれを検討する方法論である［Csordas 1994; Jackson 1989; Nomura 1990; 菅原 2013］。それは、文化的な価値観や規範をもとにわれわれの振る舞い方が自然と思えるほどに無意識に習慣化していく過程である。例えば、われわれの歩き方、話し方、座り方、表情の作り方などは、文化によって形成されていると言われている。そして、これらの文化的実践は振る舞い方のみならず、われわれの物理的身体そのものにも変化を及ぼす。その例として、瘢痕分身や割礼などの、身体を変形させる文化的実践が挙げられる。つまり、身体化はわれわれの身体的経験がいかに文化によって形成されているかを検討するアプローチである。

この結果、身体論というにもかかわらず身体化論的アプローチの焦点は身体から文化にずれてしまう。ショルダッシュも「われわれにとって重要なのは孤立した現象としての身体ではなく、文化が感覚的な携わりを念入りに作り上げることである」と述べている［Csordas 1994: 139］。

これに対し、アフェクト論は文化が身体を形成していることを認めているが、文化的に言説として作り上げられる以前の感覚を捉えようとする。身体化論とアフェクト論のどちらも身体的経験を検討するが、そこから身体化論は文化を理論化し、アフェクトは身体的経験そのものを理論化しようとする。この点において、アフェクト論は身体化論批判でもあると考えられる。

しかし、この点においてアフェクトの大きな問題点が出てくる。それは、文化以前の身体的経験を考察しようとしつつも、文化以前のあるいは文化と関係のない身体が存在しないことを主張しているからである［Massumi 1995; Mazarella 2002; Thrift 2004: 58］。これに関してウィリアム・マザレラは、自らの身体が物理的に作り変えられる程に文化的な意味を受けていると指摘している。文化の影響によって変わっていくと、身体がいかに世界を感受できるかということも変わっていくということである［Mazzarella 2002］。さらにエミリー・マーチンは、われわれの感覚と志向性は個々人のものでもなく、アフェクトは人間の生物学的なものでもなく、どれも徹底的に社会的なものであると論じている［Martin 2013］。

この問題を解決するため、アフェクト論は抽象度の高い概念を用いて身体的経験を描こうとする。しかし、このことも、もう一つの問題とされている。イアン・スカガードとアリス・ウォーターストンは、過度の抽象化はその論述を明確にするというより論点を不明にする傾向があると指摘する［Skoggard and Waterston 2015］。私も、アフェクト論のこの論じ方はより言説そして文化的な意味づけに走ってしまう傾向があると考える。

また前述のことは、身体そのものを言語化する問題でもある。第1節で身体を客観的な視点から知ることの不可能性を述べたが、この不可能性があるからこそ、身体化論のように身体のことを論じようとしても別の課題を理論化することになってしまう。身体と言葉はかけ離れている領域であるとも思われがちだが、私は、身体への理解を深める書き方が必要であると主張したい。過度の抽象化が名詞／形容詞を中心とする言語化の問題だとすれば、次に身体に関する動詞、その経験をいかに言葉で描けるかという問題が出てくる。

身体経験における動詞の態は身体論でもアフェクト論でも解決されていない問題である。既存の身体論は、ミシェル・フーコーのような絶望的な受動態「世界・社会が私に働きかける」、またはメルロー＝ポンティのような能動態「私が世界・社会に働きかける」という二分法に陥る傾向があると考える［Csordas 2011 参照］。アフェクト論において、能動性を発揮できる主体はないとされている。メガン・ワットキンスは、個人の傾向性、主体性、そして自己形成そのものもアフェクトの蓄積によって引き起こされていると論じている［Watkins 2010: 269］。アフェクト論は、能動というよりも経験の受動性を強調する。アフェクト論を用いる人類学者箭内匡は、身体的経験が受動的であることを論じており、『情動の人類学』の西井凉子は箭内に賛同しつつ「かんぜんに能動でもなく、かんぜんに受動的でもない」とも述べる［箭内 2011: 西井 2013］。アフェクト論において、身体的経験の態は「かんぜんに」どちらでもないとすれば、どのように身体的経験を動詞の態で表せるかはまだ明らかになっていない。

最後にこれら、過度の抽象化そして動詞の態という、身体経験の言語化の諸問題の意義を説明しておこう。抽象化より、具体的に身体を描く方が、身体の言語的イメージを共有できる可能性がある。この共有に近づけば近づくほど、身体の捉え方を共有し、その理解を深めることになる。また、動詞の態によって、身体経験における身体と環境との関係、および環境に対する身体の位置と態度をいかに把握し熟考できるかということが決まってくる。そのため、アフェクト論において身体の言語化は無視できない問題だと考える。

これらを踏まえて、アフェクト論における長所と問題をまとめておこう。既存の身体論に対するアフェクト論の長所は、文化論で身体を捉えようとせずに、実際に身体で感受されたものに焦点を当てて身体を論じようとすることにある。同時に、アフェクト論は過度の抽象化で身体の言語化の問題を解決しようとするが、言語化の問題はまだ残されているのである。

⑶ アフェクトの人類学

前述した、身体論におけるアフェクトの議論は、人類学者も巻き込む学際的なものであった。人類学におけるアフェクト論への論述は、人類学にいかにアフェクト論を適用できるか、そしてアフェクト論を通していかなる新しい人類学的な概念を導き出せるかに関するものである。これは、前述したマザレラ、マーチン、そしてスカガードとウォーターストンの論文に代表されている。

人類学とアフェクト論に関する論文は多々あるのに対し、アフェクト論に基づく民族誌という著書の形をとっている挑戦は少ない。数少ない一つは、二〇〇七年にカスリーン・スチュワートが著した『日常のアフェクト（*Ordinary Affects*）』である。この民族誌は研究対象の行為を分析するために、文化システムや政治的システムをその原因とせずに、対象の日常のアフェクトがいかに彼らを世間に繋ぎ、彼らの共有の経験を創出し、彼らの公共のアフェクトを結果的に形成するかを示している。民族誌であるにもかかわらず、スチュワートは三人称で物語のように執筆している。実験として意義がある著書と考える一方、実験であるがゆえに、アフェクト論に基づいた民族誌のモデルとしては認められないであろうとも言える［Stewart 2007］。

これに対し、西井凉子はアフェクト論を理論的背景にしつつ、スチュワートより典型的な民族誌を作成し、二〇一三年の『情動のエスノグラフィ――南タイの村で感じる・つながる・生きる』を執筆した。とくに「生と死」の問題を凝視しつつ、西井は人々との間を流動する情動を観察するのみならず調査者自身もアフェクトに巻き込まれることを認めて調査を行った。西井は、アフェクト論に基づいた民族誌の作成にあたって、人類学者自身の身体を通して研究対象のアフェクトを感受し言葉で読み手に伝えようとすると述べている［西井 2013］。

ここで西井は身体（研究者の身体、研究対象の身体）の中心性を述べているが、その後の執筆においては身体は欠如しているようにも読める。例えば、同書の第2章と第6章は、既に起こった出来事を分析しているので、西井自身はその出来事に身体的に触れておらず、出来事の関係者の語りによって再構成されている。語りからアフェクトを読み取ることもあり得るが、ここで西井は身体化論がより良く説明できる感情と社会システムに注目して論じている。また、西井自身が自分の身体で出来事に携わる場合でも、身体で感受するものは主に物事の外見、つまり視覚に頼り他の身体的感覚を生かしていない。身体的感受では、視覚はそのごく一部である。つまりここでの問題は、研究対象の人々のアフェクトをいかに感受するかである。

一方、感受したアフェクトを読み手にいかに伝えられるかという問題もある。スカガードとウォーターストンは、民族誌の書き方において現地で感じたことを保持する記述と説明を人類学の挑戦とし、その挑戦の分野を「喚情的エスノグラフィー（evocative ethnography）」と呼んでいる［Skoggard and Waterston 2015］。西井によると、こうした記述や説明は情報の伝達ではなく、読み手の身体そのものへの変化を起こすことであるという。つまり、読み手にそのアフェクトを感受させるということである［西井 2013］。

私自身はアフェクト論で身体を通して調査するなら、五感と気持ちも生かし、より身体全体で物事を感受できるはずであると考える。そして、その感受は自らの身体のみならず、研究対象の身体にも基づいているはずなので、その身体を検討する方法が必要である。ただ、その方法論はまだ十分に開発されていない。

6　アフェクト論の諸問題をめぐって

このように、アフェクト論は文化論に頼る単純化を避けようとするので、踊りならびに日常の身体的経験、その「身体の生命」を理解する最も適切なアプローチであると考えられるが、残されている問題も無視できない。

第一の問題は、いかにアフェクト論に基づいて調査できるかということである。文化論に頼らない過度の抽象化とそれに伴う捨象はアフェクト論の問題である。この問題において文化の作用を認めつつ身体を第一の焦点にし、身体経験を具体的に捉える必要があると主張したい。なぜなら、言葉の世界ではなく、物理的な身体そのものがアフェクトの現場であるからである。そのため、なるべく具体的な身体性(corporality)を検討する方法論が必要だと考える。

次の問題はいかに身体経験を言語化できるかということである。その一つは言葉を通していかに具体的に身体のことを伝えられるかということである。読み手の身体的状態をアフェクトできるほどの言葉は、具体的であればあるほどその読み手に直接影響できるだろう。したがって、身体性を具体的に検討できたなら、その経験の具体的な言語化に挑戦しなければならない。そして残される問題は、身体経験をどのような動詞の態で捉えられるかということである。これは身体と環境との関係に関する問いかけでもあると考える。

最後は、アフェクト論に基づいている民族誌の調査方法である。それはいかに現象を目撃し、すなわちどこに注目をし、いかに文化のみならずその瞬間の身体的経験を凝視できるかという提案である。

これらの問題解決ならびに方法論の提案を以下に紹介しつつ本書の視座を提示する。

(1) 身体経験を具体的に描くこと——身体性への眼差し

前述したように、自らの身体性ならびに研究対象の身体性に焦点を当てるための方法論を提示する。そのために、ショルダッシュが身体化論において提案した「身体性の構成要素」(components of corporality) を紹介し、それに対する批判を述べる。その修正した要素がアフェクト論的にいかに活用され得るかを論じることで、本書の視座の一部分を示す。

ショルダッシュは身体化論のアプローチにおける、身体性の一〇要素を具体的に記述する [Csordas 2011: 147-154]。この一〇要素というのは、身体性を検討しようとするときに身体のどのような特徴に照準を定めるか、またはその特徴をいかに捉えるかというものである。本節ではアフェクト論的なアプローチに適用できるようにこの一〇要素を考察し展開する。

まず、この一〇要素の内の一要素は、affect (アフェクト) である。ショルダッシはアフェクトを「感情と気持ちとして文化的に定式化され状況的に規定されている……変化の状態の認識や、情熱/励起/興奮/動揺の変動と強度を含んでいる」ものとする。前述したようにアフェクト論は、「感情」でなく、「変動」と「強度」に焦点を当てようとしている。その変動と強度そのものは把握しがたいが、これらのものは身体に波動のように広がっていき、身体性のほかの要素に影響を及ぼす。そのためアフェクトを捉える際、私は身体性のほかの要素を検討し考える必要性を主張する。

次に本書が提案するアフェクト論に既に一致している五要素を紹介する。この五点とは capacity (能力)、metabolism/physiology (代謝/生理)、orientation (方向性)、sensory experience (感覚的経験)、bodily form (身体形態) である。能力というのは、身体的能力と体力であり、代謝/生理は身体における有機的な変化であるという。方向性はわれわれが空間に住み込む仕方である。また方向性において、ショルダッシュはマクシーン・シーツジョンストンの影響を受けた論述で、われわれが周囲の物事との関係性の中で動くことによってその空間を作ると論じている。感覚的経験は五感そして自己受容性感覚——すなわち動作においてバランス・位置・緊張などを感知する第六の感覚に基づいているものである。そして、身体形態は身体の各部分が空間のどこに位置しているかということでもある。

この五つはアフェクト論に一致しているが、本書の議論において最も重要なのは、最後に述べた「感覚的経験」と「身体形態」である。まずは、身体を人類学の調査ツールにするなら、その六感全てを生かすことを提案したい。また、対象のアフェクトを検討しようとするとき、これは対象が何を感覚的に受け取っているかを窺うか察知することである。また、身体形態においてショルダッシュは次の重要な点を上げている。それは身体形態という要素にわれわれが持つ身体に対するイメージも含めることである。具体的にいえば、これは、調査の際に言語から研究対象の身体形態におけるイメージを窺うことでもあり、または調査者自身が思う身体形態を言葉で表すことでもあると考える。本書では、カメラで撮るような客観的身体形態のみならず、調査者や周りの踊り手の感覚も、そしてまた特に踊りの指導や助言でもたらされる身体形態へのイメージを強調する。

次の二要素は temporality（時間性）と gender（ジェンダー）であるが、本書に生かすために批判的に考察する。時間性について、ショルダッシュは身体がいかに時間を経験しているかを検討する必要を指摘している。アフェクト論的なアプローチで、箭内は身体と社会的制度がいかに異なる時間性を持っているかを論じている［箭内 2011］。私は箭内と同様に、アフェクトの人類学は同質の時間性を前提にしないと考え、さらに身体と身体との間にも異なる時間性があり得ると考えたい。ジェンダーに関して、ショルダッシュはジェンダー／性別／セクシュアリティーがいかに経験に影響しているかを考慮すべきだと論じているが、このスタンスにおいて経験の源は文化に構築された言説として単純化される恐れがあると考える。ジュティス・

バトラーが論じるように、これらの範疇に収まらない身体は数多くあり、それらが無理やりに範疇化させられる［Butler 1990］。ジェンダー／性別／セクシュアリティーを原因に身体的経験を説明すると、その経験を単純化して捨象してしまう。本書では身体の多様性に基づいている多元的な時間性そして身体的あり方を念頭に置き身体性を検討したい。

残りの二要素は co-presence（共在）および movement（身体運動）であるが、これらは本書のアフェクト論的な視座にとって最も重要でありつつ、最もショルダッシュのいう要素を批判し変える必要がある要素である。まず、ショルダッシュのいう共在は実際に同じ空間に存在すること、そしてインターネットなどによってバーチャルに共にいることである。これに対し本書では、なるべく実際に共にいる身体的関係に集中したい。なぜなら、アフェクトは言葉の送信・受信だけでなく、身体の匂いで放ったり皮膚で受けたりするもので、身体と身体との実際的な関係がアフェクトの最も充実した現場であると考えるからである。そして、身体運動の要素は最も再考したいものである。ショルダッシュは身体運動を次のように定義する。

> 我々の身体運動の能力はエイジェンシーと意図性によって特徴づけられ、スタイル（型）によって定義されている。それは努力を必要とし、抵抗に出会うものである。［Csordas 2011: 147］

身体運動が努力を必要とし、抵抗に出会うものであるというが、このことは、身体と世界との二者的で簡単な関係より、ほかの要素と密接に関係している。アフェクトからの原動力に基づいて、努力を必要とするはずのものが楽々と流れることもある。あるいは、共在すなわち誰かと共にいることに基づいて努力が必要ではなくなり、または逆に抵抗が強まることもある。そしてここでの抵抗は、運動する身体を制御するのみならず、その制御を通して新たな可能性を開くこともあり得る。本書は単なる努力か抵抗かではなく、社会的関係の中でいかに身体運動が可能あるいは不可能になり、身体性がいかに変わっていくかということに着目し身体運動とその身体性を検討したい。

ところで私は、ショルダッシュの「身体運動がエイジェンシーと意図性に特徴づけられている」という考えに対し疑問を抱く。アフェクト論の心理学者テレサ・ブレナンは一般的な意味での意図性はエイジェンシーの特徴であり、どちらも行動が終わった後の理由づけに過ぎないと述べている。このことにおいて、ブレナンは次の例を挙げている。

> 一つの例は、ヒッポライト・バーンヘイムによる一八八七年に行われた催眠術の作用における研究である。催眠術によって植えつけられた提案の結果であった行為をした後、催眠術をかけられた対象は自らの立場からその行為はなぜ合理的だったのか、そして彼はなぜそれを意図していたのかと理由を示したそうである(「とても退屈だったので、服を脱ぐ気分になった」という)。その行為が催眠術や麻薬の結果であるときにも、人間は自らの行為の責任を取る義務を感じる。
>
> [Brennan 2004: 76]

通念では、我々の行為は自らの意図性に基づいており、その行為を通して自らのエイジェンシーを発揮できると思われている。学問に多々見られる「自己」への執着はこのような強い主体を当たり前の前提にしてしまうことで、その有無を考察しない。強い主体がなく、身体は物事が起こる現場であるとすれば、身体運動はその人の意図と関係なく繰り広げられ、そもそもエイジェンシーは何なのかを問いなおす必要性が生じる。本書では意図性やエイジェンシーを考えなおすというよりも、これらの理論に隠蔽されている身体の生命を考察したい。[*2] そして、その生命は意図性やエイジェンシーという言説ではなく、身体の現在性と物体性にあると考える。したがって、本書ではなるべく行為の後の言説よりも、その場とその身体に集中して論を進めたい。

　とはいうものの、研究対象の理由づけという言説は、また世界の意味と自らの知覚を変える可能性があることを否定できない。たとえば、先ほどの例のように「退屈だから服を脱いだ」と考えた対象は、この理由づけは合理的と考え、自分はこのような行為をする人であるという結論に至るであろう。この結論によって、出来事の後の身体的経験が変わる。ゆえに、このような理由づけは意図性と考えなくても、その後の身体的経験に影響するので、見逃してはいけないものである。

　身体運動の要素について、もう一点、論じておきたい。それは身体運動がスタイルに特徴されていることへの疑問である。ショルダッシュの関心は文化実践にあるから、創造的な身体運動、ハビトゥスを攪乱し、異化するような身体運動は想定されていない。これに対し、身体的行為はパターン化されるが、同時に身体運動は絶えず混沌のなかで繰り広げられていることは否定できない。身体の行方は予測がつかないものであるので、自らのスタイルは不安定である。ある固定のスタイルに従おうとしても、身体そのものの能力などによってあるスタイルを受け取れないまたは拒否しようとする場合もある。とくに前衛的ダンスや演劇においては、決められた様式や自らの意図を捨て、その瞬間とその身体からしか生まれてこない何かを目指すこともある。したがって、身体性がスタイルから外れていることを検討する行為は示唆に富んでいる。または、スタイルから本当に逃れられるか、またはやはりスタイルすなわちハビトゥスに必ず関係するかということも考える機会になる。

　本書はアフェクトをこれらの諸要素から検討する。研究者または研究対象のアフェクトと共に、これらの諸要素も変わってくる。その際、アフェクトと共に起こる身体的変化を辿ると、身体経験に新たな洞察を加えられると仮説を立てて調査する。

(2) 身体経験の言語化

まず、前述した「身体性の要素」を注意深く検討することで、それらについて具体的に記述し、身体を具体的に描くことができるようになる。つまり、調査の段階で身体ならびにアフェクトの諸特徴の言語化の用意ができる。

身体経験を表す動詞の態の問題は深く近代の考え方に根付いているため、すぐには解決できないと考えられる。私は既存の身体論とアフェクト論に対し、松嶋健の「中動態」、生物学者・哲学者ヤーコプ・フォン・ユクスキュルの「環世界」を活用し、本書における身体経験への視座を提示したい。

松嶋健はイタリアの地域精神保健活動を研究し、その一部として精神保健センターの利用者が主体となる劇団を調査した。そのなかで松嶋は、役者の「精神＝身体トレーニング」に身をもって参加し、そのトレーニングを通して精神と身体がいかなる影響を受けているのかということに注目していた［松嶋 2014: 289–346］。そこで、役者は主体と客体、ならびに能動態と受動態との間にある状態を目指すと言い、この「能動にして受動、あるいは能動でも受動でもないような相位」は文法形態の中動態によって表現できると論じる［松嶋 2014: 339］。

松嶋は、中動態は、能動態と受動態が対立する次元に成立しているという。能動と受動との対立が「行う行為／受ける行為」であるとしたら、能動と中動との対立は「行為者が行う行為／自然に生成する出来事」である［金谷 2004: 205–206; 松嶋 2014: 340–341］。例えば、「生まれる」〝to be born〟はラテン語に由来し現在も使われている中動態の動詞であると指摘している。生まれるということは能動的でも受動的でもなく、身体という現場において自然に起こる。

松嶋は演劇のトレーニングを分析することで、いかに役者が中動態で動き、そして中動態で生きることを覚えるかを明らかにし、強い主体であるべきという現代の固定概念をいかに克服できるかを論じている。中動態で生きることと主体が破綻することとの関係について松嶋は、次のような例を示している。

興味深いのは、出来事が自らの身体において生起するそのとき、「わたしの身体」というのは、出来事が生起する場所にすぎないのだが、それを他人から見ると、「わたし」がその行為をしているように見えるということである。

［松嶋 2014: 342］

ここで、主体と思われる「わたし」は、その出来事の証人にすぎない。その証人は「わたし」でも「われわれ」でもあり、出来事の生起を「待って」そして「見る」ものであると松嶋は述べる。だから、「このようにすべき」や「このようにいるべき」という、内面化した権威的抑圧を忘れないとできない。これは中動態で生きていることに目覚め、強い主体ではないことを認めることでもある。

このように主体を打破することはアフェクト論とよく一致する。前述したように、アフェクトは前文化的な上に、主体が生成する前、あるいは主体とは関係ないことであると述べられている［Shouse 2005; Martin 2013］。さらに、パフォーマンスや芸術は「中動態の事変を十全に生きることを許してくれる貴重な場」であるとも示されており［松嶋 2014: 344］、本書の対象である踊りに非常に適していることは明らかである。

そして松嶋を除いては、奇妙にも、能動・受動の二分法への克服を目指す論説が欠けているようである。能動と受動に陥らずに、身体がいかに世界と関係しているか、ということをより把握できる理論が不可欠である。

身体とその世界との関係を改めて考察するに当たり、ユクスキュルの主張も有益である。ユクスキュルは「環世界」という理論で、生物がいかに身体と経験を通して周囲の世界を構築しているかを描写し論じている［Uexkull 1934］。ユクスキュルは、ある生物の身体によって、その生物の時空間が異なってくると述べる。それは、生物の種によって、備わっている感覚器官が違うので、受け取る世界は異なるからである。人間どうしでも、個人によって異なる世界に暮らしているとユクスキュルは指摘する。例えば、年齢によっても異なってくる。子供が知覚する世界は、大人と同じではないということである。年齢と経験を重ねていくと共にその世界の形態と意味も変わっていく。さらにいうと、その個体の機嫌[*3]によってさえ、周りにあるモノへ与えられる意味が違ってくる。このように、過去の経験や現在の感覚、機嫌などによって、個々の身体は周囲の世界を構築している。

個人は自らの世界を構築しているが、その中の行動は能動でも受動でもない。能動態で「身体が自らの世界を構築する」というより、身体が存在する中で、世界への知覚が成立してくると表現した方が正確だと考える。さらにいうと、身体が変容するとともに、世界への知覚も変容する。

また、ユクスキュルは、生物は無目的であるので、生物の目的を元に世界が動いているわけではないという。世の中の出来事は、「自然」のいわゆる計画に沿って生じる。ユクスキュルは、この「自然」は個々人を超える、固有名詞の「自然」と表現しているが、神ではないという。むしろ、全ての生物を含め、生命の調和した存在であると言える。松嶋の論述と合わせて、この世に強くて能動的な主体があるとすれば、それはユクスキュルのいう「自然」であろう。この論点をふまえて、本書ではショルダッシュが言うように、私が世界を動かしたり、世界に私が動かされるわけではないと考える。ダンスを研究して最も明らかになったのは、私が世界と共に動き、世界も私と共に動くことである。

ここで、本書に適用するためにユクスキュルの論述に加えるものが必要になる。というのも、ユクスキュルの主な対象は動物で、本書の対象は人間だからである。ユクスキュルは、生物学的かつ基本的なニーズを元に環世界が構築され、意味が与えられると述べている。しかし、人間が言語を使用し世界に意味を与えることは無視できないことである。その意味を通して人間がいかに世界を経験しているかが変わるからである。かならず感受するアフェクトも変わってくるわけであり、そのアフェクトの蓄積が意味と経験を改めて変えていく。本書では、この諸関係に目を向けて、主に言語からの意味がいかに人間の具体的な身体経験を形作るのかを大きな課題とする。つまり、研究対象の発言もお互いの身体経験に影響を及ぼす。

結局、私が身体とその経験をいかに言語で捉えるかだけが問題ではなく、研究対象自身も自らの身体とその経験をいかに言語化し相手にアフェクトするかも本書の大きな課題である。その捉え方を踏まえて、私は研究対象のアフェクトを明らかにし、身体経験について新たな視座から論じたい。

(3) アフェクト論的民族誌の方法論

しかしここで、身体性への注視とその言語化に先立って、いかに身体経験の現象を見るのかという素朴な問題が生じる。私は、なぜ身体化が文化論に陥ってしまうのかという理由を、次のように考える。それは、一つの場所での少人数との相互作用に文化全般の仕来りを適用しようとするからである。つまり、ミクロな現象にマクロのシステムを当てはめようとすることである。逆に、ミクロの現象に基づき、マクロのことを推測しようとすることもある。そうすると、ミクロの身体的経験とマクロの文化という一般化との間に一致しない考え方や価値観、意味などがあることを否定できない。だから、マクロな言説に頼らずに、そのミクロの出来事を凝視し、ミクロの中の文脈で考える必要がある。この文脈とは、そこに身体的に携わっている人ならびに場所とモノとの関係性であると提案したい。

例を用いてこのアプローチの違いを私自身の視点から考えよう。そのために、ショルダッシュが提示する身体的実践における身体化論的アプローチの例を紹介し、それに対し私が考えるアフェクト論的なアプローチの例を述べる。

パンを切るときに指を切ってしまったら、その指の治療の仕方は文化によって多少決められている（これは霊的に危ないのか？　恥ずかしいのか？　医者に伺うべきなのか？）。体重二七五ポンド（一二四・七三八キログラム）の人に気づくとき、その反応も文化によって決められている（その人は太って見えるか？　魅力的に見えるか？　強く見えるか？　醜く見えるか？　友好的に見えるか？　養育されているように見えるか？）。　［Csordas 1993: 139］

ここで身体化は、ある社会で行われている身体的行為の傾向に基づいて文化を捉えようとするものである。アフェクト論は、それよりも、身体的行為の中の感覚を捉えようとする。私の考えでは、アフェクト論的なアプローチはその現場での関係性を文脈にする。ショルダッシュの例を用いれば、これはパンを切っている人とナイフとの関係、そしてその人とキッチンやその家にいる人々との関係、または体重二七五ポンドの人との関係を中心に分析することである。指の治療の仕方が周囲に誰がいるかによって変わる可能性があるのと同様に、人が体重二七五ポンドの人のことをどのように受け入れるか排除するか、その体重についてどのように感じるかも、その個体の身体と身体との関係によって決まってくる。その関係性の中で、個体と個体の状態もアフェクトを形成するので、物事の捉え方も新たに形成されていく。この過程の中、主流の文化と違う価値観・考え方が起こりうる。文化的言説に陥ると、これらの複雑な要素は捨象されてしまう。アフェクト論は文化以前・以外、さらに主体性以外の身体的経験に焦点を当てて、この捨象を克服する可能性がある。そのため、調査者自身はそこの文化における固定概念や思い込みを超克し、そこで行われていることを瞬時にミクロな文脈において見ることが必要であると提案したい。

7　本研究の対象への哲学的な切り口――暗黒舞踏と生成変化

上記の方法論は一般的すぎるので、研究対象に応じて具体的な切り口を設けたい。本書の研究対象の場合、ドゥルーズとガタリのいう生成変化が最もアフェクト論と暗黒舞踏を繋ぐことができる。その理由は、生成変化はアフェクトの拡大と増幅であるが、踊りは生成変化そのものであるからである。[*4]

このことは哲学者宇野邦一によって既に論じられている。宇野は『千のプラトー』の翻訳者の一人であり、土方の暗黒舞踏と演劇を検討した身体論『知られざる身体の発生（*Genesis of an Unknown Body*）』を著した。そのなかで宇野は、土方巽執筆の『病める舞姫』を分析し、土方の暗黒舞踏について次のように述べる。

> これ〔『病める舞姫』〕はあからさまな生成変化としてのダンスについて書かれた本であり、そこでダンスは他者への永久の生成変化である。生成変化とはものまねではなく、まねることでもない。生成変化とは自分と生成変化の対象との間に自分の身を投げかけることである。知らぬもの、知覚しえぬものに生成変化することである。[*5]
>
> ［Uno 2012: 48］

つまり、宇野は土方の詩にドゥルーズとガタリのいう生成変化を見出している。宇野のいう生成変化は、他者になりつつあることで、自分でも他者でもないものになっていくことである。

そして、宇野のいう「知覚しえぬ」とは、主体が生物学的区別、文化的記号、アイデンティティ、主体性すら取り剥がされた状態である。ドゥルーズとガタリが論じる、生成変化が向かっているところである。彼らは、生成変化は一回限りのものではなく、繰り返して行うものであるという。つまり、これはある他者に生成変化をし、また別の他者に生成変化をしていくことである。生成変化すればするほど、もとの主体が徐々に脱主体化していく。このように生成変化が羅列し、ある軌道に沿って行われていくという。

宇野が、『病める舞姫』に書かれている踊りはドゥルーズとガタリの生成変化そのものであると論じることは興味深い。なぜかというと、暗黒舞踏の創始者である土方巽も、稽古中に何かに「なること」で踊りの動きを創造したことである。たとえば、前述した「馬になる」ためのアフェクトのリストと同様に、暗黒舞踏の踊りには「牛になる」という振付も記述されている［三上 1993 参照］。実は、一九八〇年代に宇野は土方と付き合いがあったそうだが、彼は暗黒舞踏の鑑賞と土方の著書に基づいて論じている。しかし、実際の稽古を検討すれば、まったく異なる視点からドゥルーズとガタリの論じる生成変化を検討することができる。また、その検討は、今まで明らかになっていない、暗黒舞踏の言語的イメージが動きになる過程を詳細に提示できる哲学的切り口になる。

ドゥルーズとガタリも生成変化を主に文学を通して検討し、暗黒舞踏への先行研究と同様に実際の「生成変化」すなわち「なること」を具体的に明らかにしていない。これに対し、本書は実際の「なること」に焦点を当てて、それに挑む主体の状況、その場にいる観察者と主体との関係性からの影響に注目する。

また、ドゥルーズとガタリは生成変化をする主体、生成変化の対象である他者に着目するが、外からその生成変化を観察することは考察に入れていない。しかし、生成変化を見て、そこからアフェクトを感受することはある。とくに、暗黒舞踏や舞踊の生成変化は普段観客に見せるためにある。そのときアフェクトを感受すること、またその生成変化が見えることについて明らかにしたい。さらに本書では、社会的関係がいかに生成変化をより可能にするか、または制御するかを検討し明らかにする。

これらの諸問題について、アフェクト論の人類学的検討は、調査者自身が自らの身体を通してその場におけるアフェクトを感受しつつその営みへの理解を深める方法をとる。

本書のアプローチをまとめて提示したい。本書は、前述したようにミクロの関係性を文脈にし、その中の身体性の要素に注目し、アフェクトならびに環境と言語がいかに身体的経験を生成させるかという視座に立つ。この視座は本書が提案する、アフェクト論的な人類学の方法論でもある。調査方法は、暗黒舞踏の稽古への参与観察、そしてその調査を通して抽象的な生成変化をより身体的で実用的に捉えるものである。さらに宇野の論述を参考にし、暗黒舞踏の基本的身体技法である「なること」を検討するために、ドゥルーズとガタリの「生成変化」を切り口として、「なること」への考察を深める。「生成変化」の概念を発展させると同時に、アフェクト論の諸問題を解決し身体論に貢献する。さらに、この新鮮な視点から暗黒舞踏の研究への一助にする。

8　本書の構成

本書は4部から構成される。第1部では研究の背景と文脈を明らかにする。そして、第2部ではさらに暗黒舞踏の歴史的背景と踊りの生成を提示する。第3部と第4部は暗黒舞踏における「なること」を検討し、前者は身体性とそのアフェクト、後者は言語的イメージとその可能性に焦点を当て、両方ともドゥルーズとガタリのいう生成変化を考察し発展させる。

第1部では本書の理論的背景と研究対象の文脈を提示する。第1章すなわち本章では、本書の目的、理論的背景、哲学的な切り口を述べる。第2章では調査の概要を提示する。第3章「暗黒舞踏ワークショップの場所と人々」では暗黒舞踏の「なること」の文脈となる場所、参加者、舞踏家である講師について描く。「なること」への着手は暗黒舞踏の様式によるものでなく、舞踏家が自分の信念をもとにし、場所と参加者に応じて即興的に行っていることを指摘する。つまり、「なること」の実践は定まっておらず、必要に応じて多様であることが明らかになる。その裏では、舞踏家が一九六〇年代からやってきた暗黒舞踏とその「なること」を短期間で伝える不可能性も窺える。

第2部の「暗黒舞踏の形成」では、現在のワークショップのみでは暗黒舞踏を理解できないと考え、舞踏家たちへのインタビューをもとに、一九七〇年代に舞踏家たちがいかに暗黒舞踏の踊りを生成させたのかを明らかにしようとする。第4章では一九六〇－七〇年代に土方巽が創始した暗黒舞踏における身体・肉体の位置づけと、アスベスト館での土方を中心とする共同生活を考察する。その時代に舞踏家になることはどのような社会的意味があったのか、そして彼らの共同性はどのような意義があったのかを明らかにする。さらに第5章では彼らがキャバレーで踊り子として出演したこと、そこで得た低い社会的地位ならびにそこでの経験が、いかに彼らに影響をし、彼らの踊りをどのように生成させたのかを明らかにする。その踊りの生成を考察するために、「ショーと舞踏」ならびに「芸能と芸術」という二項対立を問い直す。第2部で明らかにする一九七〇年代における暗黒舞踏の生成は、第3部と第4部での議論の歴史的背景のみならず、現代において暗黒舞踏を踊ろうとする参加者たちに対する有意義な比較対象になる。

第3部では現在のワークショップの事例を挙げて、身体性とアフェクトとの関係を検討する。まず、第6章は現在の実践の弱点を認めて、「なること」に接近できないとみなされる事例を取り上げて、なぜできないのかを提示する。身体性を通して講師と参加者との間、または参加者どうしの間にアフェクトがいかに流動したのかを明らかにする。その流動は何なのかを推測し、「なること」のために何が欠如しているかを考察する。そして、第7章では相手の「なること」が見えたと想う観察者を分析の中心に据える。

観察者はどのような姿勢で、どのような関係の中で他者の「なること」を認めるのか、観察者の視点から、踊り手の身体がいかに「なること」を示しているかを分析する。その考察は印象と推測にならざるを得ないかもしれないが、暗黒舞踏における「なること」とは一体どのような現象なのかをなるべく具体的に示すという本書の目的に沿ったものであることを強調していく。

第4部では現在のワークショップにおいて、言語的イメージならびに指導とアフェクトとの関係を検討する。まず、第8章では舞踏家のいう言語的イメージがいかに参加者の記憶、想像、感情、気持ち、感覚を喚起させ、動きを導くことができるかを検討する。そこから発するアフェクトを明らかにし、さらにそこからどのようにアフェクトを拡大できるかを考える。主体がいかに自分のアレンジメントからこの言語的イメージを受け取れば、「なること」に接近できるかを考察する。第8章は一回の「なること」を考察するのに対し、第9章は主体が多数の「なること」を試みる身体経験を扱う。その「なること」がどのような「主体／他者」という二項対立の中で、どのような順番で行われるかを明らかにする。その中で、言語を通していかにアフェクトを増幅させ得るかを提示する。さらに、主体は多数の「なること」を経て、様々なアフェクトができるようになった結果、どのような状態になれるのかについて考察する。

序章註

＊1　舞踊家と観客という役割に分けていない場合はまた違う話だが、本書は劇場で行われる舞踊を研究対象にする場合

を想定する。

＊2　「強い主体」の概念は松嶋健の述べる「強い主体という病」に対応している［松嶋 2014 参照］。

＊3　この機嫌もアフェクトとも言えよう。

＊4　ドゥルーズとガタリのいう「生成変化」と暗黒舞踏における「なること」とは同様で、両方とも〝becomings〟であると考える。ただし、暗黒舞踏のワークショップでは「生成変化」と言わずに、何々に「なる」や「なること」というので、本書でもこの現象を「なること」と呼ぶ。

＊5　この引用は筆者が英文から日本語に訳したものである。その原文はフランス語であるが、和文はないので、英文で引用する。〝It is book on dance in flagrant becoming, where dance is a perpetual becoming-other. To become is not to mime, nor to simulate, it is to throw yourself in between you and what you become. It is to become unknown, imperceptible〟［Uno 2014: 48］

第2章　調査の概要
——暗黒舞踏とその実践

1　暗黒舞踏の誕生

戦後日本で西洋のダンスが流行する中、土方巽（一九二八－一九八六）は地元の秋田でモダン・ダンスを習い一九五二年に上京した。一九五九年の日本現代舞踊協会で、土方は三島由紀夫の作品にタイトルを借りた「禁色」という舞踊作品を演出し、大野義人と共に出演した。この作品は最小限の照明と音響を使用し、男色と暴力を強調したものである。そのため、現代舞踊協会から痛烈な批判を浴びた。土方や他の前衛的舞踊家たちはこの協会を保守的と見なし脱退した。この脱退を機に、土方は現代舞踊の世界を脱し、他分野の芸術家との共同制作を通じて新しいパフォーマンスを実現した［國吉 2002］。

一九六〇年代初期、土方がモダン・ダンスの枠に収まらなかったのと同様に、多くの芸術家たちが反芸術あるいは非芸術を提唱し、従来のジャンルの枠を破壊する先駆的作品を創造していた。彼らは絵画からインスタレーションや、オブジェ、パフォーマンスへというような展開過程で、自分自身をオブジェ化

図２−１「疱瘡譚」[*6] の土方巽
撮影：小野塚誠

したり、作品の一つとしてパフォーマンスすることで、芸術に自分の肉体を持ち込んだ。このようなパフォーマンスの一環として、土方は鏝で他の芸術家の胸を焼き、マスメディアに取り上げられた。この時代の作品には、祝祭、混沌、スキャンダルというモチーフが見られた。そして、土方は他分野の芸術家との交流を通じてシュルレアリスムやエロティシズムなどの要素を肉体で表現した［市川 1986］。土方は一九六〇年代前半には「暗黒舞踏」を名乗り、その後も自らの活動を「舞踏」としたことによって他の舞踊との相違を計った［稲田 2008］。

2 舞踏家

本書の対象は10人の舞踏家とその下で暗黒舞踏を身につけようとする参加者たちである（表2－1参照）。これらの舞踏家たちは、アスベスト館という稽古場で土方巽に弟子入りし、土方の作品に多く出演している。本書の事例では、彼らはワークショップの講師として登場する。

私は全員から聞き取り調査を行い、境野ひろみ以外の全員の稽古を受けている。[*7] 土方の一九六〇年代の作品は総合舞台芸術にハプニング[*8]の要素が強かったのに対し、一九七〇年代の作品はより緻密に演出され、暗黒舞踏が展開されていた。そのため、全員の視点を考慮に入れつつ、とくに一九七〇年以降に多く出演している舞踏家の稽古を調査対象にした。舞踏家たちを以下に紹介する。

中嶋夏は一九六二年にアスベスト館に通い始め、土方巽と大野一雄[*9]から稽古を受けていた。一九六九年に独立し、自らの舞踏カンパニー「霧笛舎」を立ち上げる。

玉野黄市は一九六四年にアスベスト館に入門した。住み込みで様々な作品に出演した後、一九七二年に独立し、「ハルピン派」という舞踏カンパニーを立ち上げた。一九七九年に米国の西海岸バークレイに拠点を移し、現在はワークショップを行い、舞台活動を続けている。

小林嵯峨は一九六九年に土方に弟子入りし、一九七五年

表2－1　本研究対象である舞踏家たち

舞踏家	生没年	性別
中嶋夏	1943	女性
玉野黄市	1946	男性
小林嵯峨	1946	女性
山田一平	1948	男性
室伏鴻	1947－2015	男性
和栗由紀夫	1952－2017	男性
玉野弘子	1952	女性
境野ひろみ	「秘密」（1950年代か）	女性
山本萌	1953	男性
正朔	1956	男性

までアスベスト館に住み込んで、多くの作品に出演した。小林は土方からアスベスト館に残る許可を得ていたが、立花という弟子に勧められて一緒に独立した。また、一九八三年に土方の代わりとして芦川羊子と一緒に舞踏公演「日本の乳房」をヨーロッパで行った。現在、小林はソロ舞踏家として活動を続けている。

山田一平（ビショップ山田）は土方巽の弟子としてアスベスト館に一九六九年から一九七一年まで二年半ほど住み込みをしており、作品に出演していた。独立後、一九七二年に大駱駝艦の創立メンバーとなった。現在、縄文時代について探究し、次の舞台活動を考えているようである。

室伏鴻はアスベスト館に一九六九年から一九七一年まで一年三ヶ月ほど住み込んで、資金稼ぎや映画出演などをしていた。その後、大駱駝艦の創立メンバーになり、独立をし、〝舞踏派背火〟を結成し、「アリアドーネの会」の演出・芸術監督を務めた。二〇一五年に他界するまで、舞踏活動を続けた。

和栗由紀夫は一九七二年に土方に弟子入りし、八年間ほど住み込んで、多くの作品に出演した。独立後も、アスベスト館と強い縁をもっていた。二〇一七年に他界した。

玉野弘子は一九七一年にアスベスト館を訪ね、翌年の一九七二年に入門した。一九七三年に脱退し、「ハルピン派」の一員になった。自らプロフィールでその経緯を次のように述べている。「土方稽古の辛さに耐えかねて遁走。玉野黄市の旗揚げ公演に登場した『勇婦』の踊りに震撼し、再入門。」一九七六年に玉野黄市と結婚し、一九七九年に共に米国に移住し、現在は舞踏ワークショップと公演の活動を続けている。

境野ひろみは一九七四年に土方の下に弟子入りし、一九七八年まで住み込みをしていた。現在、ソロ・アーティストとして暗黒舞踏の活動を続けている。

山本萌は一九七四年にアスベスト館に通い始め、一九七五年に住み込み始めた。一九七六年に土方演出「正面の衣裳」金沢舞踏館設立記念公演に主演して、「金沢舞踏館」として独立した。一九七七年に地元の金沢に戻った。現在も主宰者として活動を続けている。

正朔は土方の晩年にあたる一九八四－八六年にアスベスト館に通っており、土方に可愛がられ、様々な貴重な話を聞いた。そして土方の死後、一九八六年に、暗黒舞踏の技術を最も身につけたといわれる芦川羊子に弟子入りした。現在は暗黒舞踏のワークショップを行いつつ、舞台作品を創作し活動している。

3　参加者たち

参加者とはワークショップに参加している者を指す。参加者たちの中にも舞踏家として活動している者もいるが、便宜上その者も参加者として区別する。

企画または日によって参加者の数や性質が大きく異なる場合もあるので、基本的に一時的な集まりとなる。しかし、ワークショップで知り合った者どうしが、しばらく会わなくても暗黒舞踏のワークショップで偶然に再会することも多く、ある意味で継続する緩やかなコミュニティでもある。[*10]

4　暗黒舞踏ワークショップの企画

(1)「POHRC」(二〇一四年五月、二〇一五年八月)

本書で扱う暗黒舞踏ワークショップの企画は、ほとんどがPOHRCというNPO法人によるものである。POHRCとは、Perspectives on Hijikata Research Collective の略称であり、すなわち土方に関し諸観点から研究する団体である。この団体は、暗黒舞踏をしている二人の女性によって立ち上げられた。彼女らは三〇歳代後半の日本人と二〇歳代前半のイギリス人であり、慶應義塾大学アート・センターの土方巽アーカイヴで出会った。ＰＯＨＲＣは、舞踏を踊っていく次世代が土方の弟子たちを通して、その暗黒舞踏についての理解を深めることを目的にしている。そのため、舞踏家の講師には、彼ら独自の方法論でなく、土方

表2－2　調査対象となった2014年5月POHRC舞踏ワークショップ企画

日時	舞踏家（講師）	参加者数	会場
５月３日 講座① 14－17時 講座② 18－21時	山本萌	①５人 ②５人	①アカデミー茗台（東京都） ②アカデミー音羽（東京都）
５月４日 講座① 14－17時 講座② 18－21時	山本萌	①５人 ②７人	①アカデミー茗台（東京都） ②アカデミー音羽（東京都）
５月５日 講座① 14－17時 講座② 18－21時	山本萌	①６人 ②８人	①②アカデミー茗台（東京都）
５月６日 講座① 14－17時 講座② 18－21時	山本萌	①８人 ②８人	①アカデミー茗台（東京都） ②アカデミー音羽（東京都）
５月９日 18－21時	小林嵯峨	９人	アカデミー音羽（東京都）
５月10日 12:20－15:20	小林嵯峨	11人	新宿コスミックセンター（東京都）
５月11日 講座①15:45－18:45 講座②19－22時	小林嵯峨	①15人 ②14人	①②大久保スポーツプラザ（東京都）
５月12日 18－21時	小林嵯峨	10人	アカデミー音羽（東京都）
５月13日 18－21時	小林嵯峨	12人	アカデミー音羽（東京都）

※５月14日－20日に行われた、中嶋夏によるワークショップは除く。

表2－3　2014年に東京都で行われた、POHRC企画の受講料

2014年の受講料	
単発	3,000円
５月３日－６日、全日参加	20,000円
５月９日－13日、全日参加	15,000円

表2－4　2015年8月に行われた、
POHRCによる舞踏ワークショップ企画
「現在に伝える土方巽の舞踏」

日時	舞踏家(講師)	参加者	会場
8月17日 19－21時半	玉野弘子、 玉野黄市	8人	港労働福祉会館、 東京都
8月19日 19－21時半	玉野弘子、 玉野黄市	10人	港労働福祉会館、 東京都
8月22日 10－13時 15－18時	玉野弘子、 玉野黄市	14人	大龍寺、男鹿市
8月24日 10－13時 15－18時	玉野弘子、 玉野黄市	18人	旧男鹿市立加茂 青砂小学校、 男鹿市
8月25日 10－13時 15－18時	和栗由紀夫	22人	旧男鹿市立加茂 青砂小学校
8月26日 10－13時 15－18時	和栗由紀夫	24人	旧男鹿市立加茂 青砂小学校

※ 本書の趣旨からSU-ENとカタジナ・パストゥシャックによるワークショップは除く。
※ 観察者を除き、途中参加は含まれない。

表2－5　2015年に東京都の港区で行われた、
POHRC企画の受講料

8月17日、19日の受講料	
一般の単発	1,000円
港区在住・在勤者	無料

表2－6　2015年に秋田県の男鹿市で行われた、
POHRC企画の受講料

8月22日－26日の受講料	
単発	3,000円
1日2回	5,000円
2日4回	10,000円
全日	24,000円
秋田県民	1回2,000円

から習ったことをそのまま教えるように依頼している。私はPOHRCの二人の企画スタッフと二〇一三年に出会い、二〇一四年五月と二〇一五年八月のワークショップにおいて通訳者やスタッフとして関わりつつ、調査を行った。

(2)「舞踏という問い」(二〇一五年五月一八日)

本書で検討する京都でのワークショップは、「舞踏という問い」という任意団体による企画であった。「舞踏という問い」は「舞踏をめぐる集まり」という、「二〇一三年から主に関西で活動する舞踏家や舞踏に影響を受けたダンサー」たちによって企画された。彼らは、今日の動的な意味での暗黒舞踏を考えるため、定義せずに「問う」という志をもっている。

その実行委員は関西で活動している舞踏家五人である。彼らはテーマを設け、ワークショップとパフォーマンスを主催し、その出演者も誘致する。ある日は主催、ある日は出演と、関わり方は多々あった。

この企画のうち、本書では「舞踏という問い」という一週間の企画のある一日、「なること、化けること」というワークショップに焦点を当てる。SPACE ALS－Dという小劇場で行われており、本書で扱う事例の中では異例である。私は四年間ほど「舞踏をめぐる集まり」の構成員今貂子の下で舞踏手[*11]として舞台に出て、この企画においてはスタッフとして通訳と記録の手伝いをしていた。

表2－7　2015年に京都市で行われたワークショップ企画「舞踏という問い」

日時	5月18日　15：20–17：20
舞踏家（講師）	正朔
参加者の数	12人
会場	SPACE ALS-D
受講料	単発　3,000円

(3)「卯月舞踏合宿」（二〇一五年四月、二〇一三年九月、二〇一二年九月）

卯月舞踏合宿は金沢舞踏館主催、すなわち山本萌が率いる舞踏合宿である。毎年、金沢湯涌創作の森という施設で二回ほど行われている〔第3章参照〕。「お知らせ」に書いてある説明は次の通りである。

> 日中は稽古、夜は舞踏談義、食事はみんなで自炊。共同生活の中で一日中おどりについて深く探求してゆく四日間です。
>
> （二〇一五年三月二七日のメール連絡より）

表2－8　金沢舞踏館主催の舞踏合宿

年月日	舞踏家(講師)	参加者数	会場	受講料・宿泊費
2015年 4月23日－26日	山本萌	5人－6人（途中から参加）	金沢湯涌創作の森	20,000円
2013年 9月13日－16日	山本萌	不明	金沢湯涌創作の森	20,000円
2012年 8月30日－9月2日	山本萌	8人	金沢湯涌創作の森	20,000円

私はこの合宿で参与観察を三回行い、ときには談義の際に山本萌へのインタビューを行い、他の参加者と調査内容について話し合った。他の事例と異なり、私はスタッフではなかったため、自らの判断で録画と録音は控えた。

第2章註

＊6　「疱瘡譚」は一九七二年の土方巽演出「四季のための二十七夜」という公演の中のソロ小作品である。

＊7　境野の稽古を受ける機会はなく、ソロ公演を鑑賞しただけである。

＊8　ハプニングとは古典的な公演の規範を破る、即興性の強いパフォーマンスアートである。

＊9　大野一雄（一九〇六－二〇一〇）は土方巽と共に初期暗黒舞踏を創造した伝説的な舞踏家である。

＊10　彼らについてさらに次章において述べる。

＊11　「舞踏家」はソロイスト、または独立しているのに対し、「舞踏手」は舞踏集団の一員として舞踏を踊る者を指す。

第3章　暗黒舞踏ワークショップの場所と人々

本章は、場所の概要、参加者の紹介と姿勢、舞踏家のアプローチを提示し、暗黒舞踏ワークショップの場所、参加者、舞踏家である講師を描く。そうすることで本書の文脈となるそれらの様々な関係性を設定する。そして、様々な関係性からいかに暗黒舞踏への着手が成立するかを明らかにする。

当然のことだが、暗黒舞踏のワークショップはある場所に人々が踊りにくることから成立するが、まずは人が集まって、暗黒舞踏の踊りに取り組むということ自体の不思議さを指摘したい。

最近日本で流行っている舞踊を考えてみよう。バレエを習う人たちは綺麗に回れるように、美しく立てるようになりたいという願望をもってその場に集まるだろう。ヒップホップならその音楽と文化を好み、格好が良いからその色に染まりたいという願望もあるだろう。ポールダンスなら、人前でソロの表現ができ、自分の身体を綺麗かつ妖艶に見せるのみならず、スリル感のある難しいわざを習得できるからだろう。

ところが暗黒舞踏の場合は、自分を綺麗あるいは格好良く見せることも、あるわざを習得することもない。参加者のはっきりした目的は想像しがたく、「なぜ舞踏を踊っているのか」という問いに困惑する参加者もいる。答えには具体的なものはなく、答えようとすると、抽象的かつ哲学的な話になり、明瞭な理由付けは難しい。にもかかわらず、時間とお金をかけ、難しいことをさせられに来るわけだが、マゾヒストでもない。つまり参加者がある場所に集まって暗黒舞踏に励むこと自体、舞踊などと比べれば不思議としか言えないのだ。

しかし「なぜなのか」という問いはさておき、その参加者が何かを身に付けたいという想い、その意図と姿勢によってこれらのワークショップが成立していることは否定できない。その姿勢を観察し、私自身の経験に基づいてその意思を窺うことは、その参加者の集まり、すなわちコミュニティを理解することへの第一歩になる。そして、そのコミュニティがある場所と出会うことで、暗黒舞踏を踊ることに先立つ様々な関係性が編みこまれる。

1　ワークショップの場所

現在、暗黒舞踏のワークショップの多くには拠点がない。ここで、具体的にどのような場所で行われているかを説明する。

場所は主に時間貸しの広い部屋である。定期的または集中的なレッスンの際、その地域の住人または通勤者のために運営されている公的な施設の一部屋を借りることが多い（図３－１）。

例えば、現在東京で毎週行われているワークショップは、ＪＲ中野駅から徒歩一〇分の場所にある桃園区民活動センターを利用し、その二階にある和室を一八時から二一時まで一四〇〇円で借りている。この部屋は六〇畳あるので、参加者が多くても身体を大きく動かせる場所である。

図３－１　2014年５月６日、アカデミー茗台でのワークショップ

他に、港労働福祉会館でワークショップを行ったケースは、二七平米の第二洋室を昼間の時間帯、一三時から一七時まで七〇〇〇円で借りていた。ここは港区の労働者の文化活動や教育のために運営されている。この部屋は会議室で椅子と机が備えられているため、始める前にそれらを壁際に片づけないといけない。床はコンクリートの上に薄い絨毯が貼られている。

これらの場所は多目的な部屋で、様々な団体が入れ替わり立ち替わり使用する。運営は区等が仕切っている安価な公共施設である。部屋はどれも白い壁、硬く冷たい灰色もしくは白い床、小さい窓を特徴とした無機質なものである。この場所にいると、だんだん皮膚に冷たい感覚が浸みてきて、床の硬さが身体の中を通って膝や腰の関節にやってくる。舞踏家が場所に対して不快感を表明したという事例は少ないが、こうした場所は舞踏実践には適していない。一方、定期的ワークショップと違い、集中的なワークショップでは、このような施設以外の場所を使うこともある。しばしばある事例は、田舎にある廃校の体育館やお寺のお堂等が会場となるというものだ。これらの場所も踊り用に建てられてはいないが、そこの空間や床は踊りに適している。

例えば、男鹿半島にある廃校でワークショップを行う快適さ、それがいかに空間や参加者のコミュニティの生成を促すかを記してみたい。まずは、廃校に移動する前から、参加者は小さな宿に一部屋に三人か四人で泊まり、畳の上に敷いた布団に寝る。そして、宿舎を運営している「お母さん」が愛情を込めて作ってくれた豪華な和食の朝食をとる。廃校への移動は海を見下ろせる山道を使い、トンネルを通り、自然にふれる。たまに野生の動物も観られる。まるで男鹿半島を観光しているようである。廃校は海の近くにあり、会場である体育館は広く静かである。蝉の鳴き声が聞こえ、夏だが秋田県ならではの快適な気温である。この観光気分は確かに参加者と共に会場に入っている。他の事例に比べると、この場合は参加者のコミュニティがより統合され、参加者はお互いに、そして舞踏家に対してより積極的に意見を述べるようにみえた。もちろん参加者の性格も影響しているだろうが、なにより男鹿半島の風光、廃校の場所がその空間を生み出した。そして、床が関節に優しい木造で、天井が高くて、場所が広いという特徴によって、身体運動が制限されていなかったことも指摘できる。

舞踏家と参加者はこれらの場所に入るが、しばしば、参加者と舞踏家との間には距離感がある。舞踏家は参加者とは違う場所で普段着から動きやすい服装に着替え、その後は一人で、参加者の集団から離れた所に立ち、何かを考えている。また、参加者や企画者と話をする場合もある。次項ではまず参加者の姿勢を述べ、彼らの描写をし、彼らから受け取るアフェクトについて書く。

2　参加者の視点——実践の場に身を置くことから

参加者は、ワークショップが行われる前、着替え室で髪飾りやアクセサリーを外し、髪の毛を後ろに束ねる。普段着を脱ぎ、丁寧に畳み、自分のカバンの隣に置く。カバンから稽古着を出す。これがヨガやバレエなら専用の値段の高い物を着るが、暗黒舞踏の場合は、きちんとしたトレーナーよりも古い服や寝間着などが多く、ユニクロの服もしばしば見られる。着替えた後、荷物や普段着をそこに置き、水やお茶等の飲み物やタオルのみをワークショップの場所に持っていく。個性のある普段着から、匿名性が強く主張のない、動きやすい服装に着替えてワークショップの場所に入るとき、その日の考え事も着替え室に置いていく。

そして、空っぽの場所に身を置き、手足を動かしても当たらないように隣の人と距離をとり、ワークショップの始まりを待つ。待っている間に準備運動のようなことをする参加者もいる。これはバレエのような開脚等の技術の確認ではない。それより、身体を脱力させたり、集中を高めたりするような、簡単なことが多い。例えば、仰向けになり、深呼吸しつつ筋肉を揺さぶり解す。頭の中を静かにボーッとさせ、目を閉じる参加者もいる。ラジオ体操に見られるような基本的なストレッチを、ゆっくりとしなやかに行うこともある。また、参加者間で静かに雑談が行われることもある。このようにして、参加者は舞踏家が開始の合図をするまで時間を過ごす。始まると、身体を舞踏家の指導にしばらく託す。

3　参加者の姿

ここからは、本書の事例で取り上げる参加者七人を描写する。彼らを選んだ理由は、参加者総体の多様性を示したいからである。そして、これらの参加者が集まることで参加者どうしの関係がいかに醸し出されるかを私の視点から考察する。

(1) エリー*12

　エリーは三〇歳代後半の日本人女性である。舞踏家の和栗由紀夫の弟子として長年暗黒舞踏を身につけ、舞踏ワークショップの講師を担当している。また、ダンサーや舞踏家として世界の様々な舞台に出演しているると同時に生計を立てるため様々なバイトもこなしている。そして、給料は保証されていないが、このワークショップの企画もしている。背が低く、髪の毛は長くぼさぼさで、四角い顔で、目が輝いている。私は、彼女が休みをとっている場面を想像できない。つまり、パワフルである。いつもエネルギッシュで企画を考え、他の人のためにベストを尽くす。一日中雑用をした後も夜中のミーティングも行い、翌日からの行動を考えている。企画者としての役割の上に、二〇一五年の和栗のワークショップの際は振付の手本もみせている。本書が対象にしているＰＯＨＲＣの二〇一四年と二〇一五年の企画において、ほぼ全てのワークショップに参加していた。つまり、企画者、参加者、舞踏家の手本でもあるから、ＰＯＨＲＣの事例において彼女の存在は大きい。

　玉野弘子のワークショップでの彼女の最初の身体的タスクは、何かを光という形で身体に貯めて、その光を放つことであった。玉野は、その貯め方は怒っているように身体全体を緊張させるのだと指示した。このとき手を拳にし、顔の中央に力を入れ、息を荒くした。その怒りのエネルギーが光の姿をとって身体から飛び出るイメージである。玉野はそれを「本当にバーッと感じている光が皮膚を突き抜けている……」と言った。このときの参加者は、全身がレーザーガンのようになり光を放っているようであった。エリーはこうした動作をしつつ、多目的室の奥の壁から手前の壁まで進んでいった。

　エリーが光を放つ動きをするときは、次のようであった。彼女の長い黒髪は混沌とした団子状に結ばれ、右目の上の額には絆創膏が貼ってあり、目は狂気のような怒りで輝き、手は胸の前で拳を作り、肘を横に張り、膝を曲げ重心を落とした強い姿勢で前にゆっくりと進んでいく。服装は、乳輪がみえる白いシャツ、膝まで折ってある青色のトレーニング・パンツであった。この姿で様々な身体的部分から光を放ち、一列になった参加者の一番前を進んでいた。彼女が向かっていく壁の前には、企画関係者で彼女の知り合いの男性が座って観察していた。彼女が彼に近づいていくと、彼は突然笑いだした。彼女は彼を軽く叩いて、「笑わないで！」と叱った。彼は「面白いもん」と返事をした。玉野もこの会話を聞き笑いながら、「面白いもんね。面白くて、笑っちゃうよね」といった。

この全身全霊で動いているエリーは、ワークショップの開始に当たる挨拶をするときや、舞踏家の話を聞くときには、とても真面目である。挨拶や舞踏家とのやりとりは丁寧で、玉野に「話長い！」と言われたこともあった。また、小林嵯峨が振付について説明しているとき、エリーはあまり瞬きをせず小林の顔をずっと見て真剣な表情で聞いていた。一方、宴会や休憩のときには、色々と喋ったり笑ったりする。仕事の合間には新たな経験も求めた。たとえば、後述する「お寺のツアー」に出かけた際、エリーは参加者の赤ちゃんを抱いて興奮していた。そのときの会話は以下の通りである。

エリー▼なんとも言えない気持ちになる。なんか、「はあ……」みたいな。
母▼抱っこしたらいいですよ。
エリー▼こう？〈赤ちゃんを横に抱っこしている仕草をする。〉
母▼なんでもいいよ。縦、こうでもいいよ。〈赤ちゃんを持ちつつ、様々な持ち方を示す。赤ちゃんをエリーに渡す。〉
エリー▼〈赤ちゃんを持つ。〉　わー、すごい、ドキドキする、緊張する。
他の参加者▼〈笑う。〉

エリー▼赤ちゃん抱いたのは、けっこう初めてぐらい。
他の参加者▼〈笑う。〉
エリー▼やばい。緊張する。
純子〈後述する〉▼：緊張するね！
エリー▼命を抱いているから。ハハハ。
玉野▼〈次の部屋に参加者を誘導したくエリーの隣に来ている。〔エリーは〕喜んでいる。〉
エリー▼〈玉野に向かって〉すみません。〈赤ちゃんを母に渡し、すばやく玉野の後を追う。〉
玉野▼大丈夫、大丈夫。

このように、エリーは新たな経験をし、参加者と積極的に交流しつつ、舞踏家玉野をサポートしていた。すなわち企画者としての仕事に真剣に取り組んでいる。彼女は温かい性格であると同時に、真面目でストイックな印象も与えている。

(2) アネタ

アネタは三〇歳代後半のポーランド人女性である。本書において、彼女の位置は多様である。土方巽についてポーランド語で博士論文を執筆し博士号をグダニスク大学で取得しており、舞踏家として活動している。彼女は出演者として東京と青森に招待され、その延長として暗黒舞踏のワークショップに参加していた。彼女は筋骨たくましい体型に短い金髪で、顔は俳優のレオナルド・ディカプリオに非常に似ている。

彼女の舞台で印象に残るのは、その大胆さである。六〇歳代前半の男性観客によると、彼女が舞台から野外の庭に降り、生えていた草を食べる瞬間に感動したという。また、彼女が土まみれになり、非常にグロテスクに身体を捻れさせたのが私には忘れられない。舞台上では危険なことに、彼女は本物の包丁を手にして踊っていたため、実際に身体を傷つけて血を流した。

私は彼女の来日中、東京、秋田、青森で共に行動していたが、彼女に関する思い出には列車や駅のエピソードが多い。彼女がポーランドから日本に渡ってきた直後、私はスタッフとして駅で待ち合わせし、一緒にホテルに向かった。彼女は長い旅の疲れにもかかわらず、電車のつり革にぶら下がりつつ気楽に喋りかけてくれた。また、別の日、彼女は下北沢駅を歩き、そこで忙しく通りすぎていく人々に対して大声で「皆、何をしている？ なぜここにいるの？」と英語で問いかけていた。真面目にいたずらをする、あるいは遊び心で自らの考えを訴えているようであった。青森から東京まで安い夜行バスで移動したにもかかわらず、次の朝には彼女はいつも通りに日課のマラソンに行っていた。その間、私と他の企画者はゆっくりとコーヒーを飲んでいた。つまり、どんな時でも、自らの楽しみや好奇心に素直に行動しつつ修練を怠らず、周囲を受け止め、あるいは良い意味で巻き込む力をもつ人である。

もう一つ、廃校の体育館で和栗によるワークショップが始まる直前の短いエピソードを紹介しよう。彼女はすばやく体育館に入り、心配事があるように床をいったりきたり歩き回っていた。私と他の二人の参加者が彼女に近づくと、彼女は昨日クラゲが自分の内腿を刺したと言った。「昨日、ココを刺されてね、ワークショップの最後らへんは集中できなかったんだ（"It bit me yesterday, here, and I couldn't concentrate on the end of the workshop."）」と大きく股間を指す仕草をした。われわれ三人は思わず笑った。彼女は真面目に考え事をしているようであっても、人を惹きつけ、刺激し、笑いを取ることが多くあった。その場所にいるだけで、会話が弾み、笑い声が聞こえ、周りの人を楽しくつつ全体的には優しい印象である。

(3) 純子

純子は七〇歳代の日本人女性である。長年シアトルに在住し、「どこから来たのか」と聞くと、シアトルと答える。また、英語を話すときの喋り方や振る舞いは西海岸のアメリカ人と変わらない。一方、舞踏家和栗に対し日本語で話すとき、言葉はとても丁寧で当然のことながら他の日本人と変わらないようであった。純子は二〇一四年と二〇一五年の企画のいずれにも参加していたが、前述の二人のようにダンサーや舞踏家として活動はしていない。単に暗黒舞踏に興味があり、趣味としてワークショップを受けていると言った。純子は痩身だが健康そうで、髪は短くて黒髪である。目が大きくて、喋るときの眉毛や口の表情が豊かである。

彼女はその場で最も年配だった。小林嵯峨のワークショップの中で、老婆が座ったポーズからゆっくりと立ち上がるという動きの練習をしたとき、小林は純子に対して本当の年配の方に実践して頂いて素晴らしいと言っていた。そうした年齢ではあるが、参加する姿勢は若者と同様であった。年齢と関係なく参加できることはワークショップの実践における多様性を示唆している。その人によって動きや強度が変わることもあり、活動するダンサーでも、素人でも動き方について、自らの限界によって調整できるということである。

純子は明るく周囲とも気楽に喋る。したがって、彼女をしばしば会話に誘うことで、その空間が柔らかくなる。純子や前述したアネタのような人々がいないと、空間が静かで内向的になることも、全体的に重くなることもしばしばあった。このような空間で舞踏家が語りや抽象的かつ複雑な言語的指導を述べると、通訳も交えつつ全員がその言葉の意味や内容を想像し考えるので、さらに真剣で重たい空間になることもあった。

とりわけ純子が私にとって印象深いのは、知り合いとの会話はもちろん、知らない人にでも英語や日本語で声をかけたからである。同じ場所にいれば、参加者は段々とお互いに喋るようになる。しかし最初から話し出すということは異例である。純子の大きく開いている目と微笑みは好奇心と知性に満ちており、最も私の心に残っている。

(4) エミ

本書で紹介する事例の中で、エミは金沢舞踏館の合宿、そして「舞踏という問い」企画のワークショップに参加していた。三〇歳代後半の日本人である彼女は、二〇歳代前半から京都を拠点にしている舞踏家に弟子入りし、自身も舞踏家として活動している。前述した三人のムードメーカーに対し、エミは人見知りで静かな人である。人前で喋ることは不安だという。ならば、なぜ人前で踊れるのか、と人は思うかもしれない。彼女によると、芸術大学では映像学科で学んだが、その大学でダンスの授業を初めて受けたとき、身体で表現することに魅了されたのだという。自らの小さな身体は本当は強い、という気づきがあったのだという。

彼女の踊る身体は脂肪が少なく無駄なく、しなやかな筋肉でできている。踊る際、目と口がいつもより大きくなり、少しびっくりした表情になる。足と腕はどの方向にも行ける、自立した存在になる。すなわち、身体の各部分がそれぞれの意識をもって動いているように思われるのだ。この不気味ともいえる手足に対し、顔はアイドル並みに可愛い。

人見知りだが、喋ると温かい人である。彼女は発言する前にゆっくりと考え、話すときも躊躇しつつ言葉を一つずつ出す。それでも、よく笑い、そのときに八重歯が可愛く出る。しかし、私がこのように「可愛い、可愛い」と書くことに、彼女は違和感を覚えるだろう。彼女は私より年上で、様々なことを経験し深く考えてきた人である。「可愛く」、明るい雰囲気ももつ人である。

彼女のように、特定の舞踏家の下で稽古を受けつつ別の舞踏家（山本萌）の稽古も受けることは、四〇年前の暗黒舞踏ならありえないことである。かつては、弟子はただ一人の師匠に弟子入りし、他の師匠から教えを受けることはなかった。エミは、京都での師匠の方法論を身につけてきたが、金沢舞踏館の合宿のときは、金沢舞踏館の方法論を身につけようとする。[*13] そのため、一度師匠の方法論を忘れる必要がある。金沢舞踏館の師匠も、他の舞踏家の弟子か否かにかかわらず、参加者全員の動きを注意深くみて手直しし、自らの踊りの方法論を教える。エミは長期間、京都の師匠と稽古しているので例外であるが、現在では、一人の師匠と長く一緒にいることで暗黒舞踏を身につけるより、複数の舞踏家と短期間の稽古をすることが多い。

エミと金沢舞踏館の山本との関係では、踊る方法論に留まらず、自己反省と自己主張のための課題も与えられるようになった。エミが過去二回の金沢舞踏館の合宿に参加したときとは異なり、この二〇一五年の合宿では、山本はエミにより大きく早く声を出すように求めた。全員で拍子を数えるトレーニングがあるが、その際に山本はエミに声をより大きく出すようにと叱った。また、昼間の雑談や夜のレクチャーのとき、山本はエミの創作活動について質問し、様々な批判をした。たとえば、ソロ作品を創る際、エミが以前に使った抽象的なタイトルよりも、具体的なテーマの方がいいとアドバイスをした。エミが答えに躊躇して沈黙すると、山本は次々に言葉を繋いでいく。そのため、エミはその場で早急に考えを述べなければならなかった。こうして私は、その時まで見たことのない、はっきりと熱く考えを述べるエミを見た。[*14] 共に稽古するため、コミュニケーションできる関係を作らねばならないことは確かである。踊り手を育てるに当たり、その人自身を成長させることも必要になるのである。

ここでエミと前述の三人とを比較することで、参加者自身ならびにその関係の多様性を明らかにしたい。社交的な人もいれば、人見知りの人もいる。つまり、会話が弾む空間から始まるワークショップもあれば、静かで内向的な空間から始まるワークショップもある。また、暗黒舞踏の踊りには、参加者の身体的な動きの変化のみならず、人としての成長が重要であることも示唆されている。エミは踊ることを通して徐々に自信を得、自分の考えをはっきりと述べることができるようになったのではないだろうか。

⑸ 長尾

長尾は三〇歳代前半の男性で、金沢舞踏館の舞踏手である。芸術大学で彫刻を勉強していたとき、金沢舞踏館に出会い、共に稽古をし舞踏手としてその一員になり、以来およそ一〇年になる。カンパニーの一員としてだけではなく、舞踏家としてソロ公演も行い、金沢舞踏館のワークショップを引き受けることもある。短い黒髪で、背は一六八センチぐらい、体型は中肉だが、何年か踊ってきたので、筋肉はとてもしっかりしており綺麗である。顔は青年のようで、雰囲気は大人しい。本書での調査において、彼は金沢舞踏館の合宿の企画側ではあるが、参加者と共にワークショップに参加している。

稽古中の踊りでは、彼の身体は強いが柔軟であり、踊る際は男性らしいが女性や動物のような状態に瞬時になれる。そして稽古に対してはストイックと言える。しかし、その反面遊び心もある。私は京都でバンド活動を行っているが、ライブのとき、彼にゲリラ的に客席から踊り出すように依頼した。これに対し、彼はいきなりライブハウスの客席から飛び上がり、舞台前で野性的な表情と面白い踊りを繰り広げてくれた。このように楽しく踊れる長尾であるが、金沢舞踏館や自らのソロ活動に関しては大変真面目で、自分に対して厳しい人である。

二〇一五年の金沢舞踏館の合宿の際、私とエミは長尾の車に乗せてもらい、金沢駅から合宿所に移動した。彼は森林組合で働く作業員だが、上司が彼に正社員になるように積極的に勧めていた。しかし、彼は正社員になれば踊りができなくなると分かり、丁寧に断り続けていると言っていた。彼は仕事ができそうな人で、職場の責任がこれまでより増えている様子が窺える。たまに合宿の夕食の際、彼は先に食べ終え、職場に電話をかけることもあった。既婚者の彼は生まれた女の子の成長について語ってくれた。赤ちゃんは当時生後４か月で、初めて周囲を知覚し、表情が顔に表れてきていると言っていた。赤ちゃんの成長に父親として魅了されていることは当然だが、その知覚と表情の生成そのものが彼自身の踊りの勉強になっているようであった。彼は、家庭生活と職場の責任を担いつつ、踊りへの熱心な姿勢を堅持する人である。

⑹ マリ

マリは二〇一四年のＰＯＨＲＣ企画に参加しており、それは彼女の初舞踊体験であった。イタリア人でデザイナーとして働き、仕事の関係で来日していた。元々、暗黒舞踏に興味があり、たまたまワークショップ企画と来日の予定が重なっており、参加することにしたと言った。彼女は細長い手足に、丸い顔と大きい目で、髪の毛は長くウェーブがかかっていて、人形のようである。暗黒舞踏やダンスを習ったことはないがゆえに、素直な動きをする。ところが、彼女自身は人前で踊ることは初めてで、大変恥ずかしかったと言っていた。マリの事例は、暗黒舞踏にはダンス歴は不要、あるいはダンス歴がなくても良い、あるいはない方が良いということを物語っている。

彼女がいると、ワークショップ前の空間はどんなものになるのだろうか。二〇一四年はその企画の二年目で、慣れないＰＯＨＲＣのスタッフはバタバタとすることもあった。参加者が集まるか、舞踏家やスタッフのギャラをきちんと払えるか、また集まった人を会場まで案内できるかで、手一杯だったということもあり、はじめからその空間には少し緊張感があった。マリは社交的だがワークショップ前には静かだった記憶がある。私は日本語から英語に通訳していたため、ワークショップ前に資料が配られたとき、私の隣に和やかな笑顔でそっと近づいてきたことを憶えている。また、ワークショップの際は英訳しかないが、マリのような参加者にとっては、英語が母国語ではないことも無視できない。抽象的かつ複雑な指導もたくさんあるので、母国語でないとわかりにくい時はあるだろう。私も、いかに忠実に英語に通訳できるかと悩んだときも多々あった。海外の参加者は通訳者を頼っているが、二〇一四年の際に通訳者であった私も不安を感じたことが、さらに空間の緊張感を高めた。マリのことと共にこのことも思い出す。

⑺ 喜多

喜多も身体表現を本業にしていない人である。彼は三〇歳代半ばの日本人で、二〇一五年度に哲学の博士号を取得した。その研究は、オートポイエーシスと現象学を理論的背景に、舞踏家である中嶋夏のワークショップでの即興の実践を対象にし、発達障害をもつ参加者がいかに変化していったかを検討したものである。彼は二〇一四年と二〇一五年のＰＯＨＲＣ企画に参加していた。

本業ではないにもかかわらず、喜多の踊りは繊細で素敵であった。中嶋のワークショップのとき、彼が即興で踊ったことを思い出す。身体は空気の上に漂っているように前に進み、手もその上に乗せて軽く微妙に動いていた。目は半眼であり、口は少し開いていた。自己、そして人前で踊るという緊張が取れて綺麗な踊りであった。私は見惚れた。これを本人に言えば、照れて静かな声で「そうでもない」と言うだろう。また、舞踏やダンス界をよく知り、インターネット上の広報もしばしば手伝っている。学者だが踊りが好きな人である。

喜多のような人と一緒に実践の場所にいると、どのような空間になるであろう。静かだし、始める前にワイワイと会話をしたり笑いを誘ったりすることはないが、きっかけがあれば、隣の人と喋り出す。また、個人的な感想だが、稽古の途中で、彼の積極的で素直な姿勢をみれば、自らも集中力が高まるという分かりやすい作用もある。

次のことは喜多と関係ないが、自らの精神世界にすっかり入り込むことで酔っているように踊る人が隣にいると、私は少し気分が悪くなり、踊れなくなることもある。私の場合、喜多のような人と共にいると踊りたくなるのである。暗黒舞踏のワークショップにあっては、磁極の反発と同様に、ある参加者の存在で踊りたくなくなることがある。こうした事実に鑑みると、様々な人が集まるワークショップでは、自分の精神世界に入るというよりも、周りも意識している状態が必要であると考える。

このような様々な人たちがワークショップの直前に集合することで、それまでにはなかったアフェクトが漂う。では舞踏家は、ここにどのように関わるのか。次項では、舞踏家がワークショップを始めるとき、その場所と出会い、参加者と遭遇し、いかにワークショップに着手するかを示す。ここで舞踏家たちは暗黒舞踏を提示するために、自らの方法を打ち出そうとしつつも、場所または参加者たちに応じて工夫もする。

4　舞踏家のアプローチ

舞踏家の視点から考えてみれば、ワークショップで暗黒舞踏を教えること自体、無理な挑戦である。それは、初めて訪れた場所で、短期間で、いかに一生のワークを伝えられるかという問題である。実際には、いずれの場合も、彼らが自分自身を紹介し、ダイジェスト版の形で参加者に自分の踊りを体験させることで取り組んでいるように見える。

そうした類似点はあるものの、始まり方はそれぞれである。二つの事例では、音楽をかけてワークショップを始めた。また、体を動かさずに参加者に話をする始め方もあった。その場合、話の内容は、舞踏家自身がいかに暗黒舞踏と出会い、または参加者にいかに暗黒舞踏に取り組んでほしいかといったものだった。その他、全員の自己紹介で始まるワークショップもあり、また準備体操で始まることもある。例外的だが、最初から場所そのものが主役になる例もある。次項では、これらの事例をより詳細にみて、舞踏家自身と彼らのアプローチの多様性を提示し考察する。

⑴ 音楽をかけることから

まず、ワークショップの最初に、音楽を流す事例を紹介する。ここで舞踏家小林嵯峨と玉野弘子の個性の対照性が明らかになる。

舞踏家小林嵯峨は、五日間のワークショップの初日、市民センターの多目的会議室で、テーブルの上に絵画や自分のスケッチなどの資料を揃え、会議用の椅子を準備し、カルメン・マキ＆ＯＺによる曲「午前1時のスケッチ」を流す。そして、その一九七〇年代の雰囲気を帯びている歌詞が参加者の耳に入ってくる。

真夜中の街角　しゃがみこんだ女
ネオンサインの反射で泣いているのがわかる
雨上がりの東京　夜も昼もなく動いている　赤茶けた空

大きな声で　叫んでみても
誰にも文句は　言わせない
悲しい町で　かみしめた酒は
誰もがみんな　うまいと言う　ＪＡＳＲＡＣ出１８１２０６７－８０１

この歌詞は、私が思う小林嵯峨の像にふさわしい。小林は少女のような、いつも穏やかであるが、アンニュイな側面を持つ。静かで主張はあまりしないが、発言の際は知性と個性的センスが伝わってくる。一九四六生まれで調査の当時六八歳だが、身体はとても若く、動きは円滑でエレガントである。前述した歌詞で「しゃがみこんだ女」が泣いているにもかかわらず、その場面の風景は柔らかく静かで叙情的である。悲しさゆえに酒が美味しい。小林はこの曲をＢＧＭにして自分の来歴、暗黒舞踏との関係を語る（二〇一四年五月九日）。

舞踏家の玉野弘子は、ワークショップ・シリーズの初日、音楽を流し、軽く弾みよく走り始めた。歌手はボブ・マーリーで、そのレゲエの温かいグルーヴが冷たい会議室に漂う。玉野は白いレースのシャツとアディダスのトレーナーのズボンに虹色のダブっとした靴下を履いており、服装と共に性格もヒッピーのようである（二〇一五年八月一七日）。翌日雑談をしたときには、日常においても、玉野は自分の光を出し続けることで、周囲に肯定的なエネルギーも増幅させ、人々のためになれる存在でありたいと言った（同年八月一八日）。彼女は絶えず明るく、ごっこ遊びや冗談に満ちており、頭を使うのはあまり好きじゃないともいう。ここで、小林と玉野とは月と太陽のように対照的である。そこから繰り広げられるワークショップも内容的にかなり異なっている。

⑵ 来歴や思想を述べることから

次に、話すことで連続ワークショップを始める二つの事例を紹介し考察する。最初の舞踏家の事例は小林嵯峨で、第二の事例は和栗由紀夫である。和栗の身体的存在はしなやかでありつつ男性らしく、また、小林と同様に身体はとても若い。和栗は静かで論理的だが、話しやすく魅力的である。小林、和栗、玉野、三人とも若いときに異性もしくは同性に非常に人気があっただろうと思われ、また実際にそうだったという話を耳にしたことがある。

事例に入る前に、その場所の違いを念頭に置いてもらいたい。小林の場合、前述したような多目的会議室で事務用椅子に座り話す。和栗の場合、会場は海岸沿いの廃校となった小学校の体育館で、参加者を体育館の真ん中に描かれた円の所に集まるように促し、自分もしゃがんで話し始める。

二人の話の重要な共通点は、二人とも暗黒舞踏を教えることはできないと明らかに述べることである。これを考えるためのワークショップでは、参加者に暗黒舞踏とは何なのかを考えてもらうという課題を与えるという。このように、二人の考え方は似ていると言えるが、特に和栗は暗黒舞踏に関する誤解を指摘しようとする。

……土方舞踏は、舞踏なんか修練いらない、経験はいらない〔と思われがちである〕。あなたの体そのものは舞踏ですと言っちゃったからね……もちろん、あなたの中に舞踏が棲んでいますよ。だけど、その体をいかに膨らませたり、小さくしたりできるかと。日常、私のサイズをいかに作り直せるかということはレッスンになるから。

現在では、自分の精神世界に入って即興に踊るような「舞踏」も多々見られる。ところが和栗は、暗黒舞踏を踊るには身体の修練も必要であると言う。和栗は弟子入りした当時、自分の修練は同じ振付をひたすら踊ることであったと述べる。そして、自分が一九七二年に二〇歳で土方からこれらを習得し舞踏の道に踏み出した当時のことを語る。

マヤ。bull。[*15] 三か月〔毎日〕六時間この二つだけ。なんでこれは踊りなんだろうと。とにかく、汗で道ができちゃって、自分がすべっちゃうんですね。牛でこう〈勢いよく踏む〉やると、ここ〈爪先〉が割れてきちゃうんですね。自分の血で滑っちゃう。入ったときに八人いたんですね、新人は。三か月たったら、僕しか残らなかった。僕もやめようと思ったけど。「やめるな」〔と土方に言われた〕。

和栗は参加者にこの振付を一時的に行わせるが、参加者の視点からみれば、自身が弟子入りした日々の訓練を参加者に行わせることはあくまで例外的な一種の体操であり、参加者は、後述するような肉体への意識ならびに暗黒舞踏を生み出す日常生活も共同性も知らない。

だからこそ和栗は、自分が経験した暗黒舞踏を伝える際、参加者の考える「舞踏（BUTOH）」との違いを念頭に置いているのだろう。今日、「舞踏」は精神的かつスピリチュアルなものとしばしば思われ、または自然と一体化するような土着的なものとも考えられている。このような思い込みを和栗は参加者に再考させる。

さらに和栗は、暗黒舞踏は治療（ヒーリング）や癒しではないとも主張する。ワークショップを始める前、暗黒舞踏は参加者を気持ちよくさせるものではないことも伝える。その後、ワークショップから宿までの移動中、車の中である参加者に厳しくしたので、その参加者から反発を受けたというエピソードを和栗は語る。暗黒舞踏を踊るとはそもそも何なのかをある程度明らかにしないと、参加者と異なる観念で進行してしまい、齟齬が生じるということだろう。

このように、参加者に自分の思う暗黒舞踏のイメージをはっきりと伝えるとはいうものの、その後和栗は参加者に即興に「自然と共に」踊るように指導するときもあった。会場となっている体育館を出ると、廃校の傍には芝生と木、その前に砂利、その後ろに山が横たわっている。また、海も近く、風が塩っぽい。和栗は、参加者を踊り手と観察者という二グループに分け、踊るグループが芝生の上に自分の立ち位置を見つけるように誘導する。そこで、和栗は参加者が好みそうな、自然の中で即興で踊るという、和栗ならではの変わった稽古を行う。他の指示と違い、英語で彼が語るときは、自然主義的かつスピリチュアルな言葉が多々ある。そして、その口調はゆっくりで、単調である。

Ready — start. you are nature.（よーい、はじめ。あなたは自然そのもの。）〈和栗は腕を上に伸ばし、上半身の前に組み、参加者をみる。〉transformation.（変貌）〈参加者を観察する〉Dance with wind. Dance with sky. Dance with grass. Dance with leaves. Be bold. You are water. One minute more. Stretch your nerves to the sky, to the mountain, to the sea. Close your eyes, all, feel the atmosphere. Feel nature. You're a part of nature. Catch the wind. Thank you, thank you very much.（風と共に踊る。空と共に踊る。草と共に踊る。木の葉と共に踊る。大胆になれ。あなたは水そのもの。もう一分。神経を空まで、山まで、海まで伸ばしなさい。目を閉じて、皆さん、空気を感じて。自然を感じて。あなたは自然の一部分。風を捕まえなさい。どうも、ありがとうございました。）〈ゆっくりと拍手する〉OK, back inside.（では、中に戻りましょう。）

前述した和栗の講師としての姿勢と、このように参加者を自由に気持ち良くさせる方法とは相反しているようである。外で踊るように指示されたとき、長年和栗の下で踊ってきたエリーは「何すんでしたっけ」と聞き、和栗は「うん？ 何？ 即興」と答え、それに対し、弟子はうなずきつつ笑い「何でもいいね。はい」と了解するが、違和感を覚えたようである。

和栗はなぜこの指示をしたか、理由はいくつか考えられる。一つは、和栗のワークショップの進め方は固定されておらず、試行錯誤を通して変化し、即興も取り入れるのだと考えられる。もう一つは、参加者に楽しく、または気持ちよく踊らせる必要があることである。一日の稽古は六時間と長く、その時間は休憩のようであった。また、天気が良かったこともあり、和栗も喫煙者なので、外の空気やタバコを吸いたかったのかもしれない。

この後、相反して比較的厳しい「汗が落ちるまで」という練習が行われる。

〔動きを〕倍ゆっくり。思い切ってゆっくりやってみてください。どこまで耐えられるか、自分で試すんですよ。もっとゆっくり。自分の足の膝の裏に集中してください。足を伸ばさない……どれだけゆっくりできるかは自分との戦いですよ。……一人、汗が床に落ちました。But only one.（しかし、一人だけ）もっとゆっくり。……自分の感覚でフォルム（身体的形態）を直す。見ないで直す。肘の角度はなんなのか、指はまっすぐになっているのか。

一度参加者を楽しませるが、その後は体力の要る稽古をする。言い換えれば、細かく決まっている振付を教える前に、即興で踊らせる。これらは講師の戦略でもあるのだろうか。ここで舞踏家と参加者との駆け引きが示唆される。

一方、小林は「舞踏を教えることができない」と述べ、自身の育ちから話し始めた。三重県の田舎育ちの風景と感覚、そこでの匂いや音、そして骨董のモノたちについて述べる。

一面の田んぼ、見渡す限りの田んぼ、そういうところで育ちました。やっぱり、田舎になりますと、後ろに小さな山があります。その木がドードードーと揺れる、そのドードードーの風の音を聞いたり、あとお家のトタン屋根がバタバタバタバタとなっている。そういう音を聞きながら育ちまして。自分の家というのは広い家ですから。全然使われてないところとか。全然、ちょっと、どこも行かなくなって、ほこりっぽくなって、ほったらかしになって、そこで闇が固まったり、まあ、ほこりも固まっていますけど。昔に使っていた秤とか、古い道具があるんですけれども、その道具たちも使われなくなって古い。それで、だんだんその、用途から放り出されるんですね。秤でも、秤でなくなっちゃう。ただの道具になっちゃうよね。錆びついたりして。そして、日本はよく、古くなると、物の怪みたいになるんですね。……魂みたいなものがついてしまうんですね。

……家の中に、あっちこっちに闇ができたり、それから物がかってに物の怪に変貌しながら、そういうものを見ながら育って。それで、もちろん、非常に豊かな自然の影響も受けるんですね。春になりますと、菜の花畑と、蓮華畑、それから田植えが始まって、カエルが鳴いて、稲が育って、それで秋になると収穫して。……豊かな環境で育ちました。

……楽しく育ちましたが、自然というのは恐ろしい面もある。そういうことを薄々と感じ取って育ってきたと思うんですね。……それは理屈ではないんですけれども。……絶対、何か恐ろしいものがあると感じ取った。

小林はこの田舎育ちの感覚や、古くなったモノたちとの出会いなどについて述べて、そこで抱いた楽しさと恐ろしさを示す。ここで大切なのは、モノや自然現象にも動きまたは表現があるということである。特に、使われなくなり目的や機能が失われると、魂が入ってくる。田んぼやその季節の移り変わりもある種の存在であるように述べている。

なぜこのようなものを暗黒舞踏の紹介として述べるのか。子供の時の感覚と出会った経験を通して、小林の身体そのものが作られていると言える。その身体そのものが小林の踊りである。そして、小林は現代社会においては規制され予定調和された清潔なリアリティではなく、世界に潜んでいる非合理的で残酷なものを大事にしているようである。小林はこれらのことを悪とせず、田舎の静けさや楽しさと共存しているものと考えている。

子供時代の体感から小林が暗黒舞踏に惹きつけられたということは、参加者と暗黒舞踏との関係に多くの示唆を与えている。それは、参加者の背景、すなわち育ちとその身体的経験によって暗黒舞踏の理解、感じる魅力が異なってくるということである。これはドゥルーズとガタリのいう「アレンジメント」、すなわち主体の置かれている位置によって異なってくるとも言える。このことから、舞踏家のアプローチも多様であり、さらに参加者の理解も分散している。

⑶　参加者たちがお互いの踊りを観察すること

小林は自分と暗黒舞踏との繋がりという話で始めるが、ワークショップの最中は参加者の動き、もしくは踊りに焦点を当てる。小林はほとんどの場合、一回に限り、ある振付や身体的タスクの手本を見せる。そして、小林は参加者の動きをみて何を感じたか、つまりどのようなイメージを受けたか、何が印象的だったのかについて解説する。これはただ褒めるだけでなく、お互いをいかに見るか、そこから何を見習うかということを教えていると考えられる。

和栗は参加者が互いを見ることの重要性をより明らかに主張する。暗黒舞踏は教えることができないが、お互いを見ることで踊りについて習えるという。

僕のワークショップはお互いを見合うことから始まります。そのあなたが自分の体なんですよ。自分の体のことのように、相手の体を見る。……土方さんが稽古していくと、三〇人います……だいたい〔性別によって〕分けて稽古していたので……ところで、ノートをとりながら、相手を見ないといけない。こっちはノートをとって、見てないとすごい怒るんですよ。……分裂した状態。だから、他の人の踊りを見ながら自分の動きを書いています。

暗黒舞踏を身につけるためのもっとも有効な材料は、相手の踊っている姿とされている。自分で見て、相手がそのイメージや条件を踊れているかどうかを判断し、踊れている場合、見ている参加者はその踊りを盗もうとするということである。もしイメージを踊れていない場合、何をしたらできるようになるか自分で考える。和栗は、良い例、悪い例を問わず自分で決め、どちらからも見習えるように勧めた。そして、和栗によれば、一斉に踊っている参加者を見ると、自分の身体を通してその動きについて考えるため、自分が分裂しているようだという。また同時に、その踊りの身体的状態に集中しているという。和栗は、相手の踊りを見るとき、このような身体の分裂と集中が必要だと主張する。

そして、参加者たちが二人組でお互いを見て、その相手の踊りに関する感想や提案について話し合うが、和栗は一人ひとりの踊りに対してコメントしない。和栗が教えるというより、参加者たちが自分で考えて実験することになる。そのとき、和栗は手に顎を乗せて、何かを考えていそうな表情で見ている。そして、この参加者どうしの相談後、和栗はその踊りに対するいくつかのコメントを述べる。このように参加者が振付を作ったり、言語的イメージと身体運動との差異を自分で考えたりすることは多々ある。

対照的に、和栗の身体運動は一九七〇年代のままのようである。当時の振付を示すとき、和栗は二〇歳代の身体にいきなり変貌する。それは胸が広く、腹筋が締まっており、背は高く伸び、頭のてっぺんは真上に引っ張られているような状態である。この状態は明らかに、教える・教わるものではなく、繰り返された訓練を通して身につけるものである。これは苦痛を伴う練習の結果でもあり、和栗が言うように二日間で教えられるものではない。

⑷ 準備体操を行うことから

以上とは別に、決まった準備運動でワークショップが始まる場合もある。舞踊様式なら、その準備運動やトレーニングも様式化されている。ところが、これらの準備運動は舞踏家がどこかで習ったもの、または自分で開発したものであり、私自身は、アスベスト館で行われた準備運動と言えるものをまだ見ていない。ここで舞踏家による準備運動を明らかにし、この多様性が暗黒舞踏の反様式の特徴を示唆していると述べたい。

◉ 山本萌による「ストレッチ」

最初に、山本萌による合宿での準備体操を紹介する。この合宿は前述した多目的会議室ではなく、金沢の森の中にある施設、「創作の森」で行われた。その建物は山などの自然に囲まれ、部屋も天然の木材でできている。そこで三泊四日を過ごし、朝から晩まで体を動かして暗黒舞踏に向き合うものである。他の事例よりたっぷり時間があるからこそ、準備運動ができる。

毎朝二つの準備体操があり、それはストレッチとサークルというトレーニングである。ストレッチは山本が東京で伊藤裕から習った、体のほぐし方と筋トレを混ぜたルーチンである。

まず、体操までの時間について説明する。朝七時半頃起床、当番はキッチンでごはんの準備、八時頃講師とともに全員が食事をとる。そして、一〇時に隣の施設の第四研修室に集まる。全員がヨガ用のマットをとって、輪になって広げる。そして、いつもと同じように単調なコンテンポラリー音楽が流れてくると、参加者は寝転がった姿勢から体操を始める。一つひとつのエクササイズには決まった時間がある。参加者全員が体操をしつつ、一斉に数える。動きながら、「一、二、三、四」と表情なしの声で一〇秒から二〇秒ぐらいまで、同じ動きを繰り返しつつ時間を共に数える。終わったら次の動きに移り、その動きの時間も全員で数える。この方法は運動に集中するために非常に効果的である。しかし、客観的に考えれば、カルトのような共同体感もある。山本たちに聞くと、この運動には共同体を創るという目的はなく、単に集中を高めるためであったという。地味であるが、参加者はこのように集中できると、確かに雑念が少なくなり、内面的な筋肉も活性化させられる（夜の雑談より　二〇一五年四月二三日）。

●小林嵯峨による「コンセントレーション」

小林の準備体操には山本に見える静けさもあって、それほど能動的ではない。小林が自分自身で開発したコンセントレーションという準備体操は、立ったままで身体のあちらこちらに意識を届けようとするシンプルなものである。その進行は、小林の指示に従い、言われた身体的部分、身体の普段考えない箇所を感じようとすることである。小林はこの体操の原理を次のように説明する。

爪は爪で、単独で生きている。……逸れている体……普段はあまり考えない所。頭のてっぺんとか、足の裏とか。日常の色々な仕事とか勉強とかで使われているわけ。そういうものから。その消費される体を取り戻して。ということが、土方さんの舞踏の、なんというか、一番根幹ではないかなと、私は理解しているんですね。身体の無意識領域、普段忘れて、からっぽにしているところを大事にしてやる。そういうところを復権する。というところをやっていきたいなと考えています。

このように立って身体の各部分をただ意識しようとすると、一体何が起こるか。小林はゆっくりとした、抑えた声で、意識をして「やる」という言い方をすることで、身体の無意識の所へ優しい気持ちで探ってみる営みを促す。無理やりに身体を変えようとするのではなく、そのままの状態を認めようとする。瞑想と同様に、身体の微妙な動きや考えの移り変わりを変えようとせずに意識すると、何もしていないにもかかわらず、自分の中に様々な出来事が起こるのであろう。山本の準備運動と同様に、これは踊るための切り替えと集中の向上である。

(5)　場所を主役に――玉野弘子によるお寺のツアー

この事例では、場所を主役にしてワークショップを行うことが見られる。玉野は男鹿市にある大龍寺のお堂で二日間のワークショップを行った際、その前夜にもお寺の宿坊に泊まっていたので、お寺の様々なところを見学したと推測できる。そして、そのワークショップの最初の朝の部で、会場であったはずの堂から出て、事前の許可ももらわず、玉野は勝手にお寺の様々な所に参加者を連れて行く。彼女は衝動的でルールを考慮せず、一言で言えば「パンク」なキャラクターである。しかし、玉野のお寺ツアーは勝手で無意味ということではない。

ツアーの最初には、お寺に飾ってある、若いお釈迦様の絵画の前に参加者を誘導する。絵画について、その姿の純真さ、全てを受け入れられる態度、空間に拡張するようにぼやけた輪郭で表された身体を絶賛する。また別の機会に、無機質な多目的会議室で玉野は参加者を、自分は菩薩であり、自分の姿が空間に拡張することを想像するようにと促した[*16]が、不思議なことに、そのときの発言はこの絵を見た後のことではない。

そして玉野は、参加者を玉野夫婦が泊まる部屋に誘導し、座らせる。畳から天井や押入れの戸まで、その天然の素材の細かさと珍しさを指し示す。ほぼ全員が畳を実際に触り、天井や押入れの板を注意深くみる。私は、玉野が長くサンフランシスコ市に滞在し、久しぶりに和室に泊まっているためにそれに感心していると考えたりもしたが、秋田や仙台出身の参加者自身も強く感動し、その畳を撫でていた。もちろん、外国人の参加者なら日本について知る機会でもあるということで、撫でたり熱心に写真を撮ったりしている。他に、井戸やお寺の鈴をただ見るのでなく、参加者は実際に井戸から水を汲み、鈴を自分の手で鳴らすように促される。

玉野は庭に面した廊下に参加者を座らせ、よく観察するように促す。玉野は私に話しかけ、萩を指し示し、次の会話が行われる。

玉野▼これは萩。今年早いんだから。萩ってしらない？
私▼〈首を振る。〉
玉野▼たくさん歌舞伎とかね、着物の柄にもたくさんあるし、季節の、秋の、代表だよね。で、雑草でしょう。たとえば、万葉集の中とかさ、『あたし、さ、ラブ・レターあげようと思ってね、その中にきて渡そうと思ったのに、いないもんだから、あたしの袖が萩の露で濡れただけだわ』っていうような歌とかさ。ハハハハ。そういう、粋な場面がチョクチョク出ますね。〈日本人の参加者を振りかえって〉忘れちゃったよね、ちゃんと勉強しとかないと。ぼんやーりとしか。〈私が通訳し、玉野は日本語を話せない参加者に〉Yeah, that kind of（そう、そのような）、ちょっと wild passion is in there（そこに奔放なパッションがある）、はい。

その「はい」を打つことで、参加者の笑いを誘う。そして「Once it is blooming, all the purple and pink is blossoming down」（咲いているとき、紫やピンクの花は垂れている）と言う。玉野は萩を見るとき、少女が萌える萩の過去、そして花を咲かせる近未来も見る。

玉野は、想像と身体の意識を通して主張するものを、お寺の様々な部分を生かして参加者が直接身体的に感覚できるようにしている。多目的会議室でならば菩薩を想像させるが、ここでは本当の絵画を通して身体の状態を述べている。ワークショップの中では、言語的イメージに基づいた何かの感触を想像することもあるが、お寺なら部屋の中で畳に実際に触れられ、庭の前で花を見られる。または、想像するだけでなく、水の源や、音の発生とそれに伴う振動などを実際に身体的に経験でき、身体に蓄積できるわけである。このような簡単なツアーでも、踊りにいくつかの示唆を潜め、参加者は帰った後に生き生きとする。この鍵は、玉野がお寺の体験を導くのみならず、自分にとってのモノの見方ならびにお寺との接し方を示すことにある。そうすることで、玉野はお寺への愛着を生かし、その様々な特徴を教材にし、自らの考え方を提示する。前述した音楽や語りでワークショップを始めると同様に、ここでも何かの様式を意識せず、自分の想いをできるだけ分かりやすい形で伝えようとしているようである。そしてなるべく参加者を巻き込み愉しませようとしているようである。

本章では、場所、参加者、講師の姿を提示することでワークショップとその中の諸関係を示した。そして、場所と参加者はワークショップの行い方に多大な影響を及ぼしていることがわかった。場所によってワークショップの進行が決まる事例もあり、また、舞踏家が参加者のことを思い、語りや準備体操などの独自の方法で始まる事例もみられた。それぞれのアプローチで舞踏家は参加者に暗黒舞踏を伝えようとする。つまり、すでに決まった身体的形態やエクササイズというよりも、その場所と参加者に基づいた即興的な進行であった。上演のみに焦点を当てると、様式化された精神的踊りに見えるかもしれないが、ワークショップすなわち踊りを実際に新たに生成させようとすることに焦点を当てることで、この踊りがその場所とそこにいる人々による偶発的な出来事であることが分かる。

そして、舞踏家たちがこうしたアプローチを取ること自体、暗黒舞踏を参加者たちに短期間で伝えるのが無理なことであるという証左でもある。つまりは、ワークショップの調査だけでは、暗黒舞踏の身体性、言葉、そしてアフェクトを理解することはできない。次の第2部では舞踏家たちへのインタビューに基づき彼らの暗黒舞踏を検討する。

第3章註

＊12　本書では舞踏家の名前は本名であるが、参加者の名前は仮名にしている。

＊13　私も、京都の舞踏カンパニーに舞踏手として入っていたとき、金沢舞踏館のワークショップや合宿を受けていた。山本萌が私の師匠と会ったとき、私が山本のワークショップを受けても大丈夫かと確認を求めたという話が、その後に私の耳に入った。師匠は抵抗はないと言った。現在の舞踏家はたいてい同様であろう。

＊14　このできごとは、私が最初に合宿に参加した時を思い出させる。私は緊張し、ちょっとしたことで山本に謝っていた。山本からは「そんなに『すみません』と言わなくてもいいよ」と言われたことが印象に残っている。

＊15　マヤとｂｕｌｌ（牛）は振付の名称である。

＊16　この身体の拡張という言語的イメージは、暗黒舞踏のみならず他の踊りにおいても身体的アプローチとしてしばしば言われている。

第2部

暗黒舞踏の形成

今日、暗黒舞踏はそのオリジナルの形を失ったとも考えられている。それが妥当な理解かどうかは措くとして、では暗黒舞踏とはそもそもどういうものだったのか。その理解を深めるために、第2部では、舞踏家たちへのインタビューをもとに、一九七〇年代の舞踏家たちのオーラル・ヒストリーを作成する。そうすることで、舞踏家たちの身体性、その言葉と蓄積してきたアフェクトへの理解が深まるだろう。この理解は第3部と第4部における考察の基盤になると言えるほど多くの洞察を与える。一九七〇年代の舞踏家たちの踊る日々を検討すると、その身体経験がいかに彼らの社会的地位を一変させ、彼らの身体論、そして踊りそのものを形成したのかが明らかになる。

第４章　舞踏家たちの共同生活、肉体への意識

本章では、土方巽が創始した暗黒舞踏の一九六〇－七〇年代における身体・肉体の位置づけと、アスベスト館での土方を中心とする共同生活の意義を、土方の弟子たちからの聞き取り調査に基づいて考察する。それはまた、その弟子たち、すなわち舞踏家たちが日常を通じていかに自らの肉体の可能性を模索してきたのかを明らかにすることでもある。

本章の構成は以下の通りである。第１節では暗黒舞踏の共同生活と肉体に関する先行研究を提示し、暗黒舞踏における〈暗黒〉と肉体の思想を紹介する。第２節では土方を中心とした共同生活について説明し、そこで培われた肉体への意識について述べる。第３節では、インフォーマントが考える肉体について検討し、とくに肉体の物体性、支配不可能性、多義的な在り方に焦点を当てる。第４節ではインフォーマントの弟子入り過程と両親の反応をとりあげることによって、暗黒舞踏家への弟子入りに対する社会的意味合いを考察する。第５節ではインフォーマントが語る時代背景を提示し、当時の社会とインフォーマントが置かれていた社会的地位が、いかにかれらの肉体への意識を促したのかを論じる。

1　暗黒舞踏の〈暗黒〉と肉体

⑴　暗黒舞踏の暗黒

「舞踏」が「舞踊」と区別をつけるための名称だとすれば、「暗黒舞踏」の「暗黒」とは何なのか。土方はこのように聞かれても明確に定義しなかった。例えば、一九七二年のインタビューにおいて、土方は「どういった所以から、そう〔「暗黒舞踏家」と〕よばれるようになったのですか？」と聞かれると、説明せずに「そうねえ、僕は、光より闇の方が好きなもんでね。闇だまりとか……。あんまり、まぶしいところがいやなんです」と答えただけであった［THE OTHER MAGAZINE 21 1972］。また、講義で観客に「暗黒とは何か」と聞かれた時、土方は「暗黒とはね、アンコクウ＝あんこ食う、なのですよ」と述べたとも言われる。他にも、「つまり、押し入れの中でね、あんころ餅を食うような、そういうふかふかした闇、それが暗黒なのですよ」と答えた時もあった［小林 1990］。「暗黒とは何か」という問いに皆が期待するような哲学的な回答を土方が提示することはなかったのである。

元弟子小林嵯峨は「暗黒とは何か」という質問自体に呆れたと書いている。「暗黒は、自然現象の中にもあるし、人の生き様にもあるものなのに……おのれに、暗黒を囲っている自覚があれば、決して出されなかった質問ではなかったろうか」［小林 1990: 69］。暗黒すなわち闇は人間にとって普遍的であるがゆえに、その質問を発した者は自分で考えることができるはずだということである。また、合理的で簡潔な定義によって収まる答えはないということでもある。

土方の晩年にあたる一九八四－八六年にアスベスト館に通っていた正朔は土方に可愛がられ、様々な貴重な話を聞かされていた。その一つが、次に引用する「暗黒」の解説である。

図４－１「すさめ玉」の土方巽と小林嵯峨
撮影：小野塚誠　写真提供：土方巽アーカイヴ

光と闇の問題ですけど、「光は闇という母親の背中から生まれてきた」と先生は言われていました。光がいっぱいに光っていたら、闇が生れても何も見えませんし、光すら見えない。でも闇の中に光が一点蛍の様に光ったらその誕生が見えますよね。闇に抱かれすがる様に滲む様に吊られる様になど様々に光がその姿を現し出でる事が出来る。光は闇という母親の背中から生れてきた、なのにいかがわしい光が闇を追い出す、その光を追い出さなければならない、震えている闇をそっと抱いてやりなさい、それは死ぬという事、誕生とか死を隔離する事によって生が青ざめてきている、弱ってきている。光とは現在であれば情報の事でもあるんですよ、今は情報に対する期待ばっかりが増えている。死と生、光と闇などを区分けしてはいけない、それらの融合へと向かう。

（正朔からの聞き取り　二〇一二年九月二七日）

闇と光との明白な相違点は、生み出す力の有無である。正朔は闇を「生命が生み出される畑なわけよ。……母なる大地なわけよ。闇という、暗黒」とし、熱く語っていた。全てを生み出す闇に対し、「光は全てを席巻してしまう。何も生み出せない」と述べた。暗黒すなわち闇を重視することによって、表現や創造ではなく、誕生そのものに接近しようとしたのである。

具体的に、闇と光とは何であろうか。正朔は、現在の光は「情報」や「知性の問題」だと述べているが、光の現れ方は時代によって変わると推察できる。それは、社会的属性の条件を満たせない肉体のいかがわしさや、人間が本来もっている不潔とされているもの、または社会のまともな成員として承認されえない者などである。「暗黒」と呼称することは近代の情報社会に排除される「闇」を無条件に肯定することだった。ただし、光の現れ方が時代によって異なってくるとすれば、「暗黒」の意味も時代や状況に応じて変わっていくだろう。「暗黒舞踏」という呼称は、明示的な定義を避け、他の表現活動の固定概念に囚われることを否定する意味合いがあった。

(2) 暗黒舞踏の肉体

肉体と身体との概念上の違い、更に体という言葉の使い方も、暗黒舞踏を考える上で重要である。土方の下に長く弟子入りしていた和栗由起夫は、体、身体、肉体を次のように定義している。

体と言うのは、空っぽが立っているという意味だから、あるバッサル、エンプティ・バッサル。ということは〔そこに〕スピリットが入ってくる。ポゼッションされる器ですよね。身体って言った場合にはこれはコネクションなわけで、コンピューターですよね。色んな情報が入ってくる……肉体と言った場合には非常に個人的なものであって、これは外部と内部を遮断する、こっから内が内部で、こっから外が外部。非常に物質的なもの。

（和栗由紀夫からの聞き取り　二〇一二年一二月八日）

ここでは肉体、身体、体という言葉には三つの取り組み方が示唆されており、それらの意味の差が意識され、使い分けがなされている。暗黒舞踏では体を空っぽな器にし［三上 1993］、この社会によって規制された身体を拒否し、現代社会の生き方に対して抵抗する。それはすなわち「肉体の叛乱」*17である［Baird 2012; 稲田 2008; Centonze 2009］。

肉体論を研究してきたカティア・チェントンツェ［Centonze 2009］は肉体を身体に反するものとして位置づけている。身体とは「社会によって形成された体であり、共同体の価値観および社会的範疇を包囲する組織的な体である」［Centonze 2009: 170］。これに対し、肉体は有機的で徹底的に支配され得ない性質を持つ。これは社会規範への挑発を具体化したものである。言い換えると、肉体は社会に決めつけられる「体」への条件を十分に満たせない。肉体は生理、本能、衝動等によって絶えず変化している。そして、肉体は（肉の）生物なので、不断なく変容し劣化していく。肉体は支配不可能なため、無限の可能性を宿し、[*18]さらに体系および秩序に対してアナーキーと混沌を示す。したがって、舞踏家たちはモダン・ダンスやバレエのような身体を鍛錬する舞台芸術を拒否し、身体的限界まで稽古し肉体の可能性を求めたとチェントンツェは述べている。

チェントンツェによれば、踊らなくても良く、むしろ踊らない方が良いとされているという。この踊らないという立場は表現しないという意味でもあり、古典や現代舞踊への批判である。暗黒舞踏は「アンチ・ダンス」と言われ、30分間「立っているだけ」の作品もある。なぜ動かなくても観客と相互作用できる舞台作品が成立するのか、チェントンツェは次のように説明している。

> 表現しないことが表現になっているんです。で、なにもしてないその人を、やっぱり見てしまう。そしてそれから、体から風景が見えてくる。
> ［ジャパンファウンデーション 2010］

表現しないことが、どのようにすれば表現になるのか。これが暗黒舞踏の最初の謎である。表現を拒む理由は肉体に向き合うためであった。言説的身体を遮断し、前－言説的である肉体だからこそ、舞台上で「風景が見えてくる」という効果が生じる。それは「表現する」すなわち意味を伝えることではなく、出演者の存在が伝わる、または出演者と鑑賞者の共に生きる経験が肉体から生じることである。この効果を踏まえて、以降では舞踏家たちがこの肉体に肉薄できた経緯を検討する。

(3) 暗黒舞踏の共同生活

一九八〇年代まで暗黒舞踏に関する記述はエッセーや評論に限られていたが、一九八〇年代以降本格的な研究がなされてきている。ここではそれらの研究がいかに暗黒舞踏の共同生活を扱っているかを明らかにする。

まず、舞踏家並びに舞踊学者の三上賀代は、土方巽の弟子たちは自分を犠牲にして、社会的個人的自己を捨て、日常生活においても一般的社会システムから外れる必要があったと論じている。そして、集団で「攪乱」と「分裂」を生きていたそうである。ここまで忠誠を誓う覚悟、または「心構え」は暗黒舞踏の「不可視の技法」であり基本であった。つまり、すべてを捧げることは第一歩であり、日常生活として実践された［三上 1993: 79–82］。しかし、上記の説明は著者である三上一人の経験に基づいている。しかも、その日常生活への考察は二三一頁の書物のうち五頁のみにすぎない。したがってより深く考察するには、他の弟子たちの経験と考えを検討する必要がある。

栗原奈名子、稲田奈穂美、ブルース・ベアードは、舞台作品を中心に土方巽と暗黒舞踏を包括的に取り上げた［Kurihara 1996; 稲田 2008; Baird 2012］。その中では、弟子たちの視点からの日常生活の分析は明瞭な論点として扱われていないが、本章の議論に関わる記述のみを紹介する。

栗原はこの生活形態を主に宗教集団（cult）に例え、古典芸能の徒弟制度との共通点に少々触れている［Kurihara 1996］。この取り組み方に対し、稲田はこの形態を内弟子制度として位置づけ、この集団が極端に走るとカルトになると論じている。稲田は次のように土方の内弟子制度を考察している。「土方は稽古、言葉、生活で追い詰めることによって自我や主体、表現する意思を捨てざるを得ない状況まで追い込んだ」［稲田 2008: 452］。

稲田とベアードは、暗黒舞踏の技法における肉体と一般社会の相互関係について論じている。稲田は、暗黒舞踏による体の変容は身体の解体と非統合性であり、自己否定と近代社会の一般的日常への挑発だと論じている。同様に、ベアードは、この技法から得た能力であるトランスフォーメーションには社会制度に対して反乱するという目的があり、それは社会制度によっていかに制限されているかを理解しようとする行為でもあると論じている[*19][Baird 2012: 136]。

肉体への関心は、舞踏家の活動が舞台だけに限られていることを意味しない。むしろ、日常の延長に舞台が位置し、そこでのパフォーマンスを極上のものにするために日常は絶えざる修業の場となる。しかし、暗黒舞踏における日常生活は中心的対象として未だに研究されていない。既存の研究は主に作品や技法を取り上げ、生活形態については概略に留まる。したがって、生活形態とその共同性が彼らのいう肉体とどのように関係しているのかはまだ明らかにされていない。次節以降では、舞踏家の日常を明白にし、そこで培われた肉体観を示す。

2　土方巽との生活形態

本節では土方巽と弟子たちとの生活形態を明らかにし、それを暗黒舞踏の生成という観点から考察する。土方巽は東京・目黒のアスベスト館という稽古場を活動拠点とし[*20]、そこは暗黒舞踏の本拠地であった。土方の暗黒舞踏歴は一九五九－八六年に及ぶが、本章では暗黒舞踏の最たる変容期とされている一九六九－七六年の時期[*21]に焦点を当てる。

アスベスト館では土方を中心に、弟子たちが踊りを身につけていくという共同生活が行なわれた。本章では、まず生計の立て方や、暮らし、睡眠、食事等の生活形態を説明し、グループおよび個々人の日常を明らかにする。そして、その生活を送ることによって形成された肉体への意識をインフォーマントの視点から論じる。

(1) 稽古場での日々

共同生活という形態は、踊りに専念するためのものであった。日々、踊りの稽古、そしてキャバレー出演（第5章で詳述）の繰り返しであった。その日々の結果でき上がった作品と稼いだ資金によって、様々な劇場に加え、稽古場自体を劇場に改装し、そこで一九七四－七六年まで定期的に公演を行なっていた。すなわち暗黒舞踏は舞台上に留まらず、舞踏家たちが送った日常のあらゆる所にまで浸透していた。「舞踏することは生きることである。アスベスト館にいると一日中舞踏漬けになっている。日常と非日常という区別がなくて、すべて混じってしまう。ご飯を食べることにも舞踏はある」と小林は語った（聞き取り　二〇一二年一〇月三日）。つまり、かれらにとって暗黒舞踏は、身体表現や思想としてのみでは説明し切れないものである。そして小林の言う「舞踏すること」とは、日々に染み込み、むしろ日々そのものであった。

公演を制作・上演し、そして生活するための経費は、土方の弟子たちの資金稼ぎによって支えられた。このために共同生活には、稽古だけではなく頻繁な資金稼ぎのショー・ダンスへの出演が含まれていた。一九六九－七〇年に参加していたビショップ山田によると、そのスケジュールは以下の通りであった。朝八時半起床、朝一〇時から稽古、昼間にショー・ダンスの準備、一七時にキャバレーや店に出勤、二〇－二二時に二－三回のショー、午前一時から五時までアスベスト館で稽古、午前六時就寝、これが毎日繰り返された。同じ時期を過ごした小林によると、公演が近くなると稽古が朝五－六時まで延びたが、昼間に暗黒舞踏の稽古はしなかったという。

この日常を繰り返すことは、かなり身体的負担がかかる。「ある程度マゾヒスティックな〔masochistic〕体育会系だからね。〔マゾヒスティックな〕要素がないとね。しごかれるのが好きみたいな」生活に耐えられた人たちだったと、和栗は語っている（聞き取り 二〇一二年一二月八日）。ビショップ山田はこの生活を二年間過ごし脱退したが、「単に心身ともに疲れ果てての結果と思う。この時期のめまぐるしさは……一年が十年に感じられるほどの密度と忙しさであった」［山田 1992: 128］という。

一九七四年以降は、「明け方まで稽古して、後、皆は午前中寝ているわけです。午前中か午後までとか。午後は自由時間みたいな感じです」と山本萌は述べた（聞き取り 二〇一二年九月一日）。一方、境野は稽古ばかりの生活を思い出し、寝ても起きても稽古だったと言った。

このスケジュールでの睡眠時間は当然少なかった。山本は大学に通うことができたが、学校で仮眠をとることもあった。境野はしばしばキャバレーの楽屋で仮眠していた。

⑵ グループの食・住

食事も共同で質素であった。食事係であった小林は、一九六九年当時の日記に「お粥に入れたニラが美味しかった」とか「八百屋で頂戴してきた大根と白菜を食べた」等と書いている［小林 2005: 30］。小林は近所の店から無料で材料をよくもらっていたので、「あそこの商店街で私たちは有名で、『ああ、土方さんの所の生徒だ』」と顔が知られていた（聞き取り 二〇一二年一〇月三日）。

山本の頃は、普通の食事とは決して言えなかったそうである。それはパンの耳や、揚げた小麦粉の上にマヨネーズをかけたもの等だったからである。全員の食事の材料費は一日五〇〇円しか与えられなかった。境野はパンの耳と野菜クズで料理を作った。弟子たちの反応について「皆もブーブー言ったりもしましたね。もうちょっと欲しい」と山本は笑いながら語ってくれた（聞き取り　二〇一二年九月一日）。

稽古場は一階の高い蒲鉾型の天井のホールで、他に狭い台所とお手洗いがあった。弟子たちは二階に寝ていた。小林は次のように述べている。

だから、プライバシーなんて全然なしね。一日中ここにいる。キャバレーに行く時以外はずっとここにいて、遊びに行ったりさせてもらえない。（小林嵯峨からの聞き取り　二〇一二年一〇月三日）

小林はこう言ったが、苦痛に思っていたわけではない。しかも、他の二人の女性の舞踏家、芦川羊子と仁村桃子と仲が良く、「一緒に八〇歳まで踊りましょうね」などと言葉を交わしたこともあったそうである（ワークショップ後の会話　二〇一四年五月九日）。彼女らは「三人の娘」と呼ばれ、よく一緒に舞台上で踊っていたが、お互いに密接な日常を送っていたからこそ、舞台上の息が合っていたと推測できる。

一九七四年にアスベスト館を劇場にするための改修工事が始まったが、弟子たちはまだ二階に寝泊りしていた。山本によると、かれらの使っていた部屋は六ー八畳半の部屋と四畳半の部屋の二部屋であった。山本は前者に寝泊りし、後者でポスターやチラシを制作していた。境野の証言によると一部屋は弟子一〇人ぐらいで利用されていたようで、以下のような状況であった。

布団なんてないから。皆、雑魚寝。フローリングの上に。ちゃんと寝たような記憶がない。あと、稽古場で寝る人間もいたんじゃないかな。（境野ひろみからの聞き取り　二〇一二年九月二八日）

境野は睡眠不足の日々であったが、先輩弟子である芦川羊子の踊りに強い憧れがあったため耐えられた。また、弟子入り以前から土方を神格化していたとも言った。独立後も土方に連絡していたそうで、現在も当時の精神を何より大事にしているようである。

(3) 生活における暗黒舞踏

暗黒舞踏は自己が習得する舞踊形式ではなく、自己より肉体が主役になった動き方である。小林によると、自己から肉体が「はぐれる」ので、自分の名前を忘れた時点で暗黒舞踏が始まるそうである（舞踏ワークショップ 二〇一四年五月一三日）。そして、食事と掃除、つまり日常において肉体と関わる中で暗黒舞踏を追求することになる。

小林は具体的に暗黒舞踏と生活との関係を表現しているので、以下に紹介したい。食べる量がわずかだった理由は「内臓感覚は舞踏家にとって非常に大切な要素だと思うのでやはり飽食していたのでは駄目」ということであり、その内臓感覚は「筋肉、精神等ヒトのからだをガードし、運動の機能を司る動物に固有の組織である〝体壁感覚〟に相対するものである」と書いている［小林 1990: 31］。そして、アスベスト館を雑巾がけして掃除する動きにも暗黒舞踏があると言う（図4－2参照）。

……四つん這いになって端から端までスゥーッと駆けていく。先生も一緒で、芦川さんと三人スゥーッ、スゥーッと言ったり〔原文ママ〕来たり（私はこう書きながらその動きの中に舞踏を探してしまいます）。

［小林 1990: 31］

図４－２　アスベスト館の掃除
撮影：藤森秀郎　写真提供：土方巽アーカイヴ

暗黒舞踏は「習う」ものではなく「身につける」「盗む」ものであると言える。掃除などの日常的行為に参加することも、身につける機会となる。その鍵は、師匠と他の踊り手とが「一緒で」という共同性であると考える。

正朔はその一〇年後のアスベスト館を経験しているが、その時も生活と日常のモノが暗黒舞踏の種であった。正朔によると、土方は「舞踏は舞台と生活を画期的に結びつけた」が、「舞踏は生活そのままでは無く、生活の謎を解く方法」だと述べたそうである［正朔 2014］。このように日常の物事を扱うことは「舞踏の採集」だと言う。例えば、正朔は土方の言葉を次のように思い出している。

踊りなんて何にでも習えるんです。自然の物を特にこういう風に指で潰すと、ポロポロカサカサする物が特に良いですね。

壁を撫でていると平面じゃない、毎日違うんです。それをこうして擦っていると何故かアーンと泣いてしまうんですね、摩擦によって感情が発生するんです、壁をずーっと撫でながら泣いている人がいるんです。

［正朔 2014］

つまり、日常の物と触れ合う中で舞踏が採集できると言うのである。特に、接触と皮膚感覚を通して「自然の物」や「壁」等の物の性質によって、感情が生まれてくる。ここで、その性質が擬音語という言語や摩擦という体感になり、自らの声や感覚を通して体に伝わってくる。したがって、その性質を体の知識にすると言える。そして、体や動きの質感の幅が広ければ広い程、その人の踊りが豊かになってくると考える。

他に、日常の行為において、正朔は土方の言葉を次のように書いている。

トイレでの採集は良い、たくさん出来る……
風呂に手間取る、半日かけて全身を洗えない、色々な採集が出来る、まるで何か大変な事をしてしまった様に終わった後、階段を這いつくばるようにして帰る。
［正朔 2014］

この「採集」も「暗黒舞踏の採集」である。具体的にいかに何を採集しているのかは定かではない。入浴や小便・大便は、前者は体の外側に直接触れつつ触れられる、後者は物質的に体の内側を感じる機会である。そうして入浴の際に採集をしていると長い時間が過ぎて、湯当たりして這いつくばってしまうということではないだろうか。明確な解説はできないが、入浴やトイレの体感などは、人によって違うであろう。

弟子入りする前に室伏鴻は土方に教わりたいという願望をもっていたが、どう取り組めばいいのか分からなかったという。「土方さんの踊りを見た後も、どういうふうに学んだらいいか分からないから、何でもやらしてくださいと言ったの」と室伏は述べた（聞き取り　二〇一三年九月一五日）。しばらくして、土方は室伏を資金稼ぎであった映画撮影に行かせた。室伏は公演の稽古だけではなく、資金稼ぎの上に、日常生活や飲み会の場でも土方の暗黒舞踏に触れることができたと述べている。つまり、土方と共にその世界に没頭することが必要であったのである。

山本萠は土方の下で暗黒舞踏に専念することを「人さらい」をされたようであったと述べ、小林の話からも「人さらい」の感覚が窺える。山本によると、土方は「人さらいにあった人が一番うまくなるのだ」と言っていたそうである。「踊り手として育つには、人にさらわれてこいと」いうことである。この「人さらい」とは「昔の芸能」では弟子が子供の頃に奪われ、あるいは買われ、そして師匠と共同生活を送りつつ芸を身につけたという話に由来する。同様に、アスベスト館の共同生活は暗黒舞踏を身につける、いわゆる踊りを盗むために有効であった（聞き取り　二〇一二年九月一日）。

キャバレーと稽古の繰り返しの中で「人さらい」されるからこそ、「肉体」が浮き彫りにされていった。小林はキャバレー巡業を通して得た感覚を次のように述べた。

土方さんにキャバレーに行けと言われて……長いこと電車に乗って北海道とか九州とか遠い所へ行く。その間に体がさらわれていくという感覚になる。私はそういう感覚を持っていてよかったなと思うんです。

（小林嵯峨からの聞き取り　二〇一二年一〇月三日）

ここで「体がさらわれていく」という点に注目したい。自分の意志でキャバレーに行くのではなく、活動の資金を稼ぐために行く必要があったからキャバレー巡業に出かけるわけである。何かによって行かされる、あるいは動かされるような気持ちであろう。そして、電車の中では座ったまま動かずとも、到着地まで電車に運ばれていくわけである。ここで自己意志の喪失が二重にある。肉体は状況、環境、モノの中に埋め込まれていることによって動いている、すなわち生きているということである。このように、公演制作と稽古場の維持のために自分が「さらわれた」と感じるほど、暗黒舞踏の活動に専念することができた。

この生活形態は弟子たちの生活に束縛を与えることによって、個々人の肉体への意識を培うものである。舞踏家は共同生活の中、社会性や自由な私生活を放棄した。つまり、舞踏家という自己決定をしつつ、自ら進んで自己とその欲から離れた。暗黒舞踏に必死に専心する中で自己を捨てる場合もあるが、盲目的に土方という権威に従うわけではなかった。この営みのために能動的に肉体に肉薄する必要があった。小林の発言を考えると、それぞれの日々の行為において意識をより高めるように配慮する弟子もいた。しかし、配慮するかしないかは各自に任されていた。いずれにせよ、肉体労働であるキャバレー出演を繰り返しながらの質素で過酷な生活形態は、肉体に意識が向かざるをえない状況を醸成した。さらに睡眠不足で満たされない状態だからこそ、肉体への意識が高まったと考えられる。

3　肉体観

舞踏家たちは肉体を土台にして、いかに作品を作り、そして生きてきたのか。ここでは、体への社会からの働きかけに対して、舞踏家個人が肉体をどう捉え、いかに取り組むのかを考察したい。個々人が肉体にどのように特徴を見出したのか、どのように可能性を認めているのかを、舞踏家の発言から窺うことができる。

⑴　運動の受動性

暗黒舞踏では振付家の言葉とそのイメージを受け入れ、それによって素直に動かされている状態を目指すという。この受動性は「自分が動くんじゃなくて、自分の意志とか、目的でドゥー（英語の〝do〟）と動くんじゃなくて。何かによって運ばれていくというか、何かによって連れていかれるとか。動かされる」ような状態である。受動的に「自分を置くというものから、きっと何かが出てくるかもしれない」と、ビショップ山田から説明を受けた（聞き取り　二〇一三年一〇月一三日）。つまり、自分の意志による動きではなく、むしろ受動的に動くものなのである。

そして、これはかつての舞踊様式のように、ある形式を真似して能動的にそれを繰り返すことではなく、基本的に現代舞踊あるいはスポーツとも全く異なっていると述べている。ビショップは「モダン・ダンス、バレエはドゥー〔英語の〝do〟〕でやるからね。カハハハハ。オリンピックと同じもんじゃない？と思います。無理して一生懸命やっている」と、舞踊とスポーツの近代主義的な「より速く、より高く、より美しく」といった理念を笑った。和栗は、舞踊における道具としての体を利用した表現に対し、暗黒舞踏においては肉体そのものの提示が表現であると語っている。

このように土方の暗黒舞踏は、能動的な従来の舞踊を否定することから始まったと言える。和栗はこれを「やろうとする問題」と呼び、土方がこの舞踊否定をどのように教えたのかを以下のように説明した。

アティチュード〔態度〕の問題だと思うんだよね。やろうと思っていることはすでに終わっている。これ怖い言葉でね、よく先生に言われたんだけどさ。どうしてもやろうとしちゃうんだよね。やることが踊りだと思っているでしょう？「やるな！ 終わっている」やろうとすると、「やるな、終わっている」と言われるからさ。どうしていいのか分からないというのはよくありました。

（和栗由紀夫からの聞き取り 二〇一二年一二月八日）

こうすることによって、踊っている個人の体を、個人が考えた通りに動かすことを妨げる。この状況では、合理的に考えて体を動かす余裕がなくなる。この稽古は、土方から得たイメージを受動的に受け止めた結果として、素直な動きが生じてくることを目指していると考えられる。ビショップによると、自分で体を動かすことが望ましくないという理由は、自分の意志で何かしようとすれば、動きの中に本質的な変化が全くなくなるからであるという。

ビショップは、受動性を目指すものであり、そして受動的であることは人間の生き方そのものでもあると述べた。

生まれてくる時さ、それは自分の意志じゃないわけですよ。たぶん。そういうことを考えないと、本当のことに当らないよ。社会の中の、むしろ、もっと受動的なものという捉え方をしたほうがいいと思うよ。意外と人間の意志はたいしたことなくて、生まれて初めて世界の空気を知るわけでしょう？　全部外部なんですよ。それを全部受け入れる。

（ビショップ山田からの聞き取り　二〇一三年一〇月一三日）

小林の話では、生きていることの受動性が暗黒舞踏に繋がるという。誰でも、日常的に自分の理性や意思と関係なく生きていき、死んでいく。この勝手な体の中に、潜んでいる古代からの記憶や、生後体で学んだ知識が保存されている。踊りの場合、この記憶と知識は資源となる。少し長くなるが、小林の話をそのまま引用する。

日常で色んなことがありますよね。そういう物に支配されている間に、自分の体が刻々と生きていく。あなたが何を考えていようと刻々と生きているんだから。外にテーマを求めなくたって、自分の体に下りていけば、踊りはいっぱいあるんだよって。だから、記憶に繋がっていく所があるね。人間の体の中というのは、もの凄く記憶が詰まっているわけですから。ひょっとすると、何万年も前の記憶だってあるかも。大昔の日本人だって、どこから来たのか分からないんだし、そういう古い古い記憶が体の中に残っているかもしれない。そういうものを見て行けば、踊りは自然と出てくる。流行の物を見たり、思想の難しい本を読んだりしなくても、体にきけばいい。

（小林嵯峨からの聞き取り　二〇一二年一〇月三日）

これは肉体で思考することである。この受動性は、体に命令を下すこととは逆で、肉体の道具化を諦め、肉体の不断の変化と共に踊ることである。肉体の非合理性と予測不可能性、すなわち偶発性を認めたところで初めて発見と新しい可能性が生まれてくる。つまり、近代主義が肉体の不安定で統御不能である状態を「能無し」と否定的に判断するのに対し、暗黒舞踏は肉体そのものを肯定するのである。

(2) 変容可能な肉体

和栗も暗黒舞踏が「ある意味、状態なんだよね」と述べた。それは「その体の状態の中に踊りが皆隠れている」からであるという。その例として、いくつかの身体的状態を次のように説明した。

自分の体は幽霊として、霊体として薄くなって希薄になって、自分の体を空気が通過しているような状態で、神経を伸ばしていけば、自分の体が一キロ先まで伸びていくわけでしょう。感知できるわけだよね。今、国分寺駅まで神経を伸ばしていると。そういう状態なんだけど、伸ばしたくたって無理ですよね。

（和栗由紀夫からの聞き取り　二〇一二年一二月八日）

神経を一キロまで伸ばすこと等は実際にはできないが、そうしようと真面目にしている際、固定概念から一歩踏み出し、以前考えられなかった体の意識と知覚の仕方を発見し、それが動きに反映するのである。このように、素直に様々な状態になろうという試みは、体における固定概念を揺るがし、肉体の可能性を拡大させる。

和栗の言う「状態」は神経の活動を重視することであると考える。肉体と言えば物質的モノという意味合いだが、肉体は固定物ではなく、絶えず運動し、変化しているのである。このような身体的状態で実在化される存在には、小林が述べた日常に隠れている「非在」も含まれると考える。

土方さんの造語があるんだけど。非在、不在ではないわけなんです。本当は、日常というものはもろいものので、薄い幕をめくると、その下に隠れているものがいっぱい見えるはず。そういう存在が非在というものって意味だと思うんです。

（小林嵯峨からの聞き取り　二〇一二年一〇月三日）


非在の例として小林は幽霊や胎児を挙げた。踊る時、舞踏家は次から次へと、この「非在」の存在に変容していくこともあると考えられる。舞踏家は正常ではないと一般的に思われているものを実現してみせる。例えば、土方が女性の髪型を始めた頃、舞台上に留まらず日常的にも、死亡した姉の体を自分の体の中に住まわせていると言っていた［土方 1969］。また、室伏は子供の頃に死体を見た強烈な印象があり、その死体はミイラの踊りとして室伏の生きている肉体によって現されている。そして、小林は生きている体で幽霊を、若い体で老婆を踊りによって示している。他にも、人間の体で動物の姿を具現化する暗黒舞踏もある。これらは死体・老婆・動物を表現するものではなく、必死にそれに「なる」という試みである。

このように、彼らの踊りは受動的に言葉とそのイメージを受け入れ、肉体で森羅万象のモノになることが基礎であると言える。

(3) 母の肉体

小林は「女性だから、女性の論理で考えて踊っている」と発言した（ワークショップでの発言　二〇一四年五月九日）。これは、出産や生理を経験する女性は、男性とは人生経験が異なっているからこそ、特有の実感が伴っているためだと考えられる。

小林によれば、暗黒舞踏は「気持ち悪い」と言われているという。一見気持ち悪いとされているものは人類に必要であると述べた。例えば、女性は生理の血、出産といった経験ができる。

一般的に気持ち悪い物を排除したがる。それはだめだと思う。気持ち悪いものを排除しようとする人はきっと精神に異常をきたすんじゃないかな。（小林嵯峨からの聞き取り　二〇一二年一〇月三日）

醜い物が排除されても、人間として生きている限り避けられない。例えば、子宮を持ち生理が定期的にくることで、女性は自分の意思とは関係なく月に一回程度、卵子の虐殺とその流血を直接経験する。妊娠した場合、自分の意思や社会的規範と関係なく命が体内に宿る。

そして、小林は人類が母体で繋がっていると述べた。「ミトコンドリア、母系を辿っていくとミトコンドリアになる。アフリカの一人の女性に行き着くんですって……それだったら、やっぱり、皆共通の記憶を体の中に持っていて、出発点は同じ」（聞き取り　二〇一二年一〇月三日）。人間の起源が同じであるがゆえに、誰でも共通の細胞的記憶を体に宿していると言えるのである。

結果として自己を剝がされたとしても、人間は肉体であるからこそ現在の生命活動にも触れ、さらに経験してきた生命の広大なミステリーを生きている。それは社会や自己よりも、肉体に蓄積された物質は原初的だからである。おそらく、実際に肉体を掘り下げることは、一人ではできないのであろう。その模索には、土方のような指導者、アスベスト館という特殊な共同的空間が必要だったと考えられる。

4　舞踏家たちの弟子入り

本節ではインフォーマントたちの置かれた状況と弟子入り過程を明らかにし、その社会的意味合いを考察する。インフォーマント個々人は土方および暗黒舞踏との出会いによって人生が一変し、舞踏家として独自の生活を送ることになった。それぞれが土方の稽古場にどのように辿り着いたのか、そして住み着いたのかを述べる。これは、個々人のライフ・コースとグループ形成を示すことになる。舞踏家になるという選択について世間がどのように思うのかは、それぞれの両親の反応に代表されていると考える。個々人にとって両親は社会そのものの象徴でもある。そのため、両親の反応を述べることで、一般社会における土方への弟子入りの意味合いを明らかにする。

(1) インフォーマントが経験した時代

大学紛争や小劇場運動、前衛芸術の興隆を背景に、若者の多くがアスベスト館に集まってきた（図4-3参照）。

> 学園闘争の嵐が吹き荒れていた大学をドロップ・アウトしてやってきた学生、演劇や美術から転向してきた人など若者たちが常に何人か寄宿していて、ざわざわと寄せては返す波のようにいつもそれが入れ替わっていた。
> ［小林 2005 : 72］

弟子たちは既に長期間アスベスト館に住み込んでおり、学園闘争に直接関係していた者はいなかったが、

図４－３　アスベスト館での談笑。土方巽（左）と弟子たち（右）
撮影：山口晴久　写真提供：土方巽アーカイヴ

影響がないわけではなかった。例えば学園闘争により大学では授業がなかった。室伏は、「学校の方が学生に来るなと、ロック・アウトされた。普通だったら卒業の年齢だけど、まだ授業がなかったですね。だから、学生はやることがなかった」と述べている（聞き取り　二〇一三年九月一五日）。若者たちは他の道を探し出すしかなく、その中のひとつが暗黒舞踏だったと言える。

そして、当時は高度経済成長期であったから、将来に不安をあまり感じないままに生活できた。山本は「僕の時代は三万や四万円あれば生活ができた時代ですから」と説明した。また、アスベスト館から独立して活動を続けることに対して、不安を感じたかという質問に対し、山本は「それ（不安）はなかったですね」と答えている（聞き取り　二〇一三年九月一三日）。

このように、時代や経済発展という背景があったからこそ、インフォーマントたちはこの道を歩み始められたと言える。

⑵ 弟子入り

一九六四年頃からアスベスト館に集まった若者たちと土方との間に、弟子と師匠という関係が結ばれた。弟子たちが寄宿し始め、踊りとともに土方との日常生活に専念した。特に一九六九年頃から若い弟子たちは稽古そしてキャバレーでの資金稼ぎに没頭した。

弟子たちは様々な背景を持つ。本章で取り上げるインフォーマントの内三人（和栗由起夫、山本萌、境野ひろみ）が演劇への興味から土方を知り、一人（室伏鴻）がアヴァンギャルド芸術の繋がりから公演を鑑賞し、一人（ビショップ山田）は土方の文章を読んで興味を抱き、一人（小林嵯峨）はモダン・ダンスの稽古場に通いつつ土方の稽古場を探し出した。全員がアスベスト館を訪ね、土方またはすでに弟子入りしていた芦川羊子と短い会話を交わした後、すぐに稽古や資金稼ぎの活動に加わった。

住み込むようになった経緯は一人ひとり違っていた。例えば、小林嵯峨は一九六九年に初めて土方を訪ねた時に「明日から来い」と言われ、翌日最低限の所持品を持って引っ越した。一九七二年に和栗由紀夫が初めて来館した時、一週間後の公演の出演に誘われた。その公演終了後、家出してアスベスト館に住み始めた。一九七四年、山本萌はしばらく自分のアパートから稽古場に通っていた。住み込んでいた弟子たちの方が稽古の数が多く、成長が早いのに気づいて、山本は住み込みを決意し、自らの意思で引っ越した。

これに対し、境野ひろみは自分のアパートから稽古に通っていたが、キャバレー巡業で留守をしていた時に、他の弟子たちによって自分の持ち物がアスベスト館へ運ばれた。土方に事情を尋ねると、「境野、お前今日からここだからな」と言われた。境野はこれを容認し、住み込み始めた。境野は私に、「私たちの時代は、『あー、そうか』と納得してしまう感じ。元から皆集団で生活しているというのは聞いていたけれども」と語っている。

当時は劇団や舞踊団での共同生活形態は多々あったが、弟子の了解を得ず荷物すべてが稽古場に移されていたという事例は珍しいだろう。この事例については、弟子たちそれぞれの経緯が異なること、それぞれの性格も異なっていたことを念頭に置きたい。境野という人間でなかったら、こうした経緯は辿らなかったと考えられる。境野が当時を振り返り、キャバレー巡業で真冬の北海道に行った時、ジャケットやセーターすら持って行くことを忘れたと笑って言っていることなどから、当時の境野は迷子の若者であったと窺える。強制的に共同生活をさせられたというよりも、居場所を与えられたという印象を受けた。そして、土方が作品を上演しない期間に入り、活動がキャバレー巡業のみになってから、境野は自由に退団できた。

聞き取り調査によると、一九六九年のアスベスト館には、玉野黄市と芦川羊子の二人が住み込んでいたが、一九七〇年代後半には一二人程度に増えた。弟子の多くが一九歳から二三歳で弟子入りしている。農業大学に通い卒業した山本以外は、高卒かまたは大学を中退していた。そして、弟子入りには形式的な手続きがなかった。土方は引っ越してきたいという人を拒まず、退団も自由にさせた。この状況の理由を簡潔に説明するならば、当時、土方の舞台や言葉がかれらにとって衝撃的であり、多くの若者たちが土方に会いたがったためである。

(3) 両親の反応

ほとんどの場合は、両親は弟子入りを承認しなかった。「普通だと、『家の娘を返せ』になっちゃうけど。そういう電話が何本もあった」と和栗は述べている(聞き取り　二〇一二年一二月八日)。男性は家や家業を継承するという親の期待があったので、弟子入りが認められないことが多かった。例えば、山本は親の側には農家を継いでくれるという期待もあったが、暗黒舞踏に一生打ち込むと決心した。

一方、和栗は右翼の父親が「由紀夫は徴兵に取られて、戦争に行ってんの」と考えるようにしていたと語っていた。具体的に「認めたくないけれど、ある日本人の諦観だよね。でも、戦争に行って頑張っているんだから、応援する」ということだろう、と父親の気持ちを推測した（聞き取り　二〇一二年一二月八日）。また、小林の両親は特に反対せず、公演を見に来てくれたそうである。

土方は弟子のために、両親に応対した。「娘を返せ」と言った父親に、土方は「あなたは自分の娘をそんなに信用できないのか？」と言い納得させた。和栗の「徴兵に取られた」ように考えていた父親に対して、土方は「お前の父親は素晴らしい」と感激したそうである（聞き取り　二〇一二年一二月八日）。

弟子入り前、インフォーマントのほとんどは一般的家庭に育っており、芸術と何らかの関係を持ち、人生の道を探していた若者であった。弟子入りの時点ですぐに舞踏家になると選択したわけではないが、土方の下で暗黒舞踏をしていくことによって一生舞踏家の道を歩むと決心し、大学卒業、一般的な就職をして家庭を築くこと、つまり一般的ライフ・コースを放棄することになった。両親の反応から窺えるように、この放棄は社会からの逸脱であると思われた。しかし、何かへの必死な専念と受け止めたり（和栗）、芸術の活動として認めたりする（小林）両親のような承認の仕方もあった。

5　舞踏家たちと社会

インフォーマントの個人的背景に加えて、当時の社会的かつ時代的流れを切り離しては、その日常と肉体的感覚を考察できない。舞踏家たちの日々は主に稽古場と舞台で送られ、その舞台とは公演ならびにキャバレー・ショーであった。したがって、外部の社会と関わる場合はほとんど、キャバレー芸人としてであった。[*22] インフォーマントの視点から、当時の社会とかれらの社会的地位について考察することで、それがかれらの肉体への意識をいかに促したのかを提示する。

(1) 舞踏家の社会的位置

舞踏家はキャバレー芸人や踊り手として社会の下層に位置していた。小林はキャバレーで働く自分と他の「踊り子さん」とは「最低の地位にいる人たち」と述べている(聞き取り 二〇一二年一〇月三日)。また、ビショップは当時の自分の社会的位置に関して、ダンサーや、キャバレー芸人、歌手、いずれにしてもゴミのように見られていたと語る。さらに、室伏は舞踏家とキャバレー芸人は社会から外れた経路を進み、社会のどこにも所属しない位置にいたと述べている。

> 芸能をやっている人は、アートというのは、生産的な場所から少し外れたとこなんですよ。
> (室伏鴻からの聞き取り 二〇一三年九月一五日)

そして、このような底辺の位置を共有する者の間に連帯感が生まれた。小林は、他のダンサーたちとの関係を「宝」として印象深く語った。

> 踊り子さんたちは楽屋で裏も表もないわけですよ。皆、裸で、お化粧していて舞台に出ていって裸で帰ってくる。……社会的な一番下の地位、そこまで行けばお互いに何も隠すことはない。本当に余分なものを取り払った付き合いができた。素敵な人たちばかり。
> (小林嵯峨からの聞き取り 二〇一二年一〇月三日)

「踊り子さん」たちはそれぞれに事情があることもあり、お互いを励ましたり配慮したりしていた。和栗は次のように述べている。

〔キャバレーの〕楽屋に戻ると、おねえさんたちが可愛がってくれるわけですよ。新人だから。「おにいさん、大変ね、また夜、稽古なんでしょう?」とかってね。（和栗由紀夫からの聞き取り　二〇一二年一二月〇八日）

境野は、キャバレーで自分がどのように受容されたのかを振り返った。

「飯食っているのか」っておにぎりくれたり、ほとんどの間、（楽屋で）寝ているじゃない？　そうすると、バンドさんに「起きろ」と起こされて、面白い時代だったね。（境野ひろみからの聞き取り　二〇一二年九月二八日）

舞踏家は部外者によって、しばしばアングラという枠組みに入れられることがある。舞踏家はアングラ演劇と関係を持ったが、自ら「アングラ」と名乗ることはほとんどなかった。ビショップにアングラについて聞くと、その言葉はピンとこなかったようであった。「アングラだって、あれは何？　週刊誌が作った言葉？　別にアンダーグラウンドというあれじゃないでしょう?」と逆に質問された（聞き取り　二〇一三年一〇月一三日）。また、アングラがある種のステータスだったという話が出たとき、山本は「それでもアングラ仲間だね」と緩やかな連帯を示唆した（聞き取り　二〇一三年九月一三日）。

インフォーマントたちは、キャバレーのダンサーとは芸人として、アングラ演劇の活動家とは前衛的表現者として、ある種の共属感覚を抱き、それぞれの緩やかなカテゴリーで、ある種の共同体に入っていたと言えよう。個人的背景はそれぞれ異なっていても、その場でお互いを分かち合い、偶発的に関係を作ったこともあった。

(2)「いかがわしさ」という視点から

室伏によれば、舞踏家の社会的地位、ショーという出し物、キャバレーという場、体のアンビバレンス(両義性)は、暗黒舞踏のいかがわしさと繋がっていたそうである。舞踏家とキャバレー芸人はどこにも所属しなかったため、いかがわしい存在であった。ショーのいかがわしさの例として、室伏は金粉ショーを挙げた。「金色に塗った仏像がワーッと動いていくわけ。誰もありがたがるはずがないから、一体何やってんだって」とはいうものの、「体を金に塗れば、ありがたがられるって、信じて出てくる。踊っている方もバカだし、見ている方もバカ」。当時のキャバレーはお酒を飲み騒ぐ「夜の祭り」であり、そしてヤクザ等に運営されたいかがわしい世界であると思われていた。そして、体のアンビバレンスとは、「男」と「女」に明確に分け得ない、いかがわしさを指す。人間は社会からジェンダー規範に沿って行動するよう期待されても、それら全てに従属することはできないのである。

室伏は土方の時代を「体のいかがわしさ」とし、舞踏家は生活上と舞台上でそのいかがわしさを生きていた。例えば、一九六〇年代後半から土方が髪型を「団子にして、日本のおばあさんみたい」にし、両性性のいかがわしさを具現化していたと述べた。さらに、そのいかがわしさを説明するため、舞踏家大野一雄について述べた。

大野一雄さんがそのアルヘンチーナ(一九七七年上演作品「ラ・アルヘンチーナ頌」)で女になってみたりする。いかがわしいものは美しいじゃないの? ある種の言葉でいうと、グロテスク。つまり、美しいん

だけど、残酷というかな。そういうものが必ず絡まっている。（室伏鴻からの聞き取り　二〇一三年九月一五日）

これらは肉体と結びついている「いかがわしさ」である。キャバレーもアスベスト館も一般社会規範からかけ離れた場所であったからこそ、一般的生活ではあり得ない肉体への意識が生じた。規範に従わない肉体が、エンターテインメント性を発揮したり、従来の舞踊の理念を揺るがしたりした。どちらにおいてもインフォーマントたちの肉体は、出演者としてステージを律する神のような存在であると同時に、ステージの外では社会の底辺に位置していた。かれらはステージでのパフォーマンスを繰り返し行うことで、男性でもあり女性でもあり、あるいは男性でも女性でもない肉体の探求に突き動かされていた。ジェンダーやセクシュアリティはあくまで社会の規範にすぎない。このため肉体のリアリティにこだわる暗黒舞踏は、そのような規範に基づくアイデンティティが虚構であることを、はからずも明らかにしたのである。

舞踏家たちそのものの社会的位置ははっきりと定まっておらず、微妙でアンビバレントであり、いかがわしい者であった。「いかがわしい」というのは、社会や諸属性の外にいることではなく、むしろ社会的属性や諸アイデンティティの中間に生きていることである。舞踏家がキャバレー芸人としても日々活動し、そこで生成された肉体すらも「いかがわしい」ものであった。この肉体性は複数のジェンダーを身体化することができ、そして「醜い美しさ」あるいは「美しい醜さ」等、社会的規範の矛盾を明らかにする身体性を表すことができる。この「いかがわしさ」は、物質としての肉体が、一つの属性で十分満たすことができないという意味を持ち、複数の異なる属性や状態を経験できることを示している。

⑶ 一九六〇―七〇年代の肉体的感覚

インフォーマントたちの現在の肉体への感覚は、弟子入りしていた当時の経験に基づいている。ここで、当時の肉体観を考察する。

ビショップ山田は、自分たちが上京したころは土方が上京した時代よりも肉体的感覚が薄まっていたと述べた。ビショップの時代は「ベトナム戦争」や「学生のデモとか、警察とバーとやりあったりさ。まあ、ディスコ・クラブとかさ、ＬＳＤとかそういう馬鹿なこと」等に直面していた。そして、ビショップの時代と違い、土方が一七歳で上京した当時に経験した東京には、飼い馴らされることのない肉体が満ち満ち、ヤクザ、肉体労働者、売春、ヒロポン等の麻薬の中毒者、浮浪者、傷痍軍人、得体の知れない病人等を生で見た時、「肉体だらけみたい」だったはずだと推測した。「それ〔ベトナム戦争での死体〕を新聞紙上で見ていた、僕らは。土方さんはもっと生で〔肉体を〕見ているわけでしょうからね。その差はさ、大きいですよ。新聞なんか。テレビで見ているのは、自分と直接関係ないんですから」[*23]（聞き取り　二〇一三年一〇月一三日）。

小林は、障害や病を抱えて社会の一番下に置かれている者の肉体性が暗黒舞踏には不可欠であると述べている。小林は「白痴の少女、おし、びっこ、めくら、つんぼ、癩、かたわ、こじき、これ、みんな土方さんから教わった踊り。これを体に根付かせてもらったお陰で今も踊り続けることが出来る」とＳＮＳに挙げている。そして、上記の肉体性は「流行りの『マイノリティー』なんかじゃない」と明言している（ＳＮＳ　二〇一四年一月九日）。小林が挙げる「少数派」は、肉体に偶発性と支配不可能性が満ちており、そのため現代社会においては管理の対象になった。

一九六〇―七〇年代の若い弟子たちは混沌たる激動の時代に生きており、戦争やデモ、麻薬常習者などが身近に感じられ、肉体の存在が強く感じられた。病気や死を喚起する者は現在、すばやく管理され隠されてしまうが、その当時はより身近な存在であった。かれらは、小林が言ったように、必然性があった上での少数派であり、肉体の可能性を示していた。そして、舞踏家はこの肉体の性質を肯定していった。

室伏の話では、いわゆる五体満足な人間や常人にみえる誰でも、必ず逸脱している何かを抱えて生きている。そのため、日常の社会的自己は統制されるものの、支配されることはないという。

学校に行ったり、社会の中で有用なものとして、登録されていくというものから外れていく。外れているものと一緒に生きているにもかかわらず、そういうものに統制されていくわけだ。コントロールされているというか、エデュケートされている。だけど、それから外れてしまったものをいつも抱えながら、一緒に生きていて、そこが忘れられた闇のね……分かんないですけど。分からない部分こそ、それを支えてたりする。

（室伏鴻からの聞き取り　二〇一三年九月一五日）

日々、肉体を注意深く観察し、社会が隠蔽しようとするものを自分の中にあると認めていく。だが、それを合理的に「分かる」ことはできない。正朔の語る「闇」に基づいて考えれば、理性を含む光によって闇が破壊される。理解できないことを認めれば、舞踏家たちの言う「闇」に触れられるだろう。

安定した日常生活を送っていると、避けられない死や暴力による肉体の危うさが忘れられがちだが、これらに直面したインフォーマントもいた。また、暗黒舞踏の中でそれを自分自身で肉体に探し求めた者もいた。これは少数派の動き方の真似ではなく、肉体でその経験を具現化する。つまり、少数派という他者の経験を自分の肉体を通して生きようとし、自己と他者を隔てる壁そのものを溶解する試みである。その結果、暗黒舞踏は排除されてきた少数派、あるいは肉体の危うさを肯定することになる。室伏は支配不可能な肉体を必死に追求することが、社会へのレジスタンスであると述べた。

上記の「肉体観」に合わせて考えると、舞台上の作品・日常生活においても暗黒舞踏は体を道具にしない、意志を持って行動しようとしない在り方である。なぜなら肉体は目的を達成する道具、また自己を表現する道具にし得ないためである。肉体は人間の生命および存在そのものである。肉体として生きることは受動的であれ、否定を肯定し、抵抗する力をもっているのである。

第4章註

＊17　この表現は土方巽のソロ作品「土方巽と日本人――肉体の叛乱」のタイトルから引用されたものである。

＊18　「支配不可能な体は無限の可能性を宿している」というのはチェントンツェの論点であるが、田中雅一がアーサー・フランクのいうcommunicative bodies［Frank 1991: 79］という概念に言及して同様に論じている［田中 2006］。

＊19　さらにベアードにとって舞踏トレーニングは、社会に押し付けられた規則を超え、アクチュアリティを探す〝successive iterations of self-creation〟すなわち自己創造の連続的反覆［Baird 2012: 174］であると言う。

＊20　アスベストという名称はアスベスト貿易で成功した、元藤燁子（後述）の父親に敬意を表したものであった。元藤の希望に応えて、父親が五二年に稽古場を提供した［元藤 1990: 慶應義塾大学アート・センター 2004: 191］。

＊21　一九六九－一九七六年にアスベスト館を拠点とした弟子たちは暗黒舞踏の第二波にあたるが、かれらは暗黒舞踏の活発で最も変容した時期を経験している。弟子たちが住み込み、公演が定期的に行なわれ、また暗黒舞踏の振付技法が最も発展したのはこの時期である。ただし、正朔による発言は時代的に遅れるが、この年代からの蓄積として取り上げた。

＊22　不定期に『温泉ポン引き女中』（監督：荒井美三雄、一九六九年）、『江戸川乱歩全集　恐怖奇形人間』（監督：石井輝男、

一九六九年)、一九七〇年の日本万国博覧会のために撮った『誕生』、そして『卑弥呼』(監督:篠田正造、一九七四年)等の映画に出演することによっても資金を稼いだが、弟子たちによるショー・ダンスへの参加は定期的に行われていた。本章そして第5章はショー・ダンスに焦点を当てる。

＊23　現在は情報社会になり、肉体の感じ方が更に薄められつつあるとも述べた。

第5章　暗黒舞踏とショー・ダンス

一九八〇年代に踊り始めた正朔を除けば、本書で紹介する舞踏家たちは全員、一九六〇年代から七〇年代、キャバレーに出演していた。*24 舞踏家によってその回数や頻度が異なるが、女性の舞踏家なら暗黒舞踏の稽古か公演がなければ確実に可能な限り出演していたと言って良い。舞踏家とキャバレーの踊り子との活動を両立するとはどのようなことなのか。本章で考察するのはこの点である。

当時、キャバレーの踊り子とはどのような存在だったのか。まずはここから話を始めよう。

小沢昭一は芸能の源を探求し、その中で踊り子、とくにストリッパーについて取材した［小沢 2005（1969）：2013（1977）］。そして、彼女らを「Aタイプ」と「Bタイプ」の二つの典型に分け、タイプによりショーに出演する理由が異なっていると述べている。Aタイプは、経済的に困窮し、また経済的に困窮した他者を助けるためにストリッパーとなる者、Bタイプは、社会規範に囚われず、男性に裸を見せることで手っ取り早く稼げるという理由からストリッパーとなる者である［小沢 2013（1977）：127］。それに対して、本章の対象である舞踏家たちによるストリップ・ショーへの出演は、Aタイプにも、Bタイプにも属さない。彼らの活動は、ショーへの出演を通して生計を立て、暗黒舞踏の公演活動への資金を稼いでいたものの、ただの資金稼ぎではなかった。ショーへの出演は暗黒舞踏そして舞踏家たちそのものを生成させる要素となったのである。

1　ショーへの派遣

舞踏家たちは、自己決定をもとにショーに出演したのではなく、派遣されていた。舞踏家たちがキャバレーやストリップ劇場に派遣されて得た収入は土方夫人の元藤燁子（一九二八－二〇〇三年）に直接支払われた。

土方の弟子、小林嵯峨はこのことを次のように説明している。

それは土方自身も、六〇年代の最初の方から元藤さんと一緒にやったりもしていた[*25]（図5－1）。あるとき、土方さんはキャバレーの道具が入った箱を橋の上から投げ捨てた。「俺はショーを辞めた」って。それで「自分が行っていちゃ、踊りができないから、お前たち働け」って。（中略）それで生活費と、土方さんだって働いていていないし。元藤さんも働いていないし。土方さんの家族と公演の費用と、ショーをやれば、ここからギャラが出ますけどね。

（小林嵯峨からの聞き取り　二〇一二年一〇月三日）

ほとんどの場合は、ショーに一回出演するごとに、ギャラの金額によらず五〇〇〇円が小遣いとして支給されていた。この派遣の仕方は一九七二年までに定着したようだ。資金の流れについて、弟子の和栗由

図5－1　土方巽と元藤燁子、ショーのリハーサル
写真提供：土方巽アーカイヴ

図5－2　土方によるショーのリハーサル
写真：中谷忠雄　写真提供：土方巽アーカイヴ

紀夫と境野ひろみは、芸能プロダクションから稽古場にギャラとして一万円ぐらい払われたと想定し、そこから五〇〇円が小遣いとして与えられたと具体的に述べている。二人は、ギャラのほとんどを元藤に支払ったことを認めたが、とくに抵抗を示さなかった。その理由は二つ、自己資金を考えずに暗黒舞踏に励むことができたため（和栗）、そして他の舞踊団や劇団などの集団にも実施されたシステムであるがゆえに、当たり前のこととして容認できたため（境野と室伏）である。

もちろん、僕らお金を稼ぐために踊っていたのは確かなんだけど、実際、正直なところ、一万稼いだって、くれるのは五〇〇円だから、九五〇〇円は奥さんに入っちゃうわけだよ。それが授業料だったわけだね。だから、和栗さん、ただで踊りを教えてもらって、良かったわね、なんて。冗談じゃない。毎日九五〇〇円払っているんだ。それは当時のお金だね。ものすごい授業料を払ったわけだよ。ただ、それは払ったという感覚がないんだから。それはそれでいいだろうね。（中略）実際は一日九五〇〇円払ったにしても、逆に言うと土方さんの所でお金という問題をオミットしちゃったから。「考えるな」と。「踊りだけ考えなさい」と。

（和栗由紀夫からの聞き取り　二〇一二年一二月八日）

最初の頃、弟子たちは男女に関わりなくキャバレーの地方巡業にも派遣された。和栗は弟子入りして一週間後には、フランス座というストリップ劇場にショー・ダンサーとして送られた。その時、和栗は「どうしようか」と思った。「土方さんは少し振付してくれるんだけど。あとは、自分で考えなさいだから」と語っている。境野は「アスベスト館＝ショーというのがあって、皆行かされていた」と説明している。本章で紹介する証言者はキャバレー巡業を容認し、肯定的な側面を述べている者がほとんどである。しかし、当時は大半の弟子たちがキャバレー巡業を嫌っていたともいう。

キャバレーが嫌で辞める人がほとんどでした。女性も男性も。だから入れ替わりがものすごく激しかった。やっぱり、裸になるのが嫌だとか、田舎で人の前で腰振って踊るのが嫌だとか。

（小林嵯峨からの聞き取り　二〇一二年一〇月三日）

時代が変わると、男性はショーの踊り手としての需要が少なくなった。ビショップ山田によると、一九六九年から一九七〇年には、男性によるショーも観客に大受けしたそうである。これに対し、一九七四年以降に、山本萌は一〇回から二〇回ほどショーで踊った後、自分から「辞めた」と言ってショーで働かなくなった。キャバレーの舞台で女性と一緒に踊った経験について、次のように振り返っている。

三曲あって、一曲目は男子が出て、二曲目は女性が出てから絡んでやって、三曲目で女性のストリップがあるみたいなね、こういう流れがあったんですけれども。で、僕は自分の出番でちょっと踊り過ぎたんで、そしたら女の人に「私のステージなんだから、あまり踊らないで」と怒られました。で、これは女性の職場だなと思いまして。実際お客さんもね、飲んでいるおじいさんが見ているわけだし、女性見たいですから。「男引っ込め」という時もありますけどね。だから、自分のやりたいのは、舞台の方なんで、別にキャバレーで踊りたい方じゃないんで。だから、女性の方に、どうぞ、みたいな感じで。だから、私の方がお手伝いするのを辞めました。素直に辞めました。

（山本萌からの聞き取り　二〇一二年九月一日）

観客はショーを楽しむためにキャバレーに行くというよりも、女性の裸を見るという目的があった。その中で男性の踊り手の居場所がなくなったということだろう。

もう一つ、弟子たちがキャバレーへの派遣を容認できた理由は、他の舞踊団や劇団でもこうしたことが同様に当然に行われていたからである。彼らは、以下のように語る。

それでなんともなかったし、そうだと思っていたから。これはアスベスト館だけじゃなく、〔大〕駱駝艦、〔アングラ演劇の〕状況〔劇場〕、天井桟敷、皆その頃やっていた。唐十郎さんとか、李麗仙とかもやっていた。私の時代じゃなかったけど。

（境野ひろみからの聞き取り　二〇一二年九月二八日）

日本のモダン・ダンスの人たちね、お金がない人たちは、一生懸命キャバレーで踊って、稼いだわけですよね。だから、それは、もう当たり前のこと。

（室伏鴻からの聞き取り　二〇一三年九月一五日）

室伏によると、舞踊集団や演劇集団が、舞台作品のために商業的ダンスで資金を稼ぐシステムは、戦後、もしくは戦前からの歴史をもっているそうである。しかし、資金がすでに足りている場合にキャバレーへ出稼ぎに行く必然性はなかった。つまり、全ての暗黒舞踏の集団やアングラ劇団がキャバレーでの資金稼ぎをしたわけではない。

2　ショー・ダンス

小林は、一九六〇年代には高度経済成長のもとでショーのギャラが「信じられないぐらい」良くて、週一か二回程度でも公演の資金を稼げたという。しかし、一九七〇年代に入ると公演の数が増えるとともに、キャバレーへの出演も多くなった。

七〇年代はキャバレーを転々と〔移って〕、スペース・カプセルとか新宿のアートビレッジ〔後述〕とか〔のクラブで〕一年間ぐらい〔ダンス・ショーが〕続きましたから。その後はキャバレーも廻って、映画とか公演がすごかったから、一年の内に半分ぐらい出ていた。〔資金稼ぎに〕行くと一か月ぐらい帰れないこともある。（中略）とにかく、もの凄く忙しくて、私がいた時代というのは土方さんが一番活躍していた時なんです。

（小林嵯峨からの聞き取り　二〇一二年一〇月三日）

一九七〇年代にはアスベスト館が劇場に改装され、彼らは作品を定期的に上演すると同時に、資金稼ぎとしてキャバレーや映画にも出演していた。したがって、作品を創作するために集まった人々だが、資金稼ぎの方も忙しく長時間稽古場を留守にする場合もあったという。資金稼ぎと暗黒舞踏の制作との両立は以下のように行われていた。

公演の三か月前ぐらいになると東京に戻ってきて、東京でキャバレーをやりながら稽古して、公演が近くなれば、キャバレーを切りますけど。一週間前とか、七二年の新宿文化センター「四季のための二十七晩」をやっていた時に、終わって楽屋に行くと、芸能社〔芸能プロダクション〕が来ているのです。「あなたたち、今日、ショーが入っているんだよ。穴が開くんじゃないか。どうしてくれるんだ。」カンカンになって怒っている。そんなこともあった。

（小林嵯峨からの聞き取り　二〇一二年一〇月三日）

その後、消費者の好みが変化していき、さらにオイルショックの経済的影響が追い打ちをかけ、キャバレーに通う観客が減少した。したがって、一九七〇年代はキャバレーも減少していき、舞踏家たちは、キャバレー、クラブ、映画への出演に加え、ストリップ小屋でも踊ることになったという。

世の中の景気が悪くなって、キャバレーが少なくなると、ストリップ小屋の方に行くことになって。女の子も男の子も、皆行きました。男の人は女の人とペアでないといけない。女の子はソロで行けるけど、男はできないから。ちょっとセクシーなショーをやるわけですよ。

（小林嵯峨からの聞き取り　二〇一二年一〇月三日）

オイルショックが起こる前に、和栗がキャバレー・デビューした一九七二年にもキャバレーの人気は衰退しつつあった。

これ〔浅草のフランス座〕はもの凄い由緒がある、ちょっと有名な小屋だったけど、当時はもう浅草が寂れちゃって、お客さんが全然いなくて（中略）お客さん一〇人とかね。二〇〇人ぐらい席があるんだけど。浅草は人が行かなくなっちゃったんですよ。ストリップを見るということが特殊ではない。もっと他に楽しいことといっぱいあるわけだから、わざわざ浅草まで行ってストリップを見ない。だから、フランス座に出ることは踊り子さんたちにも一種のステータスがあったんだけど、結局時代がどんどん即物的になって、もっと過激な、エロティック、あるいはもっと猥褻なというふうに、どんどんストリップ――もう踊りなんかどうでもいい。実際、女性とセックスしたりとかね。もっと即物的に女性を最初から全裸にして、ストリップティーズしていく技術なんて、それを見せていた時代が、終焉しちゃったんですね。

（和栗由紀夫からの聞き取り　二〇一二年一二月八日）

経済的な理由より、消費者側の好みが変わりつつあったということが主な原因であろう。ここで、和栗は一九七二年から一九八〇年代までの変化を語っている。カラー映画の登場の次に、アダルト・ビデオも誕生し、「裸を見られる」という特殊性がなくなった。そして、他のエンターテインメント、例えばカラオケ等も登場し、消費者は様々な方向に流れていった。

バブル期を経て、男性のショーの仕事は少なくなっていくとともに、女性によるショーも変化していった。女性が前述したような即物的ショーに対応できず仕事が少なくなったという。

そして、アスベスト館では第二波の末期には公演がなくなり、ショーだけになっていった。土方が弟子たちと公演を行わなかった期間（一九七九―一九八二年）とほぼ同時期である一九八〇年代前半から、土方と元藤は六本木または赤坂周辺に約六軒のショー・パブを営業するようになった［正朔への聞き取り　二〇一二年九月二七日：志賀 2008］。

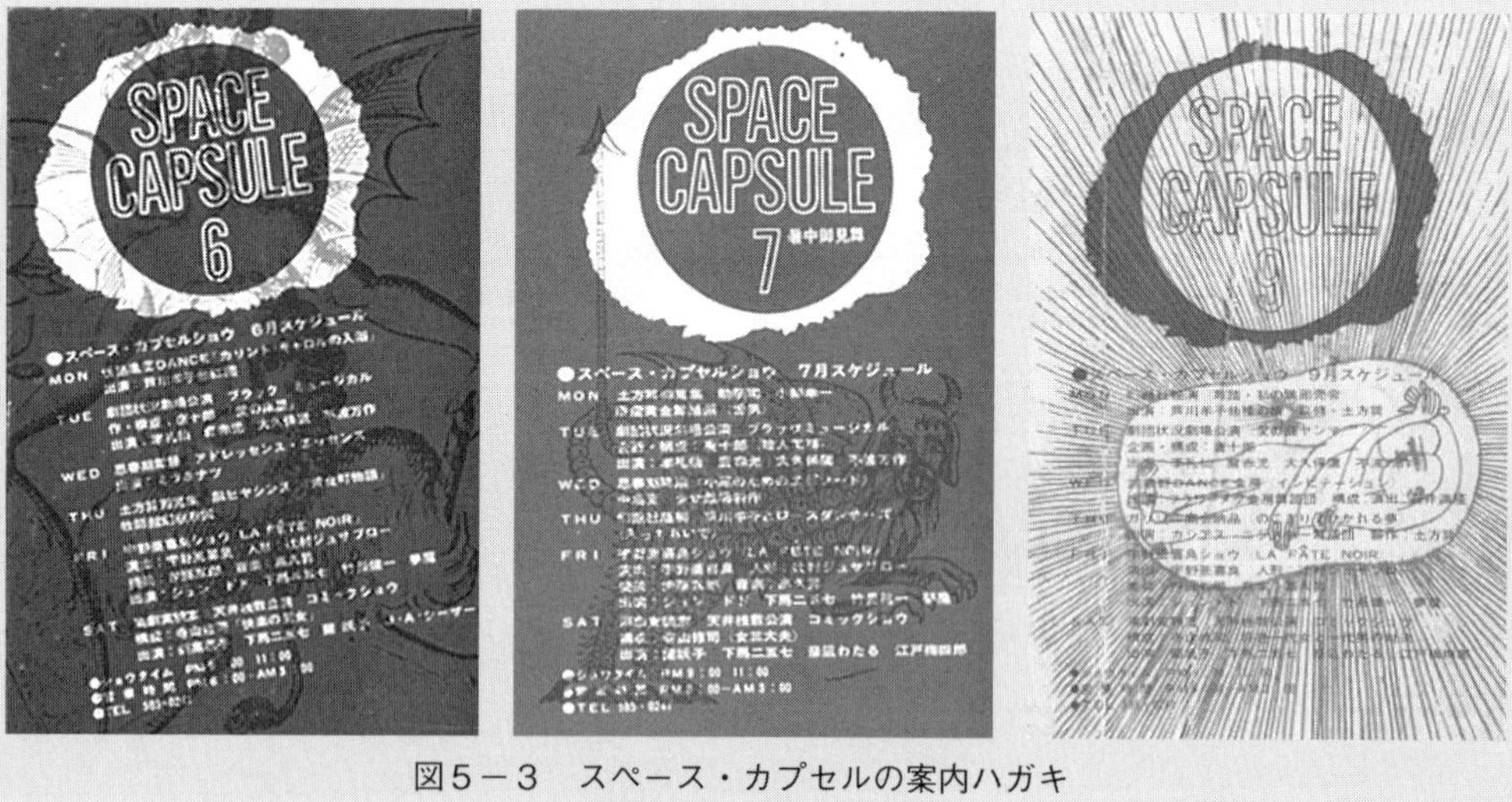

図5－3　スペース・カプセルの案内ハガキ
写真提供：土方巽アーカイヴ

3　ショーの場所

ショーの場所は、五〇〇人から六〇〇人ぐらい入れる大劇場のようなキャバレーから、小さなクラブまでに及んでいた。都内でショー・ダンサーとして働くこともあり、地方で一か月間ぐらいキャバレー巡業をすることもあった。

キャバレーで働く経験はその場にいる人々との関係に大きく左右された。キャバレーでの人間関係はショーにおいて、踊り子、観客、出し物を組む芸能プロダクションで成り立っていた。

前章で述べたように、小林は他の踊り子との連帯感を宝物のように語っているが、和栗も踊り子たちと連帯感を抱いており、その共同体は「ダンス村」だったと語っている。

ダンス村にね、スポッと入っちゃってね。社会から隔離されているわけじゃない？　僕は一日、電車に乗る以外は、劇場の楽屋にいるか、稽古場で稽古しているかという。とにかく、いずれにしても、ダンス村なんですよ。稽古場も、ね。いきなり、そういう所に飛び込んじゃったから。ある意味で、心地よさ。社会からちょっと距離を置いて、自分たちだけの。

（和栗由紀夫からの聞き取り　二〇一二年一二月八日）

キャバレーの他に小さなクラブでもショーをしていた。その中の一つはスペース・カプセルという、アングラのショーを好んでいた会員制のクラブであった（図5－3参照）。会員には、三島由紀夫や横尾忠則、写真家の細江英公もいたそうである。

4　ショーの種類

舞踏家によるショー・ダンスは、エンターテインメント性の高い、ジャズ・ダンスや東洋趣味、日本の伝統芸能や見世物小屋の要素を交えた踊りであった。ショーの種類においては、主に金粉ショー、グループ・ショー、デュオ（すなわちアダジオ）、そしてストリップ・ショーを含むソロ・ショーが上演されていた。金粉ショーは「金粉」、すなわち銅の粉を溶いたサラダ・オイルを筆で直接体に塗り、体中の皮膚が仏像のように輝くようにし、手作りの金色のツンというT－バック型のパンツを履き、アジア風に飾り、時に松明を廻すというものである。金粉ショーの振付は「オリエンタル」と称された。アダジオは男性が女性を持ち上げる、バレエに由来する振付である。

小林はスペース・カプセルについて次のように語っている。

〔アスベスト館に〕入ってすぐの頃は東京のクラブで毎週前衛的なショーというのがあって、それが一年間ぐらい続いたんですよ。スペース・カプセルという〔クラブな〕んですけど。会員制の高級クラブで店内がカプセルのようになっていて、かなり金属的な感じなんですけど。そこで毎週決まった曜日にやる。たとえば、土方が木曜日にやるとか、唐十郎が金曜日とか、天井桟敷が何曜日とか。それがあったので、一年間ぐらいは東京にずっといました。その頃の写真はこれですね（図5－4参照）。これはスペース・カプセルだけじゃなくて、六本木辺りのクラブに行ってやったりとか、宣伝用の写真として撮ったのがこれです。

（小林嵯峨からの聞き取り　二〇一二年一〇月三日）

小林の四つん這いで始まるダンスは、様々な会場でも行ったが、ビショップによると、スペース・カプセルのみのショーもあったという。そこには暗黒舞踏の舞台から舞台美術や、小道具、衣装を持ち込めたためである。その例として、獣のような逆毛の髪型で貞操帯を履いた女性の四つん這いの踊りや、男根をつけた男性が真鍮板を使った踊り、「牧神の午後」のニジンスキーからとった衣装や動き等を挙げている。
室伏のデビューでは、ブラック・ローズという男二人、女一人のチームで、ニジンスキーによる牧神を模倣した衣装を着て踊った。

玉野さんと私で、女の人はまだ来たばかりのXさん。まだ学生。だから、踊りなんかできない。我々はニジンスキーのタイツを着けて。牛の模様。玉は先輩だからちゃんと動けるけど、我々は……ゲイの写真家がついてきていて、彼がスライドを映すんです。サイケデリック・ショーが流行った頃です。（中略）〔舞台の背後に吊るされた〕真鍮板に映って揺れていたわけ。

（室伏鴻からの聞き取り　二〇一三年九月一五日）

エンターテインメント性は当然あるが、土方が好んでいる要素も持ち込んだ。ビショップは「土方さんというのはさ、客は何を見たがっているのかというのを、ものすごく考えている人

図5－4　小林嵯峨、スペース・カプセルでのショー
写真提供：土方巽アーカイヴ

だから。彼のセンスで、そういうことをその時代に持ち出すというのはよかった」と述べている。このようなショーは「アングラ」として受け入れられた。

また、一九七〇年代前半に新宿アート・ビレッジという小さな劇場でショーを上演した時には、ショーなのか暗黒舞踏なのかという区別がつかないほど、暗黒舞踏のような要素が混在していたという。

あの舞踏のようなスタイルの公演を――公演というかな。そういうものをやっていたので、自分はどうということはなかった。土方さんは振付して作るわけ。その通りやっているから、舞踏だろうが、ショーだろうが、皆、別に、同じもんだったわけだよ。
（ビショップ山田からの聞き取り　二〇一三年一〇月一三日）

暗黒舞踏のようなショーに対して、ストリップには暗黒舞踏の公演からの影響が少なかった。境野はストリップ・ショーの構成を、次のように説明している。

ビギーン、マンボ、スローってあるわけだよ。ビギーンというのは適当に踊るわけ。ビギーンは衣装を着て踊るわけ。マンボになると、ちょっと脱ぐわけ。スローで、ヌードの形になる。そういう感じのバーッといけという時に、バンドが色んな曲をかけるわけ。
（境野ひろみからの聞き取り　二〇一二年九月二八日）

しかし、ストリップ・ショーは暗黒舞踏から完全に遊離しているわけではない。舞踏研究者ベヤードはストリップで「女性になる」ことを経験でき、それが暗黒舞踏に活かされたと述べている*26［Baird 2012］。

5　ショーと暗黒舞踏との関係

非日常の暗黒舞踏に、特殊な日常としてショーがあった。そして、作品を創作する中で、舞踏家はショーを通して、体そして舞台感覚を洗練させた。ショーによって自分自身が形作られたと語る証言者も、ショーが暗黒舞踏に役立ったと語る証言者もいる。

小林がショーの忙しいスケジュールを述べた際、私がその経験によって鍛えられたかと質問すると、小林は次のように答えている。

> 毎日毎日踊るわけだから、それはすごく鍛えられました。舞踏にも役立ちました。毎日、舞踏とは言えないけれど、踊りを踊る。
>
> （小林嵯峨からの聞き取り　二〇一二年一〇月三日）

和栗はキャバレーでの経験が重要だったことを次のように語っている。

> ただ、実際、今の僕を形作っているのはキャバレーで、その時の体験だろうなと思っている。いきなり、何の経験もない、経歴もない男が、十日後にストリップ小屋に立たされちゃうわけですよ。どうしよう。土方さんは少し振付してくれるんだけど。あとは、自分で考えなさいだから。怖いですよね。怖いというか、もう、不安だし、それでもいなきゃいけないし。だんだんそういうことを憶えてはいくんだけど。
>
> （和栗由紀夫からの聞き取り　二〇一二年一二月八日）

境野も舞台、稽古、ショーの中で自分が形作られたと語っている。

舞台に出させてもらって、厳しい稽古とショーの楽しさを味わえたのはあの時代に入ってよかったなあと思います。公演、ショーがあって、今の私がいるわけです。（境野ひろみからの聞き取り　二〇一二年九月二八日）

彼らは、現在、このような生活を送ることができない暗黒舞踏の新人については「かわいそう」であると述べている。

ビショップは土方との会話の中でも、ショーはただ「めちゃくちゃ役立っている」だけでなく、「舞踏はショーをやっていなかったら、あんなにならなかったと思うんですよ」と述べている。その理由は稽古では得られないもの、すなわち舞台の感覚と観客との相互作用のさせ方が、実際にキャバレーの舞台でショーを上演することによって自然に身に付いたからである。

キャバレーという空間で自分を見せるというかな。そういう生な、エネルギッシュな身体感覚というのを、そこで養われるんですよ。（中略）そういうものが舞踏のかたちで、舞台にガンと叩きつけてくるから。予定調和じゃない。変なエネルギーみたいなのはガーッと出て来たわけです。

（ビショップ山田からの聞き取り　二〇一三年一〇月一三日）

境野は、キャバレー巡業やショーは舞台の勉強だったと認め、それを良い経験として振り返っている。

ショーというもので、色んなことを学んだのもあるし、嫌なこともあったし。あの時、北海道から九州まで旅させてもらって、交通費がでているから、ただで旅しているようなものじゃない？　今から考えてみると、ね。そういう意味では、ものすごくいい時代だったかな。

（境野ひろみからの聞き取り　二〇一二年九月二八日）

小林は「舞踏に役立ちました」と言い、ショーの経験を通して得た二つのものを紹介している。一つは、他の踊り子さんとの付き合い、そしてもう一つが土方によってキャバレーに行かされる際に持った「体がさらわれていくという感覚」であった［第４章参照］。当然だが、ショーを踊ることで体を動かし身体感覚が高められたが、その上、社会での在り方についても学んだ。それは、踊り子との付き合いにおいても、体がさらわれていくことにおいても、社会に所属している個人としての自己を失くし、個人ではない、社会からはみ出た自分に出会うことであっただろう。

小沢昭一の論述を参考にすれば、芸術と芸能の主な違いとは、芸術は制作者が自ら造りたいと思うものであるのに対し、芸能は、それを担う者が芸能者として育てられてきたがゆえに、それをする選択肢しかもたないものである。そして小沢は、ストリッパーが「一番、芸能の原点、芸能人の故郷の姿をそっくり残している」と述べている［小沢 2013（1981）: 179–180］。踊り子のように、土方に弟子入りした舞踏家たちも社会から逸脱し舞踏家としての道を歩む。舞踏家はショーを通して社会的自己を放棄し、その場と観客との相互作用の中で肉体と出会った。その肉体は、ジェンダーや裸についての社会的規範に束縛されえず、自分の意志と関係なく逸脱し、その意味において危ういものである。ショーだけでなく、この肉体との出会いは暗黒舞踏においても必要であった。それは、芸術家が社会の外から、社会へ新鮮な視座を与える立場にあるからである。したがって、本章が対象にしている舞踏家たちは、ショーの出演を通して舞踏家になったと言えるほど、ショーと暗黒舞踏とが密接に関係していた。このオーラル・ヒストリーの中では、舞踏家の姿と「踊り子さん」、すなわち芸能者の姿は同様であると考えられる。

本章で取り上げた舞踏家たちが暗黒舞踏とショーとの関係を述べる際、芸術と芸能とは別個という概念にとらわれないスタンスを示している。彼らがショーに出演するという経験の中で、暗黒舞踏かショーか、あるいはアートかエンターテインメントかという区別がつかないケースもあった。暗黒舞踏とショー・ダンスの形態は確かに異なっているが、根幹は同様であると示唆している。小林嵯峨はこのことを完結に述べている。ショーに出演することは「毎日、舞踏とは言えないけど、踊りを踊る」ことである。暗黒舞踏自体は、アスベスト館の外部では舞踊との差異化を図るために暗黒舞踏と称されていたが、アスベスト館内部の舞踏家たちには「踊り」と呼ばれていたそうである（序章参照）。稽古の中で踊りを模索した結果、暗黒舞踏とショーという二つの形態が誕生した。そのため、ショーと暗黒舞踏、つまり芸能と芸術との源は同一であり、次世代の先端にある踊りはこの源から生まれてくると考える。

第5章註

＊24　筆者の研究全体では、一九六九年から一九九四年までの二五年間にわたる舞踏家によるショー・ダンスやストリップ・ショーを検討したが、本章では主として一九六九年から一九七八年までの期間に焦点を当てる。

＊25　元藤燁子は、土方巽とショーに出演したことで、一九五九年の公演のための資金稼ぎができたと述べている。その際、二人で「ブルー・エコーズ」というダンス・チーム（図5－1参照）を組み、横浜の自宅近くのナイト・クラブをはじめ、地方のクラブでも踊っていたという［元藤 1990：88-89］。

＊26　二〇一二年から二〇一三年に行われた小林嵯峨のソロ公演を私が鑑賞した際、当時のショーの経験がジェンダーの再現と破壊の実現に影響をしたと感じられた。

第3部

身体性とアフェクト

第2部で論じた暗黒舞踏の形成を念頭に置いて、次に現在のワークショップで踊られている暗黒舞踏に戻りたい。第3章ではその中の様々な関係性を文脈として設定した中、舞踏家がいかに暗黒舞踏の動きを伝えようとしているかの様子も描いた。第3部では舞踏家が特定の踊りを促そうとする事例を取り上げ、その身体性に注目することで、踊りではどのようなアフェクトがみられたか、または「なること」がいかに可能または不可能であったかを明らかにする。そのために、ドゥルーズとガタリの生成変化に照らし合わせつつ暗黒舞踏での「なること」を考察する。

第６章　身体間のアフェクト

序章で述べた、ドゥルーズとガタリのいう「馬のアフェクト」にみられるように、いかに馬がそのアフェクトができるか、そして自分自身もいかにそのアフェクトができるようになれるかという問題には特定の解決がない。ならば、実験を行うしか仕方がないようである。そのアフェクトができるようになり、ある対象に「なること」に肉薄するためには、媒介が必要であると考える。本章では、私自らの実験的な取り組みから、その媒介とは〈身体性に基づいた関係〉であると主張する。

アフェクトは身体と身体との間を流動し、受動的に受けられる現象として論じられている。その一つの例として、テレサ・ブレンナンは、アフェクトはフェロモンすなわち匂いを通して相手に届くと述べている［Brennan 2004］。もともと、共在の人々の関係性にかかわらず、アフェクトは自律的に流動すると論じられている［Massumi 1995, 2002 参照］。これに対し本章では、事例でみられる身体性とアフェクトの分析に基づき、どのように人間関係がアフェクトの流動をより可能にできるかを論じる。

本書のテーマは「なること」であるが、本章は「なること」ができなかったと見なされた事例に焦点を当て、なぜそうなのかも考察する。できなかった例から「なること」を考えなくてはならないという状況は、この挑戦の難易度を物語っている。本章の事例では、「なること」に挑戦をする際に、個人の習慣的身体運動、講師の身体性の模倣、または踊りの一般的な原理に陥ってしまうことを示す。

1 「硬いものになる」

(1) ワークショップでの諸関係の表れ

金沢舞踏館は自らの合宿を「卯月舞踏合宿」と呼んでいるが、ここで紹介する事例は二〇一五年四月に行われた「基本編」である。そして、この「基本編」の課題は「なる」こととされている。参加者とのディスカッションを通して山本がいかに「なる」ことを伝達させようとするかを、以下で明らかにする。

まず、本事例の場所を述べておく(第3章参照)。この合宿は森、そして田んぼに囲まれている「創作の森」で行なわれた。天気が良い日で、とくに春の太陽が気持ち良く、思わず野原の丘に転がってしまう。山の森から新鮮な空気が漂ってくる。

この合宿には、京都を拠点に活動をしているエミと私が参加した。二人は初対面ではなく、金沢舞踏館のメンバーと何度も一緒に合宿に参加している。初日の昼間に準備体操をした後、休憩をとり、コーヒーを飲みながら参加者の表現活動について話した後、稽古が始まる。

山本萌は、「なる」ことを金沢舞踏館の基本として紹介し、稽古で身体を「違うもの」にすると述べる。そのために山本は、参加者に硬いものを想像するように指示をする。そして、エミにどんなものを想像しているかを尋ねる。

エミが「ガラス」や「種」と答えたのに対して、山本はさらに違う答えを求める。エミが「石」と返事し、山本はそれらの中でも最も硬いものとして「石」を認める。そして、山本は次に、硬いものの形を想像したら、どんな形を思い浮かべるかを聞く。エミがまたいくつか答えを出し、最後に「お地蔵さん」と言う。その答えに山本は少し笑い、ホワイトボードに「地蔵」と書こうとする。その際、「蔵」の書き方について躊躇し、舞踏家の白榊ケイと話し合う。

山本が全員に対して「地蔵で」と言って、参加者は二人ずつ、全員の前で「地蔵になること」に挑む。最初に指名される二人は、長尾と私である。山本は柄のついた太鼓をスティックでダダダン・ダダダンと叩き、二人が踊り始めるよう合図をする。

私の場合、地蔵になる試みは身体の最も奥の所、身体運動の根幹である丹田から感覚的に始める。ドンと、丹田を背骨の方に絞ってみて、丹田が石になったと想像する。丹田から伝染するように、ドンと、横隔膜も石になる。地蔵は人間のような形をし、半開きの目で少し笑っているような口元をしているように記憶していたから、少し笑った表情が顔面に彫られるように動く。

その後、山本が硬くなれたことを認めて、私と長尾の二人に身体のどこから硬くしていったかを聞き、二人とも「お腹」と答える。

ところが、山本は二人がまだ地蔵になっていないと判断する。それは、客観的に地蔵に見えない、その印象を与えていないからだという。硬くしようとするときに、地蔵のイメージと関係ない身体的特徴も現れてしまうというのである。続いて山本と白榊は、参加者全員について地蔵らしくない身体的特徴を指摘する。エミは硬くなったが、口を開けて宇宙の広さに唖然としているような表情が地蔵らしくないという。長尾には上半身や肩をより硬くそれらを強調してしまったという指摘、私には「手が自然すぎだ」という指摘である。ほかに、山本は口、肩、手に「表現」が出てしまうという言い方もする。その指摘は、鑑賞者がそこを注視してしまうということを意味する。山本にとって、表現は人間のもので、この稽古は人間ではないものになろうとしているので、表現を加えるのでなく、表現を消すのだと説明する。

彼らは、表現を消すに当たり、まずは指導より質問をする。[*27] 山本と白榊はどのような地蔵になろうとしているか、地蔵というと何を想像するか等と参加者に聞く。このやりとりの結果、山本はエミと長尾の動きがより地蔵のように見えることを認める。私の場合、地蔵の手はどのようなものなのか、ピンと来ず質問に答えられない。そこで、地蔵は物を持つことがしばしばあるので、「花瓶などを持ったら」と白榊に提案される。つまり、花瓶を持っているようにという指示である。私の課題はいかに花瓶を持つかにあると考え、手が彫られ花瓶を持っているということを想像し、そのように動く。その結果、山本と白榊はさらなる指示をせず、納得しているようである。

このように、山本と白榊の指導を元に、身体を硬くするため、共にイメージを多角的に考え出す。一人ひとりが思う地蔵、そして山本と白榊の考える地蔵が同時に基準になる。ところが、地蔵になっているか、なっていないかという判断は、山本と白榊にとって地蔵に見えるかによる。また、いかにより地蔵に見えるようになれるかを全員で考えるので、見えるという基準が全員のディスカッションに作用することもある。

(2) アフェクトと「なること」の基盤を成し得る関係性について

ここで人間どうしの関係性について考えてみたい。関係性によって、相手に対してどのような行為をしたらいいのか、何がいけないのか、そしてその限度も決まる。また、過去に相手との関係でどのような出来事があったかによって、その人への見え方、そしてその関係性における自己のあり方と行動も形成される。このように関係性を考えることは、文化というシステムのような考え方に対し、ミクロの個々人の関係性を身体経験とその中のアフェクトの基盤にする視座を提示することになる。

そして稽古の中の質疑応答のような場面は、本章で検討するワークショップでの諸関係を物語っている。講師が質問をし、参加者がその講師に正しいと認めてもらえるような答えを探してから答えるという、教師と生徒のような関係がみられる。字の書き方を忘れてしまうこともある状況から、権威的存在というより、参加者と同様な立場という、親近感のある先生と生徒という関係でもあると窺える。しかし同時に、講師が権威の立場にあり、参加者は自分の身体運動において彼の承認を得ようとしていることも否定できない。彼の思う暗黒舞踏の技法を身につけようとすることが参加者の目的であるはずなので、彼の言う通りにしようとするわけである。ところが、その関係は彼が言っていることを理解するには、まだ浅いのである。

一方で、本事例では合宿ということで、一緒に食事をとり、談話することになるので、短期間の家族のような関係でもある。しかし、合宿以外には会う機会が少ない。参加者にとって講師はどのような存在なのか、講師と参加者との関係はどのようなものなのか、それは合宿の経験の積み重ねによるものである。私とエミは数回にわたり指導を受けているので、弟子よりは遥かに遠いが、初対面や知り合いよりは近い関係である。地蔵はどんなものなのか、どんな性質なのかなどを言わずに、「地蔵で」と言うことに関して、私とエミは山本と前述した関係があるから、その発言によって地蔵になってみるという指示だと分かる。しかし、「地蔵になっていない」と言われたら、どうしたらいいのかと戸惑うことも、この関係に基づいている。同時に、山本は建設的な指摘を述べるが、その限度があるような印象も受けている。この関係はある程度の親密さがあるものの、両者ともある意味で遠慮していると言える。

(3) 言語から表象へ

ここで「なること」の挑戦において、アフェクトと表象との区別について考察したい。その理由は、「地蔵である」という記号を身体で表して地蔵の表象になることと、地蔵のアフェクトができるようになり地蔵に「なる」ということとの区別を指摘する必要があるからである。表面的には似ている可能性はあるが、その二つは根本的に異なっているはずである。

まず、山本は地蔵の第一の、アフェクトとも言える特徴を「硬さ」とし、参加者からその「硬さ」の印象を受けたかどうかを基準に、地蔵になる道に進んでいるかいないかを判断していた。ここで私はその「硬さ」を表したと認められていたが、実は私は違う運動法で習った、体を硬くしつつ長くする方法を無意識に採用していた。ということは、腹筋と呼吸法のエクササイズに過ぎなかったということである。おそらく、そのアプローチを用いたために、硬くなれたといっても、私の手は地蔵の手ではなく明らかに私の手のままになった。「なること」は自己と他者との間に行われるものである。この「硬い」という印象は自己から離れていない表現なので、「なること」におけるアフェクトではなかった。これはアフェクトの振りをする表象であった。おそらく、体を表象にすることは既にあった何かを再生産することで、これに対して肉体を通してアフェクトをすることは自分にとって未知なことを発見することである。

次に山本たちが取り上げた問題は、「なること」のためにいかに余分な表現を消せるか、すなわち地蔵（他者）のようではない身体的特徴を無くすことができるかということであった。言い換えれば、踊り手の無意識に蓄積してきた習慣、あるいは癖を捨てることである。そして、その第一歩は本人がその習慣に気づくことである。そのため、山本の指導法は参加者たちに気づかせるためにその習慣を指摘することであったと考える。

しかし、言語的に指摘してもらうのみなら、自分の身体が何をしているかが客観的に見えず、彼らが望む通りにいかにその動きを直せるかも分からないわけである。

私の場合は「手が自然すぎだ」という指摘があったが、私は過去のワークショップの経験から「自然すぎる手」とはどのような意味なのかを知った。そのワークショップで長尾は何かになろうとしたときに、同様に「手が自然すぎだ」と批判された。そのときの長尾の手は少々緊張しており、何かのために使おうとしているような様子であった。つまり、その手は人間的な営みに使われる機能性を帯びたものであった。また、「自然すぎ」るということは「目立ちすぎ」るということで、手が人間の手であることを表現しているとも考えられる。この手を直すためには、手先を優しく伸ばし、手全体を腕のただの延長にし、「より人間の手ではない」という印象もしくはアフェクトを与える必要がある。今回「手が自然すぎだ」と言われたとき、過去のワークショップの経験があったから、山本に何を期待されていたかがより理解できた。逆に言えば、この経験がなければさっぱり分からなかっただろう。そして、長尾が過去に行った手の状態を真似て、なんらかの形で自分自身の習慣から離れられた。

山本たちにとって「なること」への第一歩は習慣から離れることであるが、ドゥルーズとガタリにとってはどうだろう。彼らにとって「他者になること」は、自分が編みこまれている状況（アレンジメントの中の位置）から始まる。さらに言えば、いきなり自分の位置あるいはその瞬間から離れて、対象の位置や瞬間に置かれることは無理だと考える。その挑戦はいかに自分の位置から相手の位置に接近できるかということである。そのために対象と同様なアフェクトを発揮しようとする。例えば、ハンス坊やが馬になるという例で、馬が歯をむきだすアフェクトにおいて、坊やが「それと別のもの、足や脛やおちんちんなどを、手当たり次第むきだしにする、そんなアレンジメントがあるのかどうか」という。疑問形で述べているので、ドゥルーズとガタリにも、ハンス坊やがどうしたら同様なアフェクトができるかは明らかになっていない。もしくは、なれるまでに試行錯誤をするように提案している［ドゥルーズ&ガタリ 1994: 297］。新しい行動を取ってみることで、自分の位置や習慣から離れることができる。しかし、そうしながらも、自分の元々の位置や習慣が付いて来て、それらを無くすことはできないという理由で、馬が歯をむきだす代わりに坊やがちんちんをむき出すという。つまり、ドゥルーズとガタリの「なること」は、自分はどこの位置にあったのか、どのような習慣を持ってきたのかを認めつつ未知のアフェクトができるように挑むことだと考える。

事例に戻るが、私が過去に見聞した長尾の「手を真似る」ことは、自分の習慣からは離れていたが、地蔵に近づくというより長尾の踊り方に接近しようとしたことであった。真似た理由は、それが最も簡単な速い解決方法だったからである。その前例の成功があるから、前例の通りで動けば成功するだろうという、合理的な考え方である。しかし、ここで、本気で「なること」に挑戦したかったら、前例を忘れて未知の動きをしだした方が良かったと考える。もし、それが山本の求めているものとまったく違う場合でも、「期待されているものとまったく違う」という点、または「新しい」という点で、真似よりも何倍も面白かったであろう。ここで忘れてはいけないことは、なぜ「なること」に挑戦するのか、なぜ生命が活性化させられるかという難しい質問への答えは、「面白いから」というシンプルなものである。ゆえに、真似ることには意義がなかったと私は反省している。

同様に、花瓶のことも地蔵の真似、あるいはその表象で終わった。地蔵に「なること」に近づくために、花瓶を持つようにと白榊に提案された。それは白榊にとって、何かを持っているということが地蔵のアフェクトの一つだからである。その提案を受けた私は、地蔵が花瓶を持っていることを真似しようとした。そうすると逆に花瓶を持つことが目立っているように感じて、持っている腕と手は身体から切断されているようにも感じた。そして、数日後に大阪にあるカフェで即興のパフォーマンスをしたとき、この動きで客席の後ろから登場してみた。そのときに、自分は体を硬くしようとしており、何かを持っていることを見せようとしている女性にしかならなかった。言葉に囚われ、身体を記号の総合すなわち表象にしてしまったと感じた。

松嶋健の論点を参考にすると、その時の私は強い主体に見えたと言える［松嶋 2014］。それは身体を記号にすることで、その行為を為している主体があるように見えるからである。しかし、その主体は地蔵に「なること」に失敗した実験の副産物である。その実験が失敗するとともにそこに踊っている私が形成された。

実験が失敗したということは、内面的なアフェクトによって感じられる。失敗すると、その身体運動は予定通りであるが、円滑ではなく、不快に感じる。これは「快楽」か「苦痛」かという問題ではない。もっとも苦痛な身体運動さえ円滑で快適に感じることがある。前述した不快さは、何かを身体的に表す努力がもたらす内面的な齟齬であると考える。

これに対し、「なること」に近づければ近づくほど、身体運動はアフェクトと共に流れる。次に身体運動がアフェクトと共に流れるようであった瞬間に焦点をあて、その身体性を分析しそこでのアフェクトを考察する。

(4)　身体性からアフェクトへ

山本のアプローチは言語的指導と言語的イメージを主な手段にしていたが、最もアフェクトをもたらしたのは山本による太鼓の叩き方であり、それは山本の身体性そのものであったことを論じたい。

まず、踊り手がいかにその叩き方から影響を受けて、いかにその叩き方と共に動いていたかを指摘する。

地蔵に「なること」に挑むとき、参加者の前に立つと前述したが、始めるタイミングは自分で決められるものではなく、山本の太鼓の合図によって決まる。いかに動くかを事前に考えていても、その太鼓の音がいつ耳にくるかが分からない。そして、動きを開始しようと思っていなくても、その音が聞こえたら勝手に始まることがある。まるで動きが音とともに生成するという、中動態の動きのようである。

山本は手本を見せたり情報を伝えたりすることはなく、太鼓を身体の延長にし、身体で感じているタイミングや強度を音の形にしているから、それらはアフェクトと呼べる。山本の身体性は音になり、この音は参加者の身体性ならびに身体運動の生成にアフェクトする。その音のリズムは参加者の動きと静止に影響し、叩き方の強度が身体の中のアフェクトの強度になる。

以上を踏まえて、山本の身体性がアフェクトそして「なること」を最も明確に表していると仮定して、「なること」を表している身体の手本を活用して指導すると、「なること」の実験がより成功するかどうかを検討したい。このため、山本が土方から得た振付の手本を繰り返して見せることで「なること」を促そうとする事例を紹介し、その身体性、アフェクト、そして講師と参加者との関係性を考察する。

2 「シギになる」

(1) 身体形態の模倣から

ここで分析する稽古は、市民センターで行われた。部屋は大きなガラス張りで夕焼けが見え、意外と快適である。山本萌と白榊ケイは床に座り、夕焼けが見えることについてエリーと会話している。南アフリカ出身の女性とその男性の友達がまた別のところで談話し、私とイギリス人の留学生もいる。また、二人の若い日本人もいる。一人は室伏鴻と親しく暗黒舞踏の稽古とパフォーマンスに励んでいる30代前半男性の高島、もう一人は中嶋夏の弟子で30代前半の女性、京子である。つまり、二人とも舞踏家として活動しているが、師匠は異にする。

山本は参加者にワークショップを始めると言い、車座になるように指示する。そして、参加者一人ひとりが自分のお気に入りのストレッチを紹介し、他の参加者にその指導をするという準備体操を行う。その後、山本は参加者に死んでいるシギが運ばれている絵を見せて、参加者をホワイトボードの前へと誘導する。そこでシギの三つの絵とそのキーワードを書きながら、「シギの三態」を説明する。

これ〔シギ〕は撃たれて、獲物として捕られたシギを、まあ、挟んで、木の枝で挟んで、こう持っていく……

これは「シギ三態」……

一態目は普通に首がこう絞められて吊られているというふうな形で、そういう、なおかつ、ちょっと首吊り、吊られている鳥ではあるので、鳥の形象。で、

二態目はちょっと吊られている感じになっているので、一態目よりちょっと首が止められて、ダラっとやっているんですけれども、二態目はさらに首がこう吊られて、この足の方も体にそって真下にドロンと落ちているというような。

三態目が、こちらの、この羽がこういうふうに、なんか、広がっているんですけれども、吊られた首は、今度は、落ちてグッサーッと羽が広がっている。

二態目は、足がね、足下が吊り上がっていて、下がドロンと落ちて――感じですけど、三態目はちょっと落ちて、羽が広がって、そして足も、こう広げられているというか、ガッタンと。おおまかな特徴はそういう感じ。あの……土方さんは動きを作るために〔このシギの絵も含めて〕スケッチブックに貼り付けて、メモね、自分で書き出して……

土方の振付手法として、絵を切りとってスケッチブックに貼り、その周りに言語的イメージを含めた様々な書き込みをすることが知られており、現在土方巽アーカイヴでデジタル化されている。アーカイヴのみではその絵や書き込みがいかに踊りになるかを知ることはできないが、この稽古で山本はシギの絵から、言語的イメージ、そして身体運動の過程へと参加者を導く。

手本を示さず山本は、高島を選び全員の前に立たせて型を教え始める。高島は「シギ」を踊ったことがなく、何をしたらいいか分からず指示を待っている。山本は「鳥の形象というものを、先にですね……」と言い、その特徴を示す。「手は前にちょっと合わせて」と高島にその形を見せる。高島が模倣した後「細く、指先の神経を入れて」と言う。それは筋肉を緩めつつ優しく指をまっすぐにするという意味のようである。手以外については、「お尻を後ろに……胸は鳩胸。鳩胸というのは、ポコンと膨らんでいるから、胸があるじゃない。……ちょっと踵を上げるぐらいにして……」と手本をしつつ指導する。頭の位置について「頭はトサカ〔がある〕、ニワトリみたいにね、その神経、やや胸を入れて」とトサカがある言語的イメージを仕草と動きで示す。それは首を上に伸ばし、神経がトサカにつながっていて、首の後ろをやや長くするという動きになる。目線については、「そして後ろへちょっと振り返るぐらいの」と言い、高島の目の高さで左後ろにドラムスティックを動かし、高島がそのスティックを見るために振り返ると、山本の言う目線ができる。山本は高島の身体的形態を見ると、一回自身で「シギ」の型になってみて高島と自分との違いに気づき、頭と首をより脱力するように指導する。「ちょっと、沈んでいるから、もうちょっと楽にして、顎のところ。顎をもうちょっと楽に出しておく」と言語的イメージのシギの状態を強調し、高島が少し顎を出すと、山本は「そうそう」と言う。

次に、山本は「後ろの尻尾を引きずるような意識で」とスティックで想像上の尻尾の輪郭を高島の後ろの空間に描く（図6－1参照）。

そして、山本が太鼓を叩きだし、高島がこれらの条件を守ろうとしつつ注意深く狭い歩幅で歩き出す。歩いている高島には、先ほど指導された腕、指先、目線、尻尾と胸への意識が見られる。山本は太鼓を叩きながらその型を確認して、「そっと、足があまり目立たないように」と追加で指示する。

山本はその動きをしつつ「それで、その形を基本として、今度はその尻尾を、ゆっくりと方向を回します」と左周りに滑らかに回転する（図6－2参照）。「回して、首が吊られて、クーっ」と言いつつ、ゆっくりと爪先立ちになり、「ちょっと、あまり高くならないで、首が吊られた意識でね……」と言語的イメージの首を強調する。

高島がその動きをするとき、山本は高島の首の後ろを掴み、「首がバチっとやって、とめた状態で」と、シギが首で板に挟まれて吊られている状態を感じさせようとしている。

山本は自分でその型に入り、「今度は、死にました、手の力が抜けて

図6－1　姿勢を指導する山本
手前は参加者、奥左が高島

図6－2　回転する山本

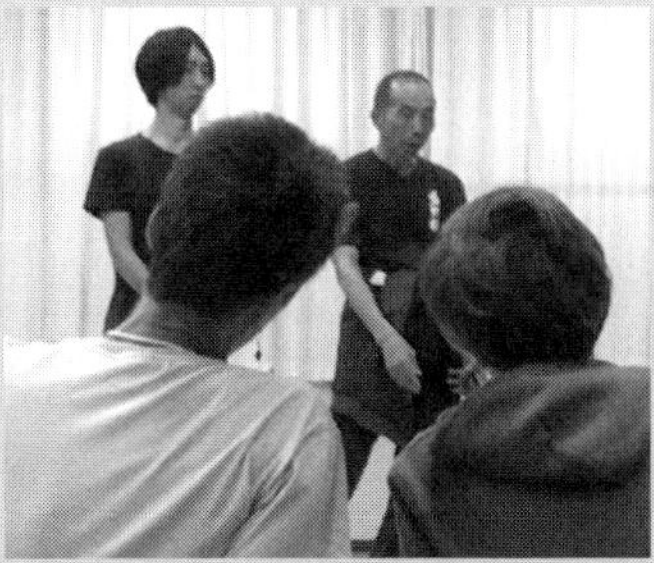

図6－3　シギの死を見せる山本

……」と言いつつ身体の全体的な力を少し緩め、重なっていた手が離れる(図6－3参照)。

高島がこの動きを模倣し、山本はまた彼の首を掴み、「やや前に、ちょっと、倒れるまで、それでちょっと力を抜くぐらいにして……」と身体の全体的な力具合を示す。

次の稽古は、前述した「シギの三態」の全体にもう一つの言語的イメージを重ねたものである。この言語的イメージはアンリ・ミショーの絵を元にした、「雨が降っている」というイメージである。シギは雨の中におり、参加者は動きつつ「雨にぬれた」や、「雨のベールを通る」、「水しぶきをたらす」などの状態を通過するように指導される。雨のイメージを重ねることで、全体的形を「ぼやかす」効果をもたらすのである。「こんな感じで、一つのカチッとした形があったものは、ぼけた形で、出して、それ自身が動きとして出てきます、はい。だから、最初から……すごく曖昧なんで、逆にいうと、この中で何をするかということをきっちりやらないといけない。そういうプロセスを、土方先生は通りながら非常に怪しげなぼやけた世界を空間という形で……」と説明する。つまり、形をぼやかす前に形を明らかにしなければならず、そのコントラストが要請されている。

次の場面は、山本が言語的イメージを与え、参加者たちが練習した後に行われたものである。山本が太鼓を叩きつつ言語的指導を与えたあと、

図6－5 二態目 死んでいるシギ

図6－4 一態目 首が締められているシギ
左は山本、右奥が京子

参加者は一人ずつ全員の前でその動きを練習する。次に京子の練習を取り上げる。

山本がゆっくりと叩く太鼓は、その一拍を一歩とする合図になる（図６－４参照）。そして、回転するときは速く縁を叩く。

二態目に入る合図として「はい、出る」と言い、その状態を表すため大きく息を吐く（図６－５参照）。

次の合図はまたオノマトペと共に、「はい、吊られる、クゥーッ」の文末語尾の母音を伸ばすことで、吊られるという気持ちを表す。同時に、より速く太鼓を叩く（図６－６参照）。

吊られた瞬間、山本は間をおいて太鼓を静める。次の状態の合図として「はい、いきますよ」と言い、太鼓をリズミカルな三拍子で叩き、シギの羽が広げられるという出来事を表す（図６－７参照）。

ここから雨の中でシギの形が「ぼやけていく」という言語的イメージが使われる。その身体的形態を「ぼやかす」行為を誘導しつつ、テンションを高めていく。山本はこの状態をある匂い、または風に包まれることに例える。山本は京子に近づき、太鼓の叩き方を変えて、交互に太鼓の真ん中と縁を、単調にゆっくりと叩く。同時に流れ出るようにテンポよく言語的指導が行われ、やや聞き取りにくくもある。その中で「包まれている」、「私」、「切り分けていく」、「足を一歩だして。吸い込んでいく」と、シギになったつもりの京子と雨のイメージの環境との関係性お

図６－７ 三態目 羽が広げられているシギ

図６－６ 二態目 吊られているシギ

よび行為を表現する。京子は柔らかい質感で動き、前に移動する。

前述した「硬いものになる」という事例と同様に、この事例においても言語的イメージが稽古の出発点として強調されている。しかし、この事例では山本が「シギになる」という振付の手本があったという大きな違いがある。この身体性を分析し、そして参加者がいかに山本の踊っている姿を受け取っているのかを考えたい。

まず、私は、シギになる以前の山本にはニュートラルな踊る姿勢があることを見いだす。この姿勢は様々な稽古を通して見えてきたものである。この姿勢の身体性において可視できる要素を「アフェクト」の羅列として以下に挙げる。

腰の周りは力が抜けて仙骨が少し下がり、骨盤が少し前に出る。
両足は平行か少し内股になっている。
膝には余分な力が入っていない。
重心は低い。
丹田というヘソの下にあるところは背骨の方に少し引っ張られているようである。
胸骨は柔らかく、少し中へ向かっている。
肩は力が抜けているが、肩甲骨の方に後ろに引っ張られているようである。
頭は天井の方へ引っ張られているようである。
たまに顎が前に出る。
肘はまっすぐではなく、力が抜けて少しだけ曲がっている。
指先も力が抜けて何かを触っているように微妙に動く。

ここで脱力している身体部位は多々あるが、丹田に力が不可視的に入り、足の裏で床を踏む力と頭の天辺で上に伸びる力も働いているようである。

この姿勢はアスベスト館での稽古で身につけた踊りの基盤であるが、さらにアスベスト館での日常、その共同生活を通して蓄積された共有のアフェクトからも生成されている。彼らは日々お互いの踊りを見続けていたのみならず、稽古以外の時間を共に過ごし、共に掃除や料理をこなし、共に睡眠をとり、自由時間を一緒に過ごすこともあった（第4章参照）。ゆえに、彼らの踊る姿勢は訓練の結果のみならず、日々蓄積されてきたアフェクトをもとに生成していると考える。

その四〇年前の生活が現在の生活と異なるのは当然である。そして、生活様式によって身体とその姿勢は大いに影響を受ける。たとえば、椅子に座るか床の上に正座するか、またトイレは和式なのか洋式なのかによって身体が変わってくる。私自身も日本での一〇年間の生活を通して、生活様式を変えることで身体の柔軟性や力、そして身体の形態や外見が変わることを直に味わった。このことを踏まえて、舞踏家たちが共に過ごした生活は、彼らにとって自然かつ共有の身体性の獲得を促すと考えられる。このことが後の世代の生活様式を送っている参加者たちの普段の身体性との相違点を生み出すことになる。

山本が踊るときには、山本が持つ身体性でシギの身体性あるいはアフェクトを帯びることになる。ドゥルーズとガタリの「なること」から考えれば、山本のアレンジメントは上術した身体性を持った状態でシギと同様なアフェクトを発揮できるように振付をする。つまり、山本の元々の身体性とシギの振付とが一つになっているので、この事例においてそれらを分けて考えることはできない。

そして、参加者はシギの言語的イメージを聞いて、山本の踊っている手本を観る。当然ながら、そこでは視覚ですぐ捉えられる山本の身体形態が最も強く印象を与えるので、言語的イメージがその身体形態の記号になる。参加者はシギに「なること」ではなく、山本の身体形態を自分の身体に映していく作業をする。手本を真似ようとすることで、「生成変化」あるいは「なること」から外れてしまう。

ここで非常に繊細な受け取り方をしている参加者がいれば、その人は山本の行っていることを身体形態という側面のみならずより全体的かつ動態的に把握し、山本のアフェクトに自分の身体運動を通して到達できる。しかし、この場合でも「シギになること」ではない。なぜかというと、参加者は「シギになっている山本になっている」からである。すなわち、「(山本が)なること」に「(参加者が)なること」である。

つまり、ドゥルーズとガタリの「なること」に基づいて考えれば、参加者は山本と違う位置・習慣から出発しているから、シギのアフェクトを発揮するなら、その身体形態や動作は山本のものと違ってくるはずである。

その一方で、山本のニュートラルな姿勢という身体性を「なること」のためのより適当な身体性であると考えると、異なる論述になる。身体形態だけではなく、その身体性の総合からくる質感あるいはアフェクトもあるからである。具体的に言えば、身体の各部分が目立たずに、自己主張しないから「なること」が行われやすく、結果的にその姿勢の全体的な柔らかさが現れたとも考えられる。そして、中心が安定しているからこそ、すぐに違う身体的なあり方になれるとも考えられる。そうすると、本人たちは述べていないが、彼らの身体性は暗黒舞踏で「なること」に挑戦するための適当な状態でもある。

そうすると、既に舞踏家に弟子入りしている参加者にシギを教えることと、他の舞踊様式を踊ってきた参加者にシギを教えることとは違う。前者はこのニュートラルな姿勢を無意識に師匠からなんらかの形で盗んでいるのに対し、後者は基本的に違う身体性であるためシギをなかなか身につけられないと推測される。ワークショップでのシギの事例では、モダン・ダンサーである南アフリカの女性の場合のみ、山本は長く彼女の骨盤を持ちつつそれを揺らしたり少し下の方へ引っ張ったりしていた。すなわち彼女に対しては追加の指導が必要であった。

つまり、山本のニュートラルな姿勢は「なること」への基本的身体なのか、それとも山本自身の経験に基づいた個人的身体なのか、どちらとも言える。だとすると、真似てみることは前者の形成へのヒントになりうるが、あくまでもこの身体性は後者でもあるので、完璧に真似ることには意味がないと私には思える。また、身体形態は視覚的なもので、山本と直接関わらなくても冷静に外から見られるものである。その身体形態を観察し考える際、身体運動を拍子で分けて振付として順番に整理する。ということは、考えている際に静止しているシリーズとして捉えてしまう。しかし、ダンサーにしばしば言われる通り、踊りは静止している身体形態にはなく、その形態を繋ぐ身体運動にある。ゆえに、身体形態を把握するだけでは踊りができない。さらに、その過程で「なること」もできないと言える。

アフェクトは真似ようとしても真似ることができないことについて、さらに論じたい。「硬いものになること」で見た太鼓の叩き方のように、その発されたアフェクトは身体性に基づくが、その流動は指導者および参加者双方の機嫌、すなわち蓄積されたアフェクトに影響される。また、両者が意図的に「何かをしよう」、「何かを伝えよう」、「何かを感じよう」としていることと無関係に勝手に起こるような現象ではなく、講師と参加者との関係性、具体的なお互いへの態度（attitude）がアフェクトの流れの基盤を成すと考えたい。次項では本事例において山本の身体性から参加者にアフェクトが流れてくる瞬間があることを指摘し、その過程を明らかにする。

⑵　身体性のアフェクトへ

この事例で山本が発するオノマトペと太鼓の音、また指導の中での接触は彼の身体性であり、参加者へのアフェクトになると主張したい。身体形態と違い、相手の発する音や接触については、参加者には考える余裕がなく、直に感じてしまう。肌で感じられる、または耳で聞こえるなら、その感触と音を無視できない。視覚ならどこを見るか、もしくは見ないかというさまざまな焦点の選択はあるが、音と接触ならその選択肢はない。その身体性がアフェクトに変わって、肌を通して身体を浸透していく。ここでは、この事例における音と接触によるアフェクトを分析し、考察する。

まずは、「硬くなる」の事例と同様に、山本の太鼓の叩き方と共に参加者の身体が動く現象がある。前の事例で音は動きが始まるための触媒であったのに対し、シギの事例では叩き方によって動きの強度と速度が生成される様子が見られた。例えば、シギとして回転するときに山本の叩き方が速くなった。ところが、参加者はより速く踊ることになるわけではない。むしろ、その音が速くなればなるほど、参加者の動きは遅くなっていく。その理由は、音が身体の中に溜まっていくようなアフェクトを感じるからだと思われる。この溜まっていく気持ちは、揉め事があるときの、お腹の中、もしくは胸の中が渦巻いているようになる気持ちと似ている。または、道を歩いて自転車や車に轢かれそうになった後に残る気持ちのようである。生きるための必要に応じて、身体の中のエネルギーが活性化されるようでもある。そして、そのエネルギーすなわちアフェクトの強度として溜まっていくから、動きがより丁寧に細かくなる。その動きは静かでゆっくりしているように表面的には見えるが、身体の中は燃えているように感じる。この感覚は山本の叩き方から伝染しているようだと考える。

「硬くなる」事例で山本の叩き方は彼の身体性の延長であると論じたが、この事例においても同様である。これは、山本が速く叩くときに前屈みになり、全身の力を少しずつお腹の前にもっている太鼓に集中する姿からも窺える。

次に、山本が発するオノマトペ、そして太鼓がいかに参加者にアフェクトをするかをさらに論じたい。

一つ目の例として、振付の指導であった「ダラっと」、「ドロンと」、「ガッタンと」が挙げられる。これらの言葉が耳に入ると、筋肉が脱力するように感じる。読み手が声を出してこれらの言葉を読んだら、同様な感覚を得られるであろう。私自身が読むと、これら三つからは違う語感、異なる脱力を感じさせられる。そして、読み上げ方によって、自分が意図する質感も表現できる。これに対し、相手に読んでもらうと、その言い方からその相手の感じる質感がさらに分かるようになる。しかし、稽古においては、これは分かるものではなく、やるものである。山本の稽古の際は、動きを練習する前にそのオノマトペを発するのではなく、必ず参加者が動いている最中に、その参加者に感じてほしい瞬間に声に出した。オノマトペに基づいて身体から身体へのアフェクトが流動するのは、山本も参加者と共に動いている間であった。動いている最中だと考える余裕がなく、オノマトペを直に動きにすることができる。動き出す以前に言われると、その質感の身体的な表し方を考えて、前述したように身体をオノマトペの表象にしてしまうのであろう。

本事例では他にも、オノマトペや音が発せられた。「回して、首が吊られて、クーッ」というときに、山本の弱々しい甲高い声が、シギの死んでいる状態からのアフェクトを発している。私にとってそれは、シギの伸ばされている首や、生きている力がなくなっている動態、ぼやけて見えなくなった目などであった。つまり、「首が吊られて」という情報・パフォーマチブな命令というより、「クーッ」がそのアフェクトを持っていた。しかし、たしかに「首が吊られている」という情報がなければ、そのアフェクトが伝わらない。同様に、山本は「はい、出る」と言って大きく息を吐く。「死んだ」という情報を与えて参加者に「シギのごとくに死になさい」と言っても、どのような死に方か、アフェクトがその身体からどのように流動していくかが分からない。しかし、山本の吐く息でシギの静かでゆっくりと弱っていく死に方が体現されている。参加者はその息を聞いて情報を得るわけではなく、そのアフェクトを感受できる。その感受は声を出さずに自分も大きく息を吐うことで、勝手に感じるものである。この息から、アフェクトと共に生成される身体運動の質感を窺える。その質感はシギの柔らかさ、力のなさであるが、このような身体運動をすることで、シギのアフェクトすなわちシギに「なること」に接近できる。

上記のことを念頭において、山本の身体性（声や太鼓）から、参加者の身体性（身体運動）にアフェクトが流動することをまとめて考察したい。叩き方と同様に、山本のオノマトペは彼の身体性の延長のようである。彼の身体性から飛んでくるのは、彼の思うシギのアフェクトである。彼が発するアフェクト的な音は身体の中に響くように感じる。響くというのは、音が聞こえるのみならず、身体に入って波動をたてるようなものである。そして、その波動は波の強度が海の表面的な形を作るように、身体運動を生成させる。

山本の身体性ならびにアフェクトの源のもう一つは、指導の際の身体接触である。最も印象的な接触は、高島の首の後ろを掴んだときと、高島の頭の横にドラムスティックを軽く持ち上げたときであった。高島の首の後ろを掴むことで高島にシギの感覚ならびに気持ちを体現させている。

ドゥルーズとガタリは、「なること」はなろうとしているものと共感するためではないという。共感できても、そのもののアフェクトを自分の身体性でかならず発することができるわけではない。山本の視点から考えれば、首を掴んだ目的は高島の姿勢を直すためであるとも考えられるが、「首を掴む・首を捕まれる」ことからのアフェクトも窺える。講師の立場にいる人に自分自身の首を掴まれることを想像してみるといい。その掴み方が軽く、攻撃的意図がまったくなかった場合でも、首は非常に傷つきやすい部分であり、首を掴まれたら本能的に危険を感じるであろう。

また、ドラムスティックを顔の横に持っていくことも同様である。当然のごとく、その位置にスティックを持っていくことで、目線をどこに送ればいいのかを簡単に伝えられる。その上、参加者である高島の顔の前、眼の近くにスティックがあると、それを無視することはできない。眼もバルナブルな部分で、スティックがその近くにあると危険を感じる。必要に応じて身体的意識も高まる。身体的意識や能力が普段より高まっていないと攻撃の被害者になると無意識に感じるであろう。このようにして参加者である高島は、この高まった意識と能力を生かし、より丁寧に繊細に踊ることができるようになる。

このように論じると、首を掴むことと、顔の横、眼の近くにスティックを持っていくことは、支配的かつ暴力的な振る舞いに思われるかもしれない。しかし、この場合これらは攻撃的な関係性ではなく、むしろ親密性のある関係性を示している。山本は高島の潜在能力とコミットメントを信じて、リスキーに指導する。リスキーだが、そうする必要がある。おそらく、危険を感じることができるほどの近さであればあるほど、山本の身体から高島の身体への影響すなわちアフェクトが強くなる。そして、高島は指導を受けているので、身体にある危険を感じても山本に身を委ねて山本を信頼するしか選択肢がない。そして、行為の少々の攻撃的なニュアンスは参加者の身体を刺激し、さらに講師の熱心な態度と近さも直に示しているであろう。その講師が熱心に指導してくれていることを感受すると、参加者も集中する責任を感じる。そして講師がこのコミットメントに気付くと、より近くなり、より参加者の能力を引き出そうとする。ゆえに、暴力的に見られる行為はむしろ信頼で、アフェクトがより円滑に流動できる関係性を示している。

先行研究では、アフェクトを受けている人が受動的で、アフェクトそのものは能動的であるという構造が書かれているが、本事例で講師と参加者との関係性を考察した結果、そうではないと考える。その理由は、そのアフェクトを感受するために、自分の意識と能力が活性化されるからである。能動的に受けているわけである。むしろ、能動的でないとその指導を感受できない。さらに、危機感を与える暴力的にみえる行為は、実は相手の状態を図った上でのケア（care）である。山本は注意深く高島を見て、いかに高島からより良い踊りを引き出せるかということに真剣になっていた。そうすると、山本は受動的な立場におり、高島の身体に沿って指導をしている。この複雑な作用を総合させる形で、二人は共に動き、お互いがお互いの行為を生成させる。

この二人の関係性について、最後にもう一つ述べたいことがある。この関係性とは、その瞬間に相手の身体全体を目覚めさせて、強い主体の世界から共に動いている世界に一瞬で引っ張ることができる関係性であると考えてみたい。生きて行くためには社会的関係が必要なので、普段は社会規範の通りに相手と付き合う。相手にしてもいいこと、してはいけないこと、または相手に言っていいこと、言ってはいけないことを意識しつつ平凡な会話をし、共に何かをする。その方が調和しやすく、リスクが少なく自分にとっても有利だと考える。しかし、そういったルールを一旦外し、相手を見て何をするか、何を言うかを考えて判断する場合について考えてみたい。その状況を想像すると、自分が持つ概念に動かされるのではなく、前述したように二人が共に存在している世界に気づくことだろう。そうすることで、社会規範によって定まっていると思い込んでいる世界を再生産するのではなく、二人が実際に存在している世界を共に構築できるであろう。これは踊りなど何かを共に作るための理想の関係性でもあるし、日常において最もアフェクトが流動する関係性でもある。

しかし、このことは本事例だけというよりも、私が暗黒舞踏を様々な形で稽古した結果として考えるようになったことである。ワークショップという形で、初対面の関係で短期間に共に稽古することが多々ある。そうすると、前述した関係性は、私にとっての理想像に過ぎず、本書の事例のような場では滅多に見られない。

この事例では、身体性に基づくアフェクトの存在を指摘し、アフェクトがより流動する講師と参加者との関係性について考察した。次の事例ではアフェクトについての分析をもとに、参加者どうしの関係性を考察し、関係性とアフェクトの流動についてさらに論じたい。

3 「棒になる」

(1) 言語からダンスの共通原理へ

分析対象とするワークショップは、男鹿半島にある廃校の体育館で行われた（第3章参照）。ワークショップの最中、参加者は中心に向いて、大きな輪になって立っている。和栗は参加者に二人組になるように指示する。

和栗はその理由を後に述べるが、それは次のようなものである。相手を見ることによって、身体の繋がりや諸機能について学び、その知識を自分の身体に適用できる。そして、踊っている身体をみて、その踊りが良いのか、悪いのかを自分で判断し、なぜなのかを考えることも、踊りの勉強になるとも言う。これは身体の形態を記録したり、踊りの固定概念にとらわれずにできる勉強である。なぜかというと、自らの身体を通して相手の身体を見て、さらに自らの思う踊りの感覚を通して相手の踊りを見るからである。このように相手の動きを見ることで、自分の身体と踊りについて勉強できる。逆に、他の参加者がいなければ、自らの身体と踊りの勉強はできないということでもある。

参加者はすでに何日間も共にワークショップを受けてきているので、パートナーを選ぶ際、ある種の親しさが見える。例えば、オーストラリアからきた、ヒッピー風で子持ちの三〇歳代半ばの女性ムーンが、隣にいる、香港出身で花柄のドレスと白いズボンを履いている、静かで柔らかい口調で喋る五〇歳代の女性ハナの腕を軽く触り、彼女が頷くことで二人組になることを確認する。また、日本人だがシアトルからきた七〇歳代女性の純子は、東京から来た演劇経験のある三〇歳代ぐらいの女性イーブに一言声をかけるだけで組になれる。私は隣りに立っているポーランド人女性アネタと組む（図6－8参照）。

ペアを組んだ後、和栗は次の課題を紹介する。それは「棒になる」ということで、三つの身体的条件を含む。その指導を以下に掲載する。

次のワーキングはスティック。棒ですね。棒は手もなければ、腕も足もない。それで、棒になる。棒になってゆっくりとまっすぐ前に歩く。でも、まっすぐといっても、〔足を〕クロスする必要はありません。このまま歩いて。それで、皆さんはコリオグラファー、振付をしますね。チェック〔して〕、パートナーの動き〔を〕ね。パフォーマーはto become stick（棒になる）。Three condition you have〔三つの条件、あなたちには〕。最初は高さを変えない。……the second condition〔二つ目の条件は左右に〕ゆれない。……三つ目、止まらない。同じ時間でやる。この三つを守って、歩いてもらう。

つまり、参加者に棒になるように指導し、前に歩く動きをさせる。和栗は、棒が歩けるとすれば上下せず、左右に振れないと仮定をし、そのことを参加者に求めている。また、ずっと歩く速度を一定に保つようにと指導している。そして、いかにそれらの状態を保てるかは、参加者が考える。和栗はこのように棒の課題を提示する。

この指導は簡単に聞こえるかもしれないが、もし読者が実際にこのように歩こうとすれば、揺れずにその速度や背の高さを変えずに歩くこと

図6－8　二人組になる参加者
手前がムーンとハナ、奥の中心が純子、右に太鼓を持つ和栗由紀夫、右端がアネタと筆者

の難しさに気づくだろう。速度を変えないようにするため、後ろの足から前の足に体重を移動させる際に止まることができない。すなわち足から足へ体重を移動させながら、前への進み具合は均等にしないといけない。足がないのに前に進んでいる幽霊のごとくである。背の高さを変えないことは簡単に聞こえるが、動きながら鏡をみると、上下せずに歩くことは難しく、膝や足の安定感が必要になることが分かる。

そして、参加者は二人組で練習し、棒になる方法について話し合う。具体的に言うと、一人が棒の歩きをしている間、そのパートナーが観察する。後者は前者が三つの条件を満たしているかどうかを確認する。満たしていない場合、観察者はなぜかを考えて、アドバイスをする。和栗は参加者から一歩引いた視点で参加者に考えてもらおうとしている。そして、参加者が試行錯誤しているとき、和栗は次のアドバイスをする。

足をそろえて。
膝をまげないで。
かかとをあげない。

一人ひとりが棒になって歩く動きを二回する（図6－9参照）、観察者と踊り手の役割を交代するので、歩きは計四回行われる。歩いた後には、毎回パートナーと二分間話をする（図6－10）。その時間で、観察者は踊

図6－9　棒になって歩く参加者
手前左からイーブ、ムーン、マイケル。奥に座るのは観察者

り手にいかに三条件を保ち、より棒のように歩けるかというアドバイスをする。このとき、参加者たちは身体をいかに傾けるか、または安定させるか、身体の様々な状態について話し合う。たとえば、図6－10では、右端の組の女性は手で腹と腰の位置についてペアの女性にアドバイスをしている。また、中央あたりで膝立ちしている女性は、肩甲骨や背中、頭に直接触ることでパートナーにそれらの位置を示している。そのコメントの合間には笑い声が多く聞こえる。

この後、和栗は参加者の前に立ち、彼らがしたアドバイスを聞き出す。ハナは「呼吸！（"Breathing!"）」と喜びに満ちた声で言い、四〇歳代のアメリカ人男性マイケルは「ゆれないようにするには、内腿の力が必要だと感じました」（"I feel like there is some inner thigh strength that I need so that I don't go too far from side to side."）と答えた。しかし、和栗が求めていた答えは出てこなかったようで、次のように説明する（図6－11参照）。

一番大事なことは、全員に言えるんだけれども。なんでしょう？〈和栗は参加者から答えを求め、参加者はポカンと和栗を眺めている〉。ここで〈和栗は自分の頭の上に手を軽く置き〉止まっていないということですね。ここで止まっていると、自分の体重をこれだけで〈頭から足先まで仕草で示す〉割らなきゃいけないから、ものすごい重い体

図6－10　お互いにアドバイスを述べる参加者

になっている。全員に言えることは、踵から背骨、首、頭、一本の糸でスウーッと通っている〈自らの踵から背骨、首、頭を貫いて天井に延長する線を仕草で示す〉。ここ〈頭〉で止まっていないと。自分の大きさが五メートル〈人差し指で上方を指す〉。五メートル先に頭がある。この糸によって運ばれていると。

つまり、ここで和栗は二つ、身体は糸に引っ張られているイメージ、そして身体が拡大されているイメージを与えている。そして、和栗は先にこのイメージを与えるが、その後、マイケルの「内腿」のコメントに対し、このイメージがいかに身体運動になるかを詳細に述べる。

そう、あのね、内腿だけではない。内臓も。そして背中。まず、背骨を伸ばす。それから、顎が出ているともう低い。顎が出ると背中が丸まります、手が重くなります、体が前になります。背の高さが変わって、手がゆれる。顎を引いて、胃袋を上げて、神経を延長させて、この神経は一本だけだと、too much tension, too much tension〈緊張し過ぎ、緊張し過ぎ〉だとゆれちゃう。止まっちゃう。

つまり、二つのイメージによって身体全体を動員しつつ、余分な緊張を無くすことで棒になれるということである。

図6－11　手前：和栗、奥：参加者

ここでの「なること」はドゥルーズとガタリのいう「なること」とは大きく異なっている。その理由は、和栗は棒そのもののアフェクトを提示していないからである。それより、棒を比喩にし、あるダンスの基本原理を提示している。

和栗が最初に述べた条件は、歩いている最中に「〔背の〕高さを変えない」、「ゆれない」、「止まらない」ということである。そして、それらを満たすために、上から糸に引っ張られていること、そして身体が拡大していることを提示する。アフェクト論的に考察すれば、この五つのことは身体運動が発するアフェクトであるが、棒のアフェクトというよりも西洋由来のダンスにも共通されている踊りの原理である。[*28] 例えば、ジャズ・ダンスの基本である歩き方を練習するときにも腰を振るが、背の高さを変えないことがポイントである。また、日本舞踊のすり足であったら、「ゆれない」ことと「止まらない」ことがポイントであるように見える。また、上に糸で引っ張られているというイメージは、より背筋を伸ばすためにバレエの稽古にも使われている。また、足や腕を伸ばすときに、指先で終わらないように伸ばしきるというイメージもバレエの指導に生かされることがある。このことを踏まえて、棒のアフェクトができるようになるというよりも、身体の基本的な動かし方を身につけようとしているようである。

これらの諸原理は「なる」ための前段階あるいは準備でもある。こうしてみると、「なること」に挑む前に、まず自分の体を客観的に意識し自分の動きを理解することが必要ということになる。しかし、和栗は「棒になる」という課題を設定して、それを「基本原理」や「準備体操」とは思っていないようである。そして、和栗は身をもって手本を見せずに言語のみで参加者を指導する。さらに、参加者はお互いを見合って、いかにより棒になれるかを相談し、さらには棒になることを言葉で洗練させようとする。

おそらく、和栗は参加者にお互いの身体から踊りを自分で考えて、その考えを自分で言語化することで踊りへの理解を深めることを望んでいた。しかし、じつは参加者が考え出した身体運動の言語化は、和栗が最後に提示した言語化とはまったく違った。たとえると、教師が生徒に実験をさせて、生徒が失敗したところに正解を教えるかのようであった。ゆえに、まさにダンスの様式として決まった原理を教わっているようであった。

次に、なぜ参加者が和栗と違う言語化になったのかはさておき、主に参加者のグループ内の関係性とその中での身体性とアフェクトについて分析し、アフェクトの流動の土台となる関係性についてさらに考察したい。

(2) グループ行動について

まずは、同期性をもつ（synchronized）個々人とグループとしての行動を中動態の概念とアフェクト論を合わせた視点から考えてみたい。参加者は成人で、その大半は社会の主流の考え方と価値観に対して疑問を持っていそうな人たちであると言えるが、和栗の指示に完全に従って行動していることを指摘したい。この点は他の事例にもみられるが、講師が始まる合図をすると参加者は始め、そして講師が終わる合図を送るまで参加者はそのタスクを続ける。本事例においては、自然に流れていそうな談話も、和栗の合図と共に突然に終わる。参加者たちは自らの時間性を和栗に委ねて、和栗の時間性で皆が行動する［箭内 2011参照］。

ここで、それがなぜなのかを考えてみたい。まず、主流社会への反抗精神は、主流社会の外に存在する集団への所属を促すだろう。舞踏家たちがアスベスト館に入ったことを参考にすれば、主流社会に一般的な参加をしないのは、参加や所属そのものが嫌というよりも、主流社会に参加できない、所属するには困難があり、他に居場所を探しているからだと言える（第４章、第５章参照）。そこで参加者は、ワークショップに参加する際、完全に参加する、つまり身を委ねる、または所属したいという気持ちをもつ——すなわち和栗を権威として立てて、自分をその下に置きたいと考えているということになる。さらに、和栗は参加者より年上で、踊りの経験が長いために、一般概念では権威にしやすい。また、ほとんどの参加者が外国人ということも無視できない。大半の外国人は、日本とはスピリチュアルな国で芸術的な行為もスピリチュアルであるという固定概念をもっている。和栗をそのスピリチュアルな師匠としたいということもあろう。このようなことをもとに、ワークショップが進行しているとも考えられる。

個々人の態度も空間的な位置もグループの行動によって決まってくる。グループ全体の雰囲気は温かく友好的で、そこに居るだけで親切に声をかけてもらえ、友好的な返事も期待される状態である。例えば棒として歩く際にも、歩く位置については何も指示されず、無意識のうちに決まる。それは参加者が歩くときに、二つの直線が垂直に交わる位置にいるからである。一つの線は、一緒に横に並んで歩く人たちと形成する線である。その並びは微妙にずれていても、ほぼ同じ速度で横の列の並びを保つように前に進む。もう一つの線は、二人組の相手と形成する線である。つまり相手の視線であり、その相手に向かって歩く。歩いているとき、無意識にこの二本の線が交わる点に自分の位置を合わせている。こうして参加者の時間性、立ち位置、態度さえもグループの行動によって生成されることは、グループのアフェクトとも呼べる。これを念頭に置き、次にグループ内の参加者どうしの関係性、その身体性とアフェクトについて論じる。

(3) 参加者たちの身体性とアフェクト

ここでは参加者どうしで見つめ合うこと、そして話し合うことの意義を述べるが、その意義は和栗の述べることとは完全に異なる。

第一に、和栗は「良い踊り」と「悪い踊り」との区別ができるように他人の踊りを観察する意義を述べているが、その意義に対しては疑問がある。相手の踊りを見て、自分が見たい踊りを基準にして良いか悪いかと判断することは、自分の利益のために主観的に見ることになる。これに対して、私はなるべく客観的に、判断せずに踊りを見ることに意義があると考える。もし何が良いか悪いかを考えるなら、自分がもつ踊りに関する固定概念から離れられない。その固定概念から離れられないと、「なること」ができなくなる。踊りを評価または批判することは、良いか悪いかではなく、「この人にはここまで出来た」ことと、「これからこれもできるようになれるだろう」ことを考えることになる。言い換えれば、踊りという概念に囚われずに相手の潜在能力を見つめることである。参加者どうしで観察し合うことは、踊りを考えるというよりも、そこにある身体性とそこからのアフェクトを注意深く感受する機会である。

第二に、和栗は身体運動の言語化が重要と主張するが、参加者がお互いに言う「アドバイス」はこの稽古に関してあまり大事なことではなかったと考えられる。和栗の提示した条件をまとめると、参加者に身体全体を伸ばし安定させることを求めていると言える。このための身体方法は既に数多く存在する。例えば、床を足で踏むことや、膝を伸ばしつつも少しゆるめること、骨盤の安定した位置を見つけること、丹田に力を入れることなどである。その方法は参加者の経験と身体によって違ってくるであろう。

次に、言語的アドバイスよりも、観察し合うことと相談し合うことという機会に意義があることを論じたい。まず、観察し合うだけである種の関係ができる。観察することとは、相手に関心を寄せて集中してあげることである。観察されることは、その集中を受けて見られることを許すことである。さらにいえば、稽古の段階では、まだ試練されていない身体運動を相手に見せるので、相手に自分のできていないことが見られることを許すことでもある。

このように見られることによって緊張させられる影響もあれば、踊りが高まる効果もある。自分の舞台活動をもとにこの効果を説明すると、簡潔に言えば、観客からエネルギーをもらっているような状態である。私の場合、このような観客がこの日に集まれたことは人生に一回しかない機会で、その観客の時間をもらっていると想像する。そしてその数分の時間は、観客に印象を与える身体的経験を作る機会である。踊っている最中にも、観客が関心をもつ様子または退屈な様子を感じつつ、必死に観客を揺さぶろうとする。そして、観客も時間を捧げ注目することで、踊り手を主役として立てているわけである。このように考えると、見ることは相手に力を与える、非常に寛大寛闊な行為でもある。このことはワークショップの中の「観察し合う」ことに対しても言える。

そして、相談し合うことも言語やその情報自体にではなく、身体的に影響し合うことに意義があると論じたい。参加者の大半は、その踊りをいかによりよくできるかというよりも、相手の身体そのものを見て、その個体の身体をいかに棒にできるかを考えていた。例えば、相手からの印象ではまっすぐの棒ではなく、少し前かがみになっているというなら、その個体の身体がいかにまっすぐという印象を与えられるかを考えて相手の身体的形態を変えてみる。その際、言葉で伝えるというよりも、自分の身体で表現したり、相手の身体を手で直接に直したりすることが多かった。具体的に言えば、相手の肩甲骨と鎖骨を軽く押さえることで、身体をよりまっすぐな姿勢に導こうとするなどしていた。相手はその身体的ケアを生かし、二回目の棒の歩きをする。失敗すると、相手との次の相談は進みにくい。そのため、相手の期待に応じて教えてもらったことを活用する責任をもつようになる。こうして相手との関係に基づいて、歩いている人は新しくアフェクトをする必要性、あるいは緊急性を感じる。しばしば言われているように「必要は発明の母」であるが、本書ではアフェクトを拡大するとき、必要を作り出す関係性はアフェクトのエンジンで、その中の危機感および緊急感はその燃料であると考える。

本章で論じたアフェクトをより可能にする関係性を念頭において、一九七〇年代にあった舞踏家達と土方巽との関係性を端的に述べたい。ワークショップで築かれる短期間で浅い関係に対し、一九七〇年代の舞踏家たちは濃密な日常の共同生活を通して師弟関係ならびに弟子どうしの関係を築いていた。そして、そこで作った踊りは稽古で終わらず、必ず舞台に出し、観客の前に出すための作品に必要なものであった。この過去のようすに比べると、上述した「近い関係」と「必要性」は現在のワークショップに欠如しているが、一九七〇年代には強く存在していたと考えられる。このことを本章の事例と比較すると、身体性に基づいた近い関係は「なること」の媒介のみならず、必要条件であると考える。

ここでその関係性が欠如していたと大まかに言えても、本事例において講師と参加者との関係、そして参加者どうしの関係はアフェクトの流動を可能にしていた。そして、共に経験を経てアフェクトが蓄積すると同時にアフェクトの流動はさらに可能になる。雪崩が山の上から落ちてくる際に、しだいに大きく速くなるように、アフェクトが拡大する。その結果、遠慮なくより直に相手に身体的に働きかけ、より相手のアフェクトを感受できるようになる。

本章で検討した事例では、身体性とそこからのアフェクトは見られたが、「なること」はなかったと言えよう。しかし、講師が自らの身体を通して参加者のアフェクトに影響を及ぼすことは「なること」への第一歩である。

続く第7章では、観察者が相手の身体において「なること」を見ることができた事例を紹介し、アフェクトにおける身体性と関係性をさらに論じる。本章は関係性に焦点を当てようと試みて、結果としてアフェクトを発する側に焦点化した。これに対して、次章ではアフェクトを受ける側あるいはアフェクトが届く側に注目する。これはさらに踊り手と観察者あるいは観客との関係、とくに観察者の位置とアフェクトを明らかにすることにつながると考えられる。

＊27　その理由は、何かをするようにという指示を受けたら、表現を加えてしまうことになるからである。

＊28　和栗や他の舞踏家たちは西洋の舞踊と暗黒舞踏とは厳密には違うとしばしば述べている。ダンスは身体の機能性を使用するスポーツであるのに対し、暗黒舞踏はそうではないと主張している。ゆえに、ここでの論述については彼らからは異論があると思われる。

第７章　身体間の「なること」

本章では、踊り手の身体から観察者に、「なること」が伝わってきたという事例を取り上げる。その目的の一つは、暗黒舞踏の先行研究や本研究の聞き取り調査も参考にしながら、前章に見出せなかった、暗黒舞踏における「なること」の成り立ちをより明らかにすることである。

ドゥルーズとガタリは生成変化を論じる際、その主体と他者に焦点を当てている。そのため、第三者の相手に「なること」が見えたと想う際に、その観察者自身がどのようなアフェクトをいかに受け取っているのかは明らかにしていない。

これに対し、本章は相手の「なること」が見えたと想う観察者を分析の中心に据える。観察者はどのような姿勢で、どのような関係の中でその「なること」を認めるのかを提示する。観察者の視点から、踊り手の身体がいかに「なること」を示しているかを分析し、観察者の主観を強調したい。

ここで本章での特徴的なアプローチを表明する必要がある。それは、鑑賞者の視点ではなく、踊ったことのある観察者に焦点を絞ることである。暗黒舞踏の「なること」において、踊りの経験者自身の視点に基づく論述は非常に少ない。本章がその視点をとることで、暗黒舞踏におけるアフェクトについて、内側からのより深い理解が得られると考える。

そのため本章では、観察者個人によって受けるアフェクトがいかに違ってくるかということも考察する。ユクスキュルが述べるように主体は、生物学的な機能性のみならず過去の経験と現在の機嫌によって世界を構築しているとすれば、観察者によって踊り手からどのようなアフェクトが受け取られるか、いかに「なること」が見えるかも変わってくる。

1 舞踏家が土方巽による「なること」を語る

まずは、暗黒舞踏の「なること」を明らかにするに当たり、先行研究と私自身の聞き取り調査を参考にしながら、暗黒舞踏の創始者である土方巽による「なること」を考察したい。

土方の弟子であり舞踊学者である三上賀代は、舞台上の土方の変貌あるいは「なること」について書いている［三上 1993］。その舞台は一九七三年一〇月に行われたもので、これは土方最後の出演であった。三上はそれについて以下のように書いている。

> 土方巽はゆっくりと舞台を横切っただけである。数分のことであったろう。しかし、私は土方がキリストであることを直感し、「許された、在る」という思いに慟哭したのである。私の罰を背負い、なお光となって輝きあふれ、そして消えて行くキリストー土方巽によって、私は浄化、救済された。そしてこの慟哭の涙は青春という出口のないエネルギーに翻弄された苦悩、狂気の中で、「ほんとうのこと」は見まいと決意

した21歳の少女に「それでいいのか」という問いとなって波紋を広げていった。［三上 1993: 13-14］

土方は「ゆっくりと舞台を横切っただけ」、つまり、ただ歩行をしていたと考えられる。簡単な動きなのに、その身体に三上は光と輝きというアフェクトを受け、土方はキリストに「なった」という印象を強く受けている。そして、「なった」と認めることに留まらず、三上はその結果であった「キリスト－土方巽」とのやりとりを妄想する。

三上は舞台を見たというよりむしろ、そこで宗教的な身体経験をしたようである。三上はその気持ちを「キリスト－土方巽」に救済され浄化されているようであると説明する。とくに、その救済は「キリスト－土方巽」が三上の生き方と人生を一変するような誘いだったようである。

先行研究を念頭に置くと、踊っている土方は、キリストほど美しく輝いていたと想像できる。しかし、意図的に観客の中にいる一人の少女を救おうとはしていないであろう。その「救われた」という受け取り方は、三上自身も論じるように、鑑賞者側に勝手に起こる想像の連鎖である［三上 1993］。三上の場合は、彼女自身が青春期であったこと、あるいは主流社会に対して抱いた不満のようなことがその想像を成り立たせていた。これは鑑賞者の人生経験と願望によって、物事がどう見えるかが構築されることを示している。

次に、アスベスト館での稽古で土方巽が「なること」ができたという聞き取りからの事例を紹介し、比較対象として考察する。一九六九年に弟子入りしたビショップ山田による、土方が消えたように見えたときについての語りを以下に示す。

土方さんは稽古で、マジかと思うけど、今、こうやっていて〈体を細くして〉、あの、「壁に」な、「本当に消える」とかな、言ってさ。言うんだよ〈笑う〉。でも、そのように見えるんだよ！　それがすごいよ……ターン〈回転〉

普通やるよね。それをしないで、立っているだけでガーッと回っているように見せるとか。そういうことも一生懸命考えた。そういうアホくさという。そういうことを真剣にやっていくのは大事だと思います。

（ビショップ山田からの聞き取り調査　二〇一三年一〇月一三日）

この語りと三上の事例との大きな相違点は、舞台上の「なること」と稽古中の「なること」である。たいていの場合、舞台作品を鑑賞するだけでは、出演者が何になろうとしているか、すなわちどのようなアフェクトを観る側に与えようとしているかがはっきりと分からない。これに対して、共に稽古をしている場合、観察者には踊っている相手がどのようなアフェクトを身につけて観る側に与えようとしているか、つまりその言語的イメージが分かることが多々ある。おそらくこの場合、なろうとしていることの言語化は観察者に影響を与えている。さらに言えば、観察者が、踊り手が言語的イメージとして示したものになれると信じていることもある。その場合でも、踊り手の身体から観察者の身体が受け取っている印象から、「なること」ができているかいないかを判断する。つまり言語的イメージは催眠術で使われる影響力のある示唆のようであるが、アフェクトは身体を媒体として伝わっていくことを強調したい。

山田がこのエピソードを語ったときには、土方の身体形態とそれを見た瞬間の驚きが彼の身体にまだ残っているようであった。インタビューの際、山田は実際に土方が身体を細くしている場面を演じることで、その場面を身体で思い出していたようであった。そして私に語る際には、土方が目の前でその動きをしているように、その驚きが新鮮なものとして彼の身体から放たれていた。「マジか」や「すごいよ」と言うときには、信じられないという気持ち、畏敬の念も込められていた。そのときに見たアフェクトはまだ山田の身体に堆積しているようであった。

また、三上は劇場での踊りを精神的で重さがあるものとするのに対し、稽古場でのアフェクトには遊び心を持った軽さがあるという。私自身の経験を参考にして推測すると、稽古場での踊りは真面目な遊び、すなわち遊びつつ注意深く踊りが生まれる瞬間を待っているようである。踊りが勝手に生まれてくるので、様式に沿って動かなくてもいいということだろう。そこでは踊り手の衝動も認められており、実際に重い気持ちよりもワクワクする気持ちで踊りが行われていることが多い。

先述した語りからは山田と土方との関係は分からないが、その関係性は山田の著書『ダンサー』から読み取れる［山田 1992］。土方が踊り出すと時空間が止まり、土方しか存在していないかのような書き方をしており、山田は土方を優れたダンサーとして尊敬していることが分かる。そして踊り以外のことについて、彼らの生き方の激しい日々や乱暴なエピソードも書いており、青春の日記のようでもある。山田はこのような世界と関係に既に編み込まれているがゆえに、土方から上記のようなアフェクトが届いた。その世界に共に没頭していたから、通じるものであろう。そして、先行研究や私自身の聞き取り調査を総合して考えると、山田一人ではなく、同時期の男性弟子、例えば室伏鴻なども同様な語り方をし、類似のアフェクトを受けていたようである。つまり、上記のアフェクトが見えるためには、土方というカリスマに魔法をかけられ、彼の暗黒舞踏の世界に染まることがその条件として必要であるとも考えられる。

さらに述べると、稽古場にいた時期が違うと、「なること」についての語りも違ってくる。山田が弟子として土方と共に稽古していた時期（一九六九－七一）には特定の「なる」技法がまだ展開されておらず、何かを見せたいと思う都度、共に考えて、振付の元になる動きを創っていったようである。ところが、山本萌がいた時期（一九七四－七七）では、稽古場を劇場にして連続公演を行うようになり、その動きすなわち振付が土方と弟子の芦川羊子によって作られるという傾向があった。芦川の「なる」技術は、土方の弟子の中で最も優れていたとしばしば言われており、芦川は次から次へ森羅万象の様々なモノに見えたそうである。そのため次に、芦川の弟子そして土方ワークショップの生徒による芦川の変貌ぶりを交えつつ、踊り手が何かになろうとし、観察者には何かが見えたという事例を取り上げ、そのアフェクトの成り立ちを考察する。

2　舞踏家が芦川羊子による「なること」を語る

次の語りは、「なること」をテーマにした舞踏ワークショップの言語的指導から引用しており、その語り手は舞踏家の正朔である。正朔は一九八五年から土方に稽古を受けたが、弟子入りしたのは芦川のもとである。私が本書のもとになる研究を行っている期間、正朔は東京で暗黒舞踏のワークショップを定期的に開いていたが、ここで挙げる事例は京都で開催された一日限りのワークショップである。そのため、参加者には正朔と初対面の人が多数いた。

ワークショップの始めに、正朔は緊張していると言い、参加者の前に立って話し始める。

……なるって、どうしてなれるんだろうと言ったときに、どうやったらなれるんだろうということを考えている間はならない。あの、さっぱりわけ分からないけど、「なれ！」と言われたら、「はい！」と言って〈何かになる〉。私、金槌なんですけど、金槌の人間がこう、海の中でドボンと入る気分で、なるんですよね。つまり、分かってから「なる」、訓練してから「なる」というんじゃなくて、さっぱり分かんない、飛び込む。それしか方法ない。「おまえ、犬になれ」と言われて、「わん？」となるわけですよね。だけど、本人は犬に見えているつもりだけど、犬に見えていなくて、人間にしか見えてない。色々ありますよ。犬になれとか、ライオンになれとか、魚になれとか、一番笑ったのは、胡瓜になれ〈参加者全員笑う〉。あのね、胡瓜は感

動したんですよ。芦川さんが胡瓜をやったときに、「胡瓜だ」。（正朔からの聞き取り　二〇一五年五月一八日）

ここで正朔は暗黒舞踏における「なること」へのアプローチを分かりやすく説明している。正朔によると「なること」は段階を踏んで「なる」技術を学ぶのでなく、泳げない人が海に飛び込み泳ぐことを覚えるのと同じことである。つまり、危機に遭遇すると、その状況に応じて必要なことができるようになるということだと考える。正朔の場合、土方に突然「何々になれ」と言われたので、そのモノに「なる」しかなかったそうである。前章で述べたように、師弟関係から醸し出される危機感、責任感、必要性があるからこそ、「なること」ができるという主張はここで証明されていると考えられる。さらに正朔は「なる」ことに挑む側の姿勢を示している。その姿勢は質問せず、考慮せず、必死になろうとするだけとのことである。

しかしながら、アフェクトを受ける側に焦点を当てようとしている本章では、胡瓜が見えた正朔に注目したい。その際、認識は芦川が胡瓜になったということであり、気持ちは「感動」であった。その感動は次の矛盾から起こったのであろう。胡瓜に見えるが、視覚的情報ではあくまでも人間であり、人間は物理的に胡瓜になど変貌できない。しかし正朔には芦川の身体、その質感を見て、不可視な「胡瓜」が見えた。胡瓜に見えるとは、どのような感覚なのか、私には分からない。説明できないものであろう。また、その頃は正朔が芦川に弟子入りしていたかどうかも分からないから、どのような関係だったのかも不明である。だが、稽古場にその身を置いて、その稽古をしているということは、暗黒舞踏を知りたい、あるいは踊りたいという願望があったのであろう。この語りから正朔の経験について多くは論じられないが、暗黒舞踏を知りたいという姿勢で暗黒舞踏の界隈ならびに舞踊の界隈では尊敬されている芦川羊子を見ていたことを推測し、その姿勢と芦川のダンサーとしての地位が、正朔に「なること」が見えたことを促したと考えられる。

前述した三つの事例では、暗黒舞踏における「なること」をより明らかにしているが、アフェクトを受ける観察者の身体的経験を論じてはいない。その身体的経験は本人にしか分からないものであるので、論述は推測に留まる。身をもってそのアフェクトが流動している場に立ち会わないとつかみにくい現象である。そこで、私自身が観察者として見えた、「なること」の事例を挙げて、そのときの相手の身体、相手から受け取ったアフェクト、相手との関係を考察し、「なること」を目撃するということを私自身の視点から明らかにする必要がある。

3 私が土方の孫弟子による「なること」を目撃したとき

稽古の最中、「なること」を初めて目にし、実感したのは二〇一二年、私が初めて金沢舞踏館の合宿に参加したときである。その稽古は、提供された文章を振付にするというもので、参加者一人ひとりが自らの振付を全員の前で発表する。発表の途中、または後で山本から感想や提案をもらいつつ踊る。

山本の弟子であり土方の孫弟子であるとも言える長尾の振付の中には、恐竜やイナズマなど、様々なキーワードが入っていたが、印象に残るのは後者である。長尾が惚けた顔で立って、上斜めからいきなりイナズマに打たれたように全身が震える。そこから前へ歩き出す振りもあるが、そのとき、山本が「めくらのようにやれ」と指導する。次の瞬間に長尾の目が突然変わる。

次の経験を書かないと、私はそのときの長尾の目について伝えることができない。知らない人と向かい合っていて、その目がどこを見ているか分からないと不思議に思っているうちに、その目が見えていないことに気づいた経験はあるだろうか。そのとき、その人の目は情報から遮断されているようである。瞳の色は普通に目が見えている人のそれより薄く、時には白っぽくもある。長尾の目を見たとき、一瞬にしてそのような特徴を感じた。

そして、彼の目を注視し、その後視野を広げると、部屋の中に白っぽい空気、すなわち霧が薄く立っているように見える。要するに、私の目も見えなくなりそうであり、目眩のように少々クラクラしているようである。私の視覚だけでなく、空間さえ変化したようである。それまでの私の人生には、このような経験がなかったので、不思議に思い、これが暗黒舞踏なのだろうと受け入れた。

帰りの車の中で、どうしてあの踊りができたのかと長尾に聞くと、盲目であることを「信じ込んだ」からだとのことだった（参与観察、金沢舞踏館の稽古　二〇一二年）。「盲目」という言語的イメージが自らの身体的現実だと信じ込むことで、身体的状態が変化したのであろう。さらに、観察者もその状態を見て、異質な感覚を持った。

この事例にあっては、アフェクトが連鎖して、山本からの言語的指導から踊り手の身体へ、踊り手の動きから観察する私の注目へと流動していることがみられる。前章に基づいて言えることは、その二つの関係、山本と長尾との師弟関係、そして長尾と私との関係がアフェクトの流動を促しているということである。さらに、ここでは私の過去の経験とその時点の機嫌や気持ちが、その瞬間に見えたものを構築しているると主張したい。そこで、山本と長尾との関係について論じることは省略し、長尾と私との関係、そして私の姿勢について考察することで、なぜ、いかに「なること」が見えたのかを考察したい。

ここまで私はアフェクトが流動する際の関係の重要性を強調してきたが、実際には、私はこの合宿で長尾と初めて対面した。ゆえに、関係は築かれていないと言ってよい。とはいえ、人間関係は時間通りに合理的に深めていくものではない。出会ってすぐ意気投合することもあれば、どれだけの時間を共に過ごしても分かり合えないこともある。初対面ではあったが、私は長尾のことに興味を持ち、もっと知りたいと思っていた。

合宿の時間は濃密で、朝から晩まで稽古のみならず、調理、食事、山の散歩、談義など、他の参加者がどのような性格であるのかを知る機会は多い。そこで観察した長尾については、既に第3章で述べている。年齢は私と同じぐらいで、性格は穏やかで相手に優しく、共にいるとほっとするような人である。話す際も、相手のことをよく考えているようで、丁寧に正しい発言をする。踊りも大変丁寧で、高い意識をもって披露している。社交的な人間性も魅力的だが、踊り手としても大変魅力的である。身体は強いが柔軟であり、その中に底のない表情の倉庫をもっているようである。長尾の性格も踊りも癖が少ない。一言でいえば、全体的に人間として魅力的である。長尾が目の前に現れると、その行動や表情を見てしまうという気持ちであった。

和栗も談義の中で、踊ることは鑑賞者を make them fall in love with you〔恋させちゃう〕ことだと考えると言い、鑑賞者が踊り手に興味をもち親近感を覚えると、その踊りがより強く伝わるものであると述べていた。前衛的な暗黒舞踏であっても、鑑賞者の心を奪うことが必要である。鑑賞者が踊りを見て心を奪われ得ないとき、アフェクトも円滑に受け取れないとも考えられる。長尾が何かに「なる」行動や表情を私が期待しているときに、彼自身が「盲目になっている」ことを信じ込むことで、私をも信じ込ませた。

しかし、このような「恋をしちゃうと魔法にかけられやすい」という説では、全ての「なること」が見える事例を説明できない。次の事例は、その出来事が起こったとき、私が恋ではなく、また違う気持ちだったというエピソードである。それは踊りではなく、お茶を入れるという動作で「なること」を身体的に経験したという事例である。

4　私と不思議な教授との出会い――紅茶がコーヒーになったとき

大学の門を通ると、目の前のビルはレンガで出来ていた。まだ夏休みで、学生はあまりいない。ビルに入って、二階まで上がって、教授のオフィスのドアをトントンと叩き、「失礼します」と入る。教授は髪の毛が短くて格好よく、すぐにでも動き出しそうな元気な六〇歳ぐらいの女性である。大学で身体運動を教えることはどのようなことなのかを聞くために来たが、先生は舞踏に興味をもっているので、舞踏に関する様々な話が始まる。

教授は一九七〇年代後半ごろに土方巽の稽古場「アスベスト館」で短期ワークショップを受け、一－二週間舞踏を学んだということが分かる。そのときに、ワークショップを受けつつ、土方の弟子の芦川羊子も見ていたそうである。教授によると、芦川は不可視なことを可視化でき、無理なことやシュールなことを可能にしたそうである。例えば踊っている芦川の身体が拡大・縮小し、消えたり現れたりしたこともあったという。それが見えたのは、元々の感性かもしれないと教授は話してくれた。教授は子供のときに、自分は石の中に消えることができると信じていたそうである。つまり芦川が非現実的なことを現実にする様子を見ることとは、視覚的にできるかどうかという問題ではなく、感覚の問題だと言う。

私がその「感覚」とはどのようなことなのかと聞くと、教授は言葉で答えるのではなく、紅茶とコップをもって、身体でその答えを伝えようとした。最初は様々なコップを持ってきて、テーブルの上に出す。コップの一つひとつを持ち上げてみて、コップによる違いを感じるように促される。私はコップを持ってみるが、大きくて丸いものは持ちにくくて指が伸びた状態で持つなど、見えている形にしか気づかない。

やがて教授が望んでいるのは、コップを持って、どのような身体的反応があるかを観察することだと分かる。「もしかして、質が良く、作りが良いものなら、コップと体との間の輪郭が消えるかも」と教授に言われる。「わかった？」と聞かれるが、「面白かったですけど、分かりません」と私は答える。

次に、太くて柄のない安そうな白いコップに紅茶を「雑に」早く荒々しく注ぐ。そして、薄くてデリケートなイギリス風のティーカップに同じ紅茶を丁寧に優しく注ぐ。どちらも順番に渡されて「はい、どうぞ。飲んでみて。同じ紅茶なのに違う味がする」と言われる。もちろん、唇に当てると、コップによって感触が違う。さらに、同じ紅茶であるのにカップによって、まったく違う香りになる。「香り」なのか、「味」なのか、よく区別できないが、たしかに丁寧に入れられた紅茶のみに果物や花のようなアロマがある。もしかして、注ぎ方で紅茶の成分自体が変わり、それでアロマが消えるか出るかという違いなのだろうかと疑問に思う。それなら、感覚の問題というより、ただ紅茶の変化かもしれないとも考える。

さらに、教授は「よく見てください。今度は最も上等なコーヒーを入れているつもりで、紅茶を入れるね」と言って、背筋を伸ばし、頭を少し前に傾けながらガラスでできた透明なティーポットを見据える。全ての集中を紅茶に注いでいるようである。ティーポットの柄と蓋に両手の指先を軽く優しく置いて、ティーポットをゆっくりと持ち上げる。その動作は真面目で濃密である。そして、融合させるように優しくポットの口をカップの縁に置いて、注ぐ。後で考えると、紅茶がムラなく出てくるように、とてもゆっくりと丁寧に注いだように憶えている。しかし、その瞬間には「ゆっくりと丁寧に」や「ムラなく」という特徴に気づくというより、コーヒーの粘性が見える。そして、一瞬コーヒーに見える。

コーヒーが見えたことに私は驚いて、視覚的にその水分の色は茶色だと確認して、やはり前と同じ紅茶だと自分に言い聞かせる。しかし、コーヒーに見えた瞬間には色は関係なかったように思えて、もしかして一瞬コーヒーの色にも見えたのかもしれない。そして、紅茶の色だと確認してもなお、同時にコーヒーだったという知覚が私の中に張り付いている。

その「コーヒー」をいただく。飲むと後味はコーヒーの苦いアロマであり、それが私の鼻と口の中を軽く漂う。しかし、後で振り返って考えると、その感覚は儚いものであり、おそらく疑問がその感覚を追いはらう。

振り返ると、教授の言う「感覚」は「想像力」ということであろう。より具体的に言えば、教授のいう「感覚」とは、自分の想像が自分にとってのリアリティを構築するほどに強度のある想像力をもつことである。

私にはなぜコーヒーが見えたのか。まるでカルト宗教のように怪しい話でもあり、読者の中には、都市伝説に近いものだと思う方もいるだろう。一般的に考えれば、そのカルト性、胡散臭さは否定できない。ところが、その見えたという瞬間の教授は、年配にもかかわらず強そうで上品な身体性をもち、自信と神秘が溢れ出ている人であった。ダンサーとしての私は憧れを感じ、教授のカリスマを浴びた。結局、前述した事例と同様に恋をしてしまったと言っても良い。教授が何を言おうとしているか、次にどのようなことを見せてくれるかと必死に注目していた。

また、自分の身体的状態も考察に入れたい。教授の研究室に長く座っており、話の展開を追うのに疲れて、お腹も空いてきていた。単純な説明だが、このような身体的状態だと、影響を受けやすくなり、アフェクトの流動も高まる。第4章で述べたように、土方たちが暗黒舞踏の技術を展開していた頃、弟子たちはあまり睡眠も取らず、食事も最低限のものであった。このことは金銭的な理由に基づいているが、踊りのためにも意義があったようである。このような状態の方が「なること」を生成させやすいと推測できる。

さらにそのときの私の気持ちについて考えてみたい。長尾の事例の他、ほんの二、三度しか、私はワークショップや劇場で「なること」が見えたことがなかった。だから、「なること」がしばしば見える人に比較すれば自分が鈍感であり、良い踊り手になれないのではないかという心配を抱えていた。その「なること」が見える感覚について、誰かに教えてもらいたいという必死の願望をもっていた。相手が感じているものを感じられるように、なんとかその感覚の問題を解決したかった。そのため三上の言葉を借りれば

「騙されやすい」状態になったと言える［参与観察　二〇一三年七月］。

私が教授に影響されたとは言え、教授の感覚そのものが私に伝わったとは言えない。三上が言うように、私の受け手側の勝手な連想でもある。例えば、教授が嗅ぐコーヒーの香りは私と同じなのかは分からず、それは自らの身体経験と記憶によって異なってくるであろう。しかし、相手の感覚そのものを受け止めることができると信じてみなければ、紅茶がコーヒーの香りを放つこともない、すなわち自らの感覚は変化しない。違っていても、二人ともコーヒーという認識をもつ、すなわちコーヒーのアフェクトを受け取る。そう考えると、これは感覚を伝える・感覚が伝わるという一方的なコミュニケーションではない。私の気持ち・身体的状態・相手との関係があったからこそ自分の感覚器官が騙されるほど教授に影響をされていたと考える。

本章では暗黒舞踏における「なること」をより明らかにするために、観察者に「なること」が見えたという身体的経験を提示し考察した。その経験において、観察者が受け取るアフェクトならびに観察者と踊り手との関係について明らかになったことをまとめて述べたい。

「なること」について、師匠との関係ならびに踊り手の姿勢が重要であると論じてきた。そして、状況における危機感、身体運動の必要性、ワクワクしている気持ちが必要な要素であったことも推察できた。その一方、「なること」が見えるに当たり、観察者の姿勢も重要であることが分かる。観察者の身体的状態や感覚、踊り手に向ける願望や気持ちなどに基づいている現象なので、踊ることと同様、踊りを鑑賞することも両方のアフェクトによるものである。そして、踊り手のアフェクトと共に、観察者のアフェクトも「なること」を生成させている。つまり、暗黒舞踏における「なること」は踊り手と観察者が共に構築する、共有の身体的経験である。

アフェクトを受け取ることは瞬時の衝動的な認識であり、その分析は推測に溢れて、合理的な結論に至らなかった。「なること」が見えたということは、そもそも視覚的な証明がなくても感覚してしまう、または感じてしまうことであり、合理的な根拠がないものである。ゆえに言語化しにくく、理論化も難しいと考える。と言っても、和栗が述べるように、暗黒舞踏は動きを創るときに、言語化できないものを言語で捕まえようとする。できないと解っていても、言語化を通して未知のアフェクトに接近あるいは肉薄はできるであろう。この問いかけは次の問題につながる。

その問題とは、弟子が師匠から一言をもらうだけで、いかにして「なること」が促されたのかということである。具体的に言えば、芦川は「胡瓜」と言われるだけで胡瓜に見えるようになり、または長尾は「めくら」と言われるだけでその様子を出せるようになったわけだが、どのような過程で踊り手が言語的イメージを受け取ることからそのアフェクトが流動するのかという興味である。第４部では、「なること」において身体性が最も重要であるという主張を念頭に置きつつ、講師の言語的指導が参加者の身体からいかにしてアフェクトを引き出そうとしているかを明らかにする。その過程は、表象に終わってしまうのか、あるいは未知のアフェクトにたどりつけるのか、この点を論じて、アフェクトを拡大あるいは増幅する可能性について考察する。

第4部

言語とアフェクト

第4部では、言語的イメージを通して講師がいかに踊り手が「なること」を促そうとするかを提示する。ここでの「なること」とは、自分自身にとって未知のアフェクトができるようになることを目指している。事例を通して、目指すアフェクトの拡大や増幅ができているか、「なること」に接近できているかを考察する。「なること」ができない場合でも、その考察をすることで、いかに「なること」ならびに未知のアフェクトに接近できるかを明らかにする。第8章が一つの対象に「なること」に焦点を当てるのに対し、第9章は複数の「なること」を通してどのような身体的経験が可能になるかを論じる。

この点で、ドゥルーズとガタリの論述は確かに参考にはなる。しかし踊りには、ドゥルーズとガタリの論述が触れることができない、言語と身体運動との同時生成が見出せる。暗黒舞踏の稽古は、言語と身体運動との実験室でもあると言って良い。

第8章　一つの言語的イメージに「なる」

本章は、言語的イメージがいかに「なること」を促せるかについて検討し、言語的イメージによってもたらされる記憶、感情、感覚に焦点を当てる。これらがいかに暗黒舞踏の動きの土台になるか、いかに「なること」の触媒になれるか、またはなれないかを明らかにする。

ドゥルーズとガタリは記憶を「アンチ－生成変化」(anti-becomings）の性質をもつものとして捉えるが、感情や感覚については特に論じていない。記憶が「なること」を遮断する理由は、主体を再領域化する(reterritorialization）からであるという。これについて私は、記憶に基づいているアフェクトは主体の過去にあったものを再生産し、アイデンティティとシステム、そして主体のアレンジメント、すなわち主体が置かれている位置を固定してしまうからだと考える。しかし、否応なしに記憶が何かに関連して呼び起こされることは現実である。ドゥルーズとガタリはいかに記憶を回避し「なること」に接近できるかを述べていない。また、アフェクトと動きは「なること」の基盤であると論じるが、感情と感覚が「なること」にいかに関連し得るのかも述べていない。ドゥルーズとガタリを参考にして考えると、この課題は記憶や感情、感覚に基づいている動きに関して、いかに「なること」を妨げる再生産を避けて、「なること」の領域である創造を導くことができるかという問題につながる。

本章は暗黒舞踏の言語的イメージを検討し、その動きが再生産なのか、あるいは創造なのかを考察する。創造そして「なること」の可能性を見出せる場合、その身体性をさらに考察し、ドゥルーズとガタリが論じていない、「なること」への鍵を明らかにする。

1 「何を持っていますか」

(1) 関係に基づいたアフェクト

ここで検討する事例は男鹿市にある大龍寺のお堂で行われたもので、玉野黄市と玉野弘子による二日間のワークショップの初日、一〇時に始まった。中心となって指導する玉野弘子が、はじめウォーター・セレモニー（水の儀礼）を行うと言って、お寺の井戸から汲んだ水を参加者一人ひとりに配る。次は、お堂の空間に参加者の目を向け、その周りに位牌が並んでいることに気づかせる。木すなわち森、あるいは先祖に囲まれていると説明する。そのため、お堂の空間に入る際、腕を横に広げ、回りつつ空間に自分の身体を置かないといけないと言う。玉野は参加者たちに内向きの輪になるように指示し、独自の「ウォーム・アップ」を行う。玉野は様々なものを想像するようにと言語的指導をしつつ参加者と共に体を動かして、即興的に指導を展開していく。参加者一四人の中には、微笑む者もいれば、混乱した顔をする者もいる。それは言語的指導が日本語と英語を交じえつつ、すばやく進んでいくからかもしれない。参加者には、日本語を話せず、英語も母国語ではない者も多々いる。ただ眠そうな表情をしている者も見られる。

その流れの中、全員が正座をしている状態で、玉野が一瞬沈黙し、参加者たちは玉野に注目する。背景にはアジア風のワールドミュージックが流れている。玉野は手を胸の前に上げ、「手、お手手」と言いつつ手のひらを上に向けて何かを持ち上げるような動作をする。参加者たちはその動きを真似て手を上げる。玉野は手首から先を丸く動かし、その滑らかな動きをしつつ「柔らかい物」と発言し、「柔らかい物って何」と聞く。玉野は自分が持っている物を「お餅できたて」と言う。玉野の左側に座っている私は「お餅できたて」を英訳し、“freshly made mochi, soft rice〟と参加者に言ったところなので、その言葉しか頭の中になく、玉野に聞かれた「柔らかい物って何」に答えられない。玉野は私の左側に座っている人に聞いて、その日本人女性は「おっぱい」と答える。玉野は嬉しそうに反応し、自分のおっぱいを揉む動作をする。参加者たちはそれを見て笑い、手を胸の前の位置に保ちそれぞれのイメージを保とうとしている様子である。

そして、その隣に座っているオーストラリア人女性は同じ質問をされ、「faery floss（綿あめ）」と答える。玉野は「フェーリー・フロス⁉　何だ。分からない」とヒソヒソと言う。その質問に、次の日本人二人は「ビーズでできているクッション」そして「パン」と言い、口調の穏やかな香港女性は「my cat（私の猫）」と言う。秋田出身の三〇歳代で赤ちゃん連れの日本人女性は、目の前の空間を横に引っ張っているような仕草をしつつ「赤ちゃんのほっぺ」と言う。秋田出身で演劇をやっている男性スタッフは「雲」、生き生きとしている七〇歳代でシアトル在住の日本人女性の純子は「お腹の脂肪」と答える。四〇歳代のメキシコ人は「bowl of cotton（器にある綿）」と答え、自分のイメージが前の人に被っていることにびっくりしているようである。二〇歳代のイギリス人女性は「cotton wool（綿花）」と、それぞれがそれぞれの物を持っている動作をしつつ答える。一巡した後、全員が玉野は次に何を言うかと期待しているように静かに待っている。

玉野弘子によるワークショップ動画

次に玉野は「冷たい物を持っているの」と言い、「何を持ってるの?」と聞く。また、それぞれが答え、円を一周する。最初の五人は「ice cubes（角氷）」、「cold water（冷水）」、「雪の玉」、「snow（雪）」、「冷凍みかん」と順番に発言する。三〇歳代の日本人女性であるエリーは下を向いて躊躇し何かを触っている動作をしつつ「おばあちゃんが亡くなっちゃったときに、冷たくなっちゃった体」と言う。これに対し、玉野は「すごーい」と明るく答える。他の参加者たちも「雪だるま」や「cold steel（冷たい鉄）」、「砕いた氷」、「つらら」、「margarita（マルガリータ）」、「a toad（ひきがえる）」、「frozen fish（冷凍した魚）」とより具体的で鮮明な、あるいは大胆な答えをする。参加者は自分の番の前後で発言している人の顔を見て、ウキウキとその答えを期待している様子である。つまり、ますます玉野の反応と他の参加者たちに興味をもって、相互に打ち解けていく。

また順番が玉野に回ってきて、玉野は「なんか重たい物を持ってんの」と発言し、また参加者一人ひとりを見てその物を聞く。その答えは「my husband（私の夫）」や「おばあちゃん」、「my toddler（私の幼児）」、「Saint Bernard（セントバーナード）」、「お米」、「象」、「big tree（大きな木）」、「二人の子供」、「乗馬のサドル」、「suitcase（スーツケース）」、「block of lead（鉛）」などである。

第2部で、講師との関係によってアフェクトの流動がいかに影響されるかと論じたが、この事例においては、前述の例と少し違う講師—参加者関係がみられる。前述の事例では、参加者に「正解」のような答えが求められたのに対し、この事例では玉野が参加者の答えの全てを承認し、それらに関心を示している。だから、全員がむしろ他の人と異なる答えをしようとしている様子がみえる。そのため、死などの普段タブーとされているものを答えても良い雰囲気であった。このような関係と雰囲気を土台に、多様な言語的イメージを出すことが可能になっている。一人ひとり異なる自分のアレンジメント（位置）から「なること」にアプローチするので、それぞれ違う言語的イメージが必要な場合もある。

この背景を念頭に置きつつ、次に参加者の身体性を分析し、身体性と言語的イメージとの関係を通してアフェクトと「なること」について何が新たに明らかになったのかを論じる。

(2) アフェクトをもたらす動きの後に言語的イメージがある

まずは、言語的イメージが発言される前に身体が変化することを指摘したい。その始まり方は次のようである。はじめに玉野は手首から先を丸く動かし、その滑らかな動きをしつつ「柔らかい物」と発言し、「柔らかい物って何」と聞く。玉野は自分が持っている物を「お餅できたて」と言う。客観的な視点をとると、玉野が先に動き出し、その後に言語的イメージが発言されるという順番である。そのときの玉野の手が何かを揉んでおり、指をゆっくりと掴むように動かしたり拡げたりすることで、持っている物が圧力をかけられると形の変わるものであることが分かる。それが分かった後に、「お餅出来立て」であることが分かる。つまり、柔らかいもののアフェクトが先に手の動きを通して発され、その後に言語的イメージが提示される。

その他の参加者の身体性と言語的イメージも検討したい。玉野の次に答えた参加者が「おっぱい」を柔らかいものの例として想像したことも偶然ではない。その理由は、「お餅出来立て」と「おっぱい」のアフェクト、その変形する柔らかさが似ているからである。正月に、ついたばかりの餅を友人と共に団子にすると、しばしば「おっぱいみたいやな」という言葉を耳にする。おそらく、その参加者は玉野の身体運動を無意識に真似していたから、そのアフェクトも「お餅出来立て」に近いアフェクトになったのだろう。

これに対し、隣のオーストラリア人女性は少し異なった身体性を示している。手でその柔らかい物を揉んでいるというよりも、引っ張っている、あるいは伸ばしているようである。そして、伸ばすと細くなるものである。最後に糸ほどに細くなるものだが、これらのことは彼女の手の動きで分かる。そして、彼女は「綿あめ」と言うが、玉野の承認を得ることで、一人ひとりが異なる「柔らかい物」を提示するというルールができる。

この時点で、参加者一人ひとりの手の動き、その身体形態、努力、方向性、そしてそこから発される印象が異なってくる。この印象は手の動きによって成立するが、持っている物のアフェクトである。読み手にも想像できるであろう。「私の猫」と言えば、優しく何かを撫でることで、むしろその撫でられる存在の柔らかさあるいは愛しさが伝わってくる。また、「赤ちゃんのほっぺ」を横に引っ張っている手は、その赤ちゃんの頬のモチモチした質感を浮き掘りにさせる。他の例、冷たいもの、重いものでも、読み手がその物を持っていると想像し、想像物を持ってみると同様のアフェクトを出せるかもしれない。このように、それぞれが想像した言語的イメージに応じて、一人ひとりの手から伝わってきたアフェクトもまたそれぞれである。

この多様な言語的イメージとそれに伴うアフェクトをもとに言えることは、客観的な視点つまり観察者は言語的イメージが分からなくても、特定のアフェクトを受けることができるということである。言い換えれば、言語的イメージが発言される前に、手の動きを見ることでその物のアフェクトを感受できる。つまり、アフェクトが流動する最中には観察者が言語的イメージを知る必要はない。

たとえば、第6章で述べた地蔵になることの例で言えば、地蔵のアフェクト（何か硬いものなど）を発生できれば、地蔵になっていること自体が観察者に伝わらなくてもいい。これはアフェクトと表象ならびに記号との大きな相違点である。観察者が何を見ているか分からないままでも、何かを感じ取れる、何かを感覚できる、つまりアフェクトを感受できる。「地蔵である」ということはそのアフェクトの表象や記号、つまり伝達するための再生産に過ぎない。

しかし、本章の事例では、玉野と参加者は手の動きを見た時に関心や感動を示すのではなく、言語的イメージが発言された後に反応する。ここで、手の動きがぼんやりしているアフェクトとすれば、言語的イメージはそのはっきりした表象あるいは記号である。次のことは推測にすぎないが、アフェクトを受けることでそのものを一つの角度からしか認識できず、全体像も範疇も分からないからこそ、その言語的イメージを与えられることで知っているように感じることになるのであろう。さらに言えば、人間にとって分からないものは怖いので、このように名付けることで安心するのであろう。しかし、名付けは対象を固定するのに対し、「なること」はたえず生成変化していることを認めている。

(3) 言語的イメージ、想像力、「なること」

では、何か具体的な物を想像し、それを持とうとすることで、「なること」に接近できるかどうか。おそらく玉野は本事例での指導を「何かになること」とは思っておらず、むしろウォーム・アップあるいは自己紹介のようなタスクだと思っている。黙って身体を動かすウォーム・アップの中、座ったまま一人一人が発言できる、休憩のようなタスクでもある。しかし、だからこそ本事例は「なること」に接近できる一歩を示していると私は考える。

その接近の仕方を論じる前に、言語的イメージの分類について説明しておこう。本事例の言語的イメージには二つの区分がある。すなわち実際に持ったことのある物と、持ったことのない物である。言い換えれば、参加者が身体記憶にある物とない物である。

身体記憶にある物を選んだ人は、その経験を参考にし、その記憶を表している。たとえば、「赤ちゃんのほっぺ」、「私の夫」、「おばあちゃん」、「私の幼児」、「二人の子供」と答えた人たちは三〇歳代や四〇歳代の女性であり、家庭をもち、親戚の世話をしていることが窺える。また、「スーツケース」と言った人はワークショップにくるために東京から秋田まで大きなスーツケースを実際に持ってきている。また、同じ人はメキシコ出身なので「マルガリータ」と嬉しそうに発言する時、地元でマルガリータを美味しそうに飲んでいる姿をたちまち想像できる。推測ではあるが、「乗馬のサドル」と言った純子は今にも乗馬をしそうである。新しいものを創造するよりも、過去の経験のアフェクトを再生産しようとしている。これは何かを示したりあるいは演じたりするときに最も効率的で合理的な方法であろう。その経験はアフェクトの参考になるので、そのアフェクトが再生成しやすい。しかし、自分が経験してきた範囲に留まる。

この範囲は主体の「アレンジメント」に相当する。これは「位置」という意味として論じてきたが、ここで「アレンジメント」すなわち「置かれている位置」は、さらに蓄積されてきたアフェクトに基づく身体的状態や性質という意味も帯びることが分かる。この場合は過去にあった感覚を再生成させることで、表象や記号を作り出すことになる。

これに対し、身体記憶にはない物を選んだ人もいる。例えば、重たい物で「象」、「大きな木」、「鉛」が挙げられても、それを持ったことがある人はいないだろうし、または柔らかい物として「雲」を持ったことがある人もないだろう。これらの物は選んだ人の身体記憶にないので、その表象や記号を作る土台がない。たとえば、「鉛」と述べる女性は、必死な顔で手の平に集中し、その「鉛」を持とうとする。自分の経験にはない物で、自分のアレンジメントにはなかった物である。そのため、未知の持っている感覚を知ろうと、なかった感覚を実際に生成させようとする。これは、想像にしかない物を本当に存在するようにしようとすることでもある。どのようにしたら自分のリアリティー(現実)の外にあるものを自分のリアリティーにできるかが分からないから、実験してみるしかない。その実験に成功したら、自分のアレンジメントになかった物に届く。たとえば、「鉛」の重さがどのくらいかを身体で想像する。それは、自分にとって未知のアフェクトができるようになること、つまり「なること」への一歩でもあると言える。

といっても、身体記憶にない物を持とうとした人たちからのアフェクトは、身体記憶にある物を持とうとした人たちのアフェクトと異なっていたとは言い難い。「雲」を持っていた人のアフェクトは「綿」と言う人のアフェクトと同様に、まん丸くてフワフワしている様子を示している。

しかしながら、ここに違いがあるとも考えられる。綿を想像するのは比較的容易い。しかし、「雲」の場合、実際の経験がないので、想像をより働かせないと触ることが感覚しにくい。アフェクトは同様であるが、そのスタンス（態度、姿勢）は異なっている。

そのスタンスは、身体記憶にその物を経験したことがない、つまり余裕のない人の方が特有の経験や先入観を持っていないからこそ、過去について考えずに、そのアフェクトを直に出そうとするために、観察者も直に受け取れるのであろう。あるいは、想像物を実際にある物にしようとしているからこそ、その念願がなんらかの形で観察者に伝わるのであろう（第7章参照）。

この事例で分かったことをまとめよう。かつて経験のないものに向き合って身体性を通してそのもののアフェクトを生成させることは、アフェクトを拡大させるための一つの方法であると考える。そこでは、言語的イメージという情報がパフォーマンスを通して伝わるかどうかは関係なく、そのもののアフェクトが伝われば良いということである。その理由は、踊り、さらにいえば身体的コミュニケーションは、その表象や記号を観察者にわかってもらおうとするよりも、観察者に身体で直に何かを感受してもらおうとしているからであると考える。

2 「花粉になる」

(1) 言語的イメージからアフェクトへ

和栗によるワークショップの初日に「花粉になる」稽古が行われた。開始前の休憩時に、参加者は廃校の体育館のあちらこちらに座って、ノートに直前の稽古のことを書き込んでいる。メキシコからきた二人は真ん中に座り、ノートをとっている（図8－1参照）。右側は二〇歳代の静かな女性で、目が特徴的である。彼女の目は大きくて魅力的でキラキラしているが、踊るときには寄り目になったり狂気を宿しているかのように見えたりする。左側は四〇歳代の女性で、彼女も静かだが自信に満ちている不思議な雰囲気をもっている。二人ともメキシコで舞踏家として活動し、様々な公演やカンファレンスを主催している。和栗が二人に質問をすると、左側の女性が笑いながらノートの内容を積極的に見せる。和栗はノートの中を指さし、微笑みつつコメントして、彼女は頷き返事する（図8－1参照）。休憩が終わることを予感したようで、他の参加者は体育館の中に三々五々と集まってくる。

そして、和栗は参加者たちに真ん中に集まるように指示し、自分のノートを見せる（図8－2参照）。このノートは、序章で述べた「舞踏譜」、すなわち舞踏の振付を記号化する言葉を書いたものである。そこには、様々

図8－1　ワークショップの内容について会話する和栗と参加者

な切り抜いた絵も貼られている。和栗は「舞踏譜は、この一冊だけではないのですが、これは僕なりにまとめたもので」と言い、そのまとめ方は重いものから軽いものへのことである。その後、花粉を紹介するに当たり、ノートに載っている絵を見せて、花粉について語る。その絵の背景は小さな粒子でできているようで、花粉も「もし風が吹いたら、フッと」散るほど軽い粒子でできていると言う。

そしていよいよ参加者たちがいかに花粉になれるか、という課題が出される。和栗は参加者たちにその課題を投げかけ、参加者たちが互いに観察し合い話し合う姿を観察し、最後にコメントする。ここで、和栗は花粉になることを変貌するイメージとしてより細かく語り、その過程を示す。長くなるが、その指導を以下に引用する。

で〈座っているところから立つ〉、花粉の、この部屋――もっと大きいかな〈動作で大きな丸を描く〉。高さが一〇メートル〈右手を頭の上に伸ばす〉。幅が一〇メートル、奥行き二〇メートル〈腕を真横に開く〉。花粉がいっぱいある〈空気に漂っている花粉を手で動かしているような動作をする〉。その部屋に一歩入った〈人差し指だけで上を指す〉。花粉を吸い込む。一歩、もっと吸い込む〈一歩一歩、歩きながら右手で何かが鼻の方に浮遊してくるように繊細な仕草をする〉。歩いているうちに、花粉がどんどんどん体の中にたまってくる〈何か

図８－２　真ん中に座る参加者に花粉になる過程を説明する和栗

を抱いているように両手を腹部の前に合わせる〉。いつのまにか、体が乾いてくる。人間の濡れた体じゃなくて、ものすごく乾いてくる。もっと体重が軽くなりますね。そしたら、体の内臓が花粉にとりかわる〈仕草で縦の循環を表し、何かが体に入ると共に体から出るイメージを示す〉。そうすると内側から軽くなる。さらに花粉を吸って、そうすると今度、内側にたまった花粉が口から吐き出されて、花粉が回り始める。体がさらにさらに軽くなる〈両手で何かが身体から出るイメージの仕草をし、最後に手を頭の高さに上げて手のひらを上側に向ける〉。同時に体がどんどんどんどん薄くなっていく〈両手がゆっくりと真ん中から別れて、真横に動く〉。上にもスーッと伸ばされる〈開いた右手を真上に上げる〉、横にもズーッと伸ばされる〈開いた両手を真横に伸ばす〉。そうしているうちに、体がどんどんどんどん軽くなって〈座り、自分の舞踏譜の中身を探す。参加者たちは期待しているような態度で和栗に近づく。和栗は花粉を表す絵を指さしつつ、参加者たちの方を見る〉。今度体の中にたまった花粉が……内側から皮膚を通過して、今度花粉が外に流れる。ほとんど、もう皮膚はないように。

花粉が既に参加者たちを包む空間の中に漂っているという設定である。その花粉が鼻を通して侵入し、身体を乾燥させ、軽くしていくという。舞踏譜の絵は言語的イメージをさらに定着させ、和栗と参加者とが共有する標準点で、絵画がなくとも言語だけでイメージを伝えることができる。言い換えれば、参加者にとって変貌の鍵は絵画ではなく、絵画を元に紡ぎ出された言葉の連鎖である。その上に、和栗は何歩か歩いて、いかに胸や頭などの身体を部分的かつ物理的に伸ばせたら花粉になれるかを述べ、合理的に説明する。このように、和栗は上記の言語的イメージに基づいている身体の物理的な動きも提示する。

参加者たちは、参加者と観察者という二グループに分かれて、この動きに挑戦する。参加者たちが踊っている間に、和栗は次の指導をする。

〈音楽をかけて〉Enter the room of pollen（花粉の部屋に入って。）〈一回手を叩く〉Start. Breathing pollen.（始めてください。花粉を吸っている。）歩いてください。Walk, walk. Open mouth. Breathe out pollen on mouth.（口を開けて。口から花粉を吐き出して。）口を開けて、口から花粉がこぼれ出す。In your eyes many pollen. You cannot see anymore.（目の中に多数の花粉がある。あなたは、もう見えない。）目の中にも花粉。耳の中にも花粉。内臓も花粉。どんどんどんどん乾いていく。Face up, more higher.（頭を上げて、より上に。）30 meters high. Open mouth. Become ecstacy（高さは三〇メートル。口を開けて。恍惚になって。）Your weight is 100 gram. You are not human. You are pollen.（あなたの体重は一〇〇グラム。あなたは人間ではない。あなたは花粉。）

和栗の言い方は電子辞書の読み上げ機能の音声のように単調であり、感情が入っておらず、ゆっくりである。客観的かつ現実的なことを言っているような声である。これは踊りつつ自分の踊っている姿を客観的に考えるように指導したと考えられる。和栗のその口調は、参加者が恍惚を感じつつ自らの身体的状態を客観的に意識することを助ける効果があったと推測できる（図8－3参照）。

まずは、私自身の身体的経験から、ここでの花粉のイメージとその歩き方について述べたい。部屋に花粉が詰まっているという、おびただしい粒子が漂っていることを想像するが、まずその中で、息を吸うことで身体が膨らむ。座ったままでもこの感覚を味わえる。息を吸うときに、横隔膜が膨らむことで下に下がり、そして腹も背中も骨盤も膨らむ様子が感じられる。その直後に胸も膨らみ内面から上に押される状態も感じられる。さらに、この膨らませていく息が足、腕、首にも渡って各部分を伸ばすような効果があることも感じられる。これと同様に、言語的イメージを通して身体が花粉で満ちているという認識に変換する。満ちているがゆえに、身体が広がり縦横に拡大しているように感じる。空気の粒を花粉の粒子に置き換えると、動いているときに吸って吐く空気の容量がいかに身体の形態と能力を変化させているかに、より気付きやすい。

　このような呼吸の仕方は普段からはしていないであろう。おそらく、呼吸法を意識したことがなく、胸や他の部分だけを膨らませる人が多い。しかし、数回実践してみるだけで分かることがある。それは身体全体で深呼吸をすると、身体の状態が変わるということである。身体全体の緊張がほぐされ、神経の痛みや頭痛なども安らげられる。身体が動きやすくなり、集中力なども高まる。このように呼吸の仕方は踊りのみならず身体の管理においても重要である。

　さらにいえば、呼吸は身体性と身体運動から欠かせない要素であるから、身体を深呼吸でより安定させると、身体運動の可能性が高まる。そのため、アフェクトの能力も高まる可能性がある。

　また、呼吸も身体と環境との緻密な関係性を表している行為である。息を吸って吐くことは、周囲にある空気を吸い込み、自分の一部分にし、そして身体の副産物を周囲に出すことである。呼吸について考えると、身体の輪郭は、身体という個体と周囲の間の境界線ではないことが明らかになる。息を吸う都度、否応なしに周囲のものが身体に入ってくる。

　このような身体と空気との関係に基づいて、「花粉」という言語的イメージは身体が拡大し軽くなるという現象を導いている。しかし、「恍惚」というかつてなかった言語的イメージが登場すると、私は現実性を問わ

図8－3　花粉になりつつ恍惚を感じようとする参加者
左から私、ムーン、ハナ、アネタ、メキシコからきた背の高い30歳代の女性

ずにアフェクトが作り出せるかという疑問を抱く。言い換えれば、恍惚を感じていないにもかかわらず、突然に恍惚を感じているというアフェクトをいかに出せるかが分からない。

そして、「恍惚になれ」と言われた際、なんとか恍惚になろうと思っても私には抵抗感がある。興味深いことに、恍惚を感じていないことを隠そうとしても、和栗には分かってしまう。参加者の何人かと一緒に踊っているにもかかわらず、和栗は私を指して、「ケイトリン、頭を上げて。Ecstacy（恍惚）」と指示する。このときにも私は恍惚を本当に心から感じられず、いかにその状態になれるか分からない。

私にとって恍惚は難しいが、他の参加者はどうだろうか。図8－1と図8－4の二〇歳代のメキシコ人女性は、逆にすぐ恍惚の状態になれた様子である。彼女のくりくりした目は焦点がぼけた不思議な表情であるが、演技をしているようではない。彼女は子供のように受け入れてイメージで遊んでいるようである。踊った後彼女は、恍惚を感じることで、つま先立ちの、開いた身体的状態を保ち、身体が花粉に変貌するというイメージをさらに定着させた気がしたというコメントをする。和栗がこのコメントに対して次のように答える。「くしゃみする前、体はこうなっています。You aren't thinking about your body, it disappears.（体について考えているのでなく、消えている。）」身体の中も花粉、その外も花粉なので、消えていることを拒否するというより、その状態を賛美する、あるいは

図8－4　前に歩いて花粉になろうとしている参加者
手前左から、東京から来た演劇経験のある20歳代後半の女性、メキシコから来た20歳代女性、純子、30歳代のよく笑う顔の表情が豊かな女性、メキシコから来た40歳代女性

その状態で恍惚を覚えた方が抵抗なく身体が浮いていくような気持ちになるのであろう。身体が消えたということから、または人間ではなくなり別のものになるから「恍惚」を覚えるのだと考えられる。

これは環境あるいは周囲にあるものとの出会いを通して自分が消えていくという「恍惚」でもある。その気持ちに関する例えを次に挙げたい。恋する人と接吻したら、身体の中で温度や流動が激化し、頭の中がぼやけて、その一瞬は身体や自分さえもなくなっているであろう。暗黒舞踏で環境と接することは、身体的状態が一気に変わるような、それほど密接な環境との関係だと言える。また、夜中に田舎の川原に仰向けになり、流れ星をひたすら探しているうちに、膨大な空に比べたら自分は微塵の存在のようだと感じて、空に飲み込まれそうになる感覚もその一つである。このように、イメージが環境と密接に関係することは、その環境に征服されることを許すことでもある。接吻してくる他者、膨大な空も、自分とは別ものだが、接する瞬間に他者も空も身体に「入ってくる」と知覚してしまうほど、身体的状態に変化を与え得る。この例を読んで想像するだけで、そのアフェクトを感受できる読者もいるだろう。

前節の例は観察者が受け取るアフェクトだが、本事例では踊る本人が受け取って発するアフェクトに注目した。そこでは、言語的イメージが自分の環境の構築に影響を与えている。そして、言語的イメージの影響で構築された環境との出会いが身体の中のアフェクトを生成させるということは、言語的イメージが言説や文化を飛ばして直に身体にアフェクトできるということである。また、その過程を通して、人間ではない何かになる感覚において、消滅の恐怖ではなく、むしろ「恍惚」を覚えることもあることが分かる。

(2) 言語的指導から「なること」へ

この事例は、和栗の言語的イメージを受け取って、参加者がそれらを自分の身体的リアリティーにしようとする作業で始まる。この場合、環境に何か（花粉）があるというイメージ、行為の順番、さらにその速度と態度も既に決まっている。「なること」が個体のアレンジメント（位置）から実施するものだとすれば、このようなやり方は、全員が同一のアレンジメントから出発していることを前提にしていると言える。

七〇年代の暗黒舞踏において、全員が共同生活とキャバレーでの資金稼ぎをしたことも、同様のアレンジメントから暗黒舞踏に挑んだのだと考えることができるだろう（第４章、第５章参照）。弟子入りした若者たちは自分の居場所を探し土方の稽古場にたどり着いた。そして、暗黒舞踏に足を踏み入れることは、稽古に参加することに留まらず、彼らの日々の全てに暗黒舞踏が浸透することになった。小林嵯峨のいう「遊びに行ったりさせてもらえない」状況の中で、共に過ごし彼らが家族より親密な関係になり、個々のアレンジメントが徐々に非常に近くなっていったと言えるだろう。

本章で紹介したワークショップの場合、様々な場所から様々な来歴を持っている人が参加しているので、アレンジメントもそれぞれである。だからこそ和栗は、分かりやすく何歩を歩けばいいかなどと指示しアレンジメントを同一にしようとする。しかし、そうすることで、「なること」における「実験」という側面がなくなる恐れもある。「実験」ではなく「振付」になってしまうのだ。踊り手は身体運動の速度と動力を工夫し、和栗の指示と綺麗に合わせられるように計算し、最後に恍惚を演じることになる場合は多々あるだろう。しかしこの場合は、「なること」ではなく、言語的イメージと指導の表現あるいは表象である。このように何かの再生産になると、踊り手は「なること」に接近できない。

しかし、決まったステップの順番と速度の中、実験することもあり得る。たとえば、歩くことは身体の形や速度のみならず、様々な要素で遊ぶことができる。歩く足の質感は柔らかいか硬いか、その方向性はまっすぐなのか、浮き腰なのか、床に密着するか浮遊するかなどである。どちらにするか、和栗を真似ようとする参加者もいれば、それぞれの「花粉が詰まっている」という想像によって和栗の動きとは異なってくる参加者もいる。このように、自分のアレンジメントから「なること」に挑戦することも可能であろう。

　このことについて、日常の場面からの例を紹介したい。友人のワンルームマンションで私を含む3人がハロウィーンパーティの仮面を作りながらお酒を飲んでいたときのことである。三人でコンビニエンスストアに買い出しに行った帰り途、その一人、フリーターをしながらギタリストをしている三〇歳の日本人男性が「誰が一番音を立てずに歩けるかやってみよう」と言い出す。そうして「歩きチャレンジ」が始まる。チャレンジを提案した彼はつま先立ちで、足を伸ばしたままの長い足取りで軽く早く歩く。竹馬に乗っているようである。もう一人は、うぐいす張りの床を歩いている泥棒のようにゆっくりと歩く。私は飛ぶすり足のような歩き方で、チャレンジを提案した人の後ろを追う。このとき三人がした動きは、表面的にまったく異なっていても、目指していることは同じである。そして、それは一人によるチャレンジの提案と、他の二人がその遊びを素直に引き受けるところから始まった。

　本事例においても、指示を素直に受けるところから、異なっているアプローチになっても、同様なアフェクトに接近できることが分かると私は考える。前述した二〇歳代メキシコ人女性についてもう一回思い出していただきたい。彼女は「恍惚を感じることで、つま先立ちの、開いた身体的状態を保ち、身体が花粉に変貌するというイメージをさらに定着させた気がした」というコメントをする。和栗は賛同しつつも、「くしゃみする前、体はこうなっています。You aren't thinking about your body, it disappears.〔体について考えているのでなく、消えている。〕」という。その答えは彼女のコメントと関係がないように見える。「なること」について異なる方法を言っているため、話が通じていないようである。しかし、二人は同様のアフェクトについて話しているから、その場で話を聞くと話が一致しているような印象も受ける。

　このことから言えるのは、彼女は和栗のいうアフェクトもその感情の言説も素直に受け取りつつ、自分なりにその接近の仕方に誠実に取り組むことができたということである。つまり、彼女は自分のアレンジメント（位置）を尊重しつつも、他者のアフェクトと概念も受け取れるという寛大な姿勢にある。何かに「なること」でアフェクトの能力を拡大するには、この姿勢が必要である。

寛大な姿勢とは、次のようなことを意味している。初めて誰かと出会うとき、違和感や抵抗感に動かされてその誰かの営みに関する様々な問いを投げるのではなく、より「素直」に受け取ることである。より「素直」というのは、自分のアレンジメントから判断するのではなく、相手のアレンジメントからそのことが当たり前であることに気付き、それはどのような気持ちなのかと素朴になぞることである。それは積極的に問うことではなく、積極的に聴くという姿勢である。

3　身体中に目を付ける

(1) 小林嵯峨によるワークショップ

ここで分析するワークショップは、東京都のある市民センターの多目的室で行われた。この部屋には黒板と流し台もあり、科学教室に使われたこともあるようだ。その真ん中に、私と他の二人のスタッフを含め九人の参加者が集まっている。

九人のうち、四人は日本人である。一人は舞踏家として活動しており企画のスタッフとして働いているエリーである。もう一人は哲学の博士論文のために舞踏の実践を研究している喜多である。あとの二人は他の機会に小林のワークショップを受けてきた四〇歳代の女性たちであるが、この二人は外見と性格において非常に異なっている。一人は前髪のあるマッシュルームボブの髪型でよく微笑む、人形のような女性である。これに対して、もう一人の女性はグレーの長髪を後ろで結び、筋骨がたくましく口数が少なく、稽古中は真面目な表情なのに、稽古後は喫煙所で他の参加者と笑ったり冗談を言ったりする。

他の五人は外国人である。そのうち二人は企画スタッフである二〇歳代前半のイギリス人留学生と私である。別の二人はダンスまたは演劇の経験があり、一人は南アフリカ出身の四〇歳代女性、もう一人はオーストラリア出身の四〇歳代男性である。あとの一人は身体表現の経験がなく、デザインの仕事で来日している三〇歳代のイタリア人女性マリである。

指導は次の通りである。小林は参加者たちに、視線を遮断し、目玉はガラスの玉であると想像するように指導する。そして、身体のどこか自分で決めて、そこに目が付いていることを想像し、その「新たに生えてきた」目で周囲にある人や物を見ようと言う。小林はこの課題について次のように述べる。

この目が、目でなく、体の概念を取り外していく。視線がここ〈眼球〉で切れている。そのかわりに、例えば、背中に目を付ける。背中に目を付けるので、たとえば、今後ろへ歩いているんですね。背中に目が付いていれば、できますね〈手本を示しつつ指導をしている〉。グルーっと回して、下を見る、上を見るというふうに、背中で物を見る。

小林が手本を見せているときは、眼球が背中に付いているようには見えない。その動き自体が細く繊細で、むしろ皮膚の細胞そのものが周りを観察しているようである。そして、薄暗い場所を見通すかのようにゆっくりした動きで、その「背中で物を見る」動きには背中で物に触れるような注意深さも見られた。

次に小林は参加者に足の裏に目を付けるように指導した。男性二人は仰向けでゴロゴロし、足を上に持ち上げていた。股が開いており、二本の足は、足の裏を通して見る二本の望遠鏡のようである。人形のよ

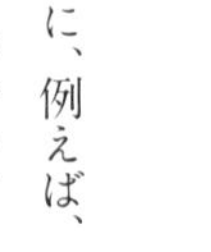

小林嵯峨によるワークショップ動画

うな女性は、爪先の裏から見ているように、踵を床に付けたまま爪先をゆっくりと上に床から離す。イギリス人留学生は背中を丸めた姿勢で左足一本で立ち、右足を膝から折り上げて、その足の裏で自分の後ろを見ているようである。小林はこの光景を見て、人形のような女性の足とイギリス人留学生の足が偶然にぶつかり合いそうなのを察知し、次の指導をする。

二人で、お互いに目と目を（足の裏の目どうしで見合わせる）……
ズーッとくっつけてみて……

二人は片足で立ってグラグラしつつ、足の裏を付け合おうとする。足の裏を軽く触れ合わせることに成功し、二人は微笑む。その行為のぎこちなさ、または知り合ったばかりの人と足の裏をつけ合うという不思議な感覚からの微笑みであろう。このような稽古にある遊び心、まさに無目的性がこの一瞬に見られる。

私はこの稽古を遊びのようで何も考えずにすることだと解釈するが、南アフリカ出身のコンテンポラリーダンスをする女性からは様々な質問が出る。それは、実際の眼球を身体に付けると想像したらいいのか、またはその身体的部分から視覚的情報を受信しているように想像したらいいのかというものである。質問に対して、小林は目が付いた身体部分を猫の髭に例える。猫は狭い所に入るとき、髭が物と触れ合うことでその距離を測っていると述べる。すなわち髭の先は情報を集める感覚器官であるが、特定の視覚的な情報を受信しない。身体に付ける目もそうであるとのことである。

次に、正朔による「目を身体中に付ける」稽古を紹介する。正朔は、小林の姉弟子である芦川羊子の弟子であった。小林と正朔との間には一世代ぐらいの差があるが、二人ともこの「目を付ける」という稽古を行っていることは興味深い。正朔の稽古も紹介して考察することで、小林の稽古と比較し、「目を付ける」

ことがアフェクトの拡大と「なること」への接近についていかなる示唆を持っているかを提示する。

⑵ 正朔によるワークショップ

◉「皮膚で見る」

本節の事例は「舞踏という問い」のワークショップの一部分である。正朔は本事例のタスクを「今日のトータルテーマ、めくらの方……〔になる〕」と紹介した。

結局、目が見えない。目が見えないというのは、どうしてなのか。目が見えるのは、目だと決めつけているからだ。聞くのは耳。匂いを嗅ぐのは鼻。皮膚が触覚を感じると、決めつけている。どうして?ということになるわけ。

この素朴な問いかけの次に、正朔は哲学書で読んだ考え方を紹介する。それは、目や耳、鼻などの感覚器官は皮膚が進化したもので、逆説的にいうと、皮膚はその感覚を「内蔵している」、すなわちその「可能性をもっている」と言える。このことを表すために正朔は二つのエピソードを演じる。まず一つ目は、人が多い場所でやや不安そうにしている物静かなエミを指名して、肩を持ちながら部屋の真ん中にその身を置くことから始まる。そのすぐ後、二つ目には男子を指名して演じる。その二つのエピソードを示したのが図8－5から8－16までの写真である。

■図８－５
正朔▼女の子がですね、夜道を、誰もいないときに、一人で家に帰る。
■図８－６
正朔▼ところが後ろから……。
参加者の一人▼あやしい！
全員▼〈笑う〉
■図８－７
正朔▼エヘヘヘヘー〈怪しく笑う〉。
■図８－８
正朔▼そうするとですね、この人は見えてないはずだけど、何かを、ここ〈背中〉で見ているわけです。
■図８－９
正朔▼男の子だったらどうなるか〈メガネをかけた男子を呼ぶ〉。田舎から出てきたばかりの青年が都会にやってきた。
■図８－10
正朔▼ここには、旅行のために金を

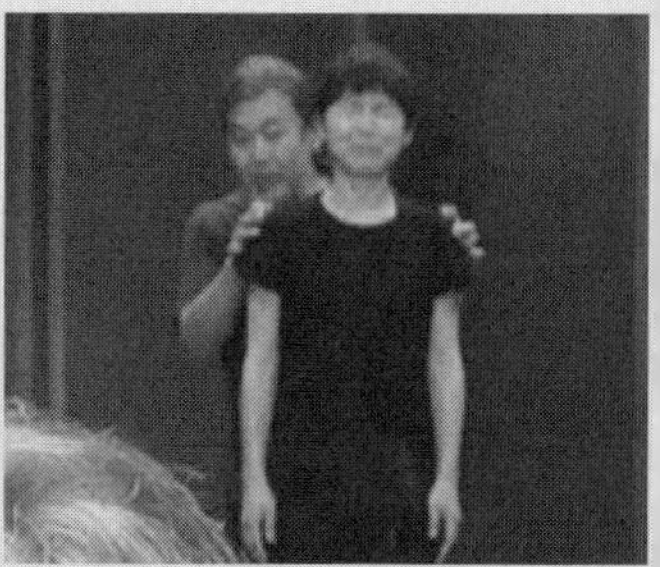
図８－５　エミの肩を持つ正朔

図８－６　背後に何かを感じるエミ

図８－７　怪しく笑い近づく正朔

図８－８　背中で見ることの説明

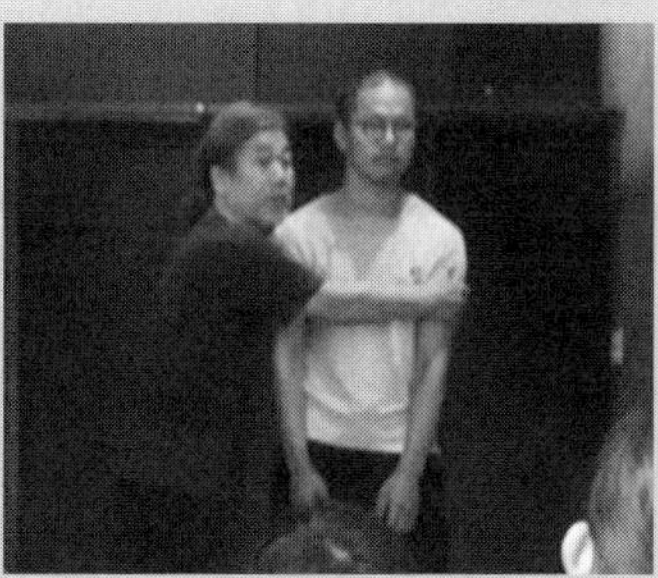
図８－９　男子を指名する正朔

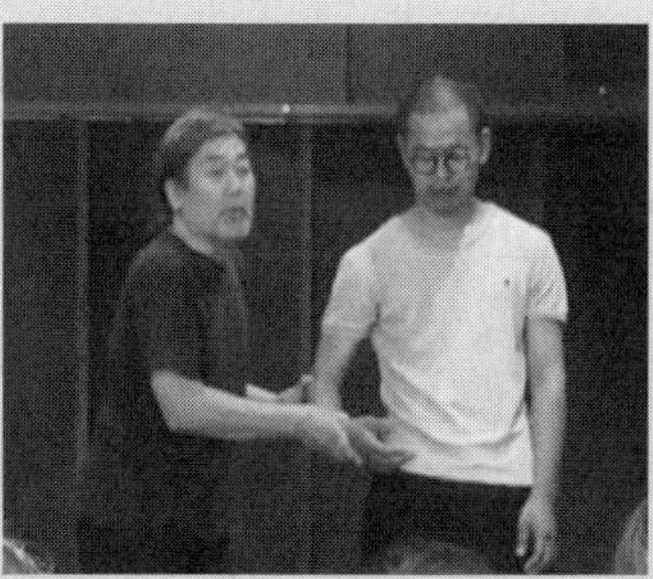
図８－10　所持金の位置を示す

いっぱい持っている。

■図8－11

正朔▼すぐ分かるわけですよ、地元のヤクザさんとか。そのときに、〈直接〉行くと逃げられちゃうわけ。……だから、気づかれないように、この辺〈自分の肩〉で見るわけ。

■図8－12

正朔▼逃げないように。次は耳のあたりで……。またこっちのほうを見て、この辺〈脇〉で見る。

■図8－13

正朔▼最後にこうやって「金出せー！」って。

全員▼〈笑う〉

■図8－14

正朔▼これをね、トトトッと〈直接歩いて〉「金出せ」と言ったら、逃げられちゃう。だから、体のところで〈見る〉。

■図8－15

正朔▼〈頭を振って〉こうやって見ないでしょう。

■図8－16

正朔▼〈自分の腕を触って〉見ているんだよ、じつは。

正朔は具体的な例を挙げ、それらを具現化する。エミとメガネ男子は

図8－11　肩で見る

図8－12　脇で見つつ近づく

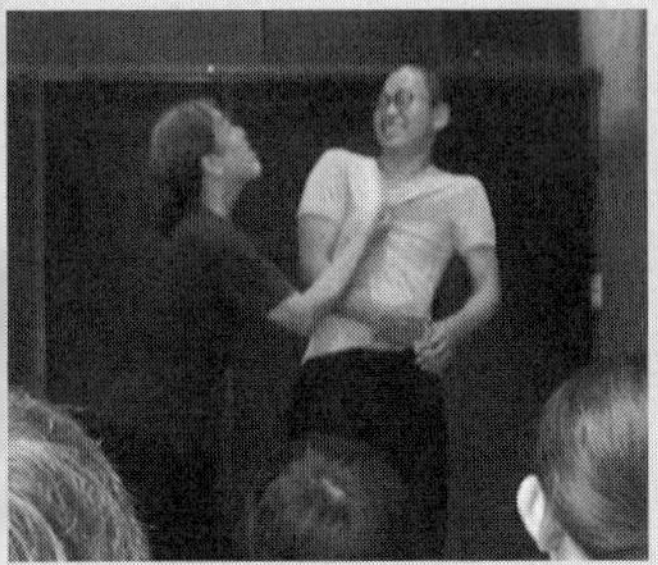

図8－13　一気に迫って脅す

部屋の真ん中に置かれると、正朔に何をされるか分からず、前者は緊張し後者はボーッとする。夜中の怪しい男や地元のヤクザを演じた正朔は、危なくそして可笑しく、参加者の多くは笑う。笑われたことによって、エミとメガネ男子はさらに、自分の後ろで正朔が何をしているか分からなくなる。正朔はこの場を上手に利用し、たとえ話を展開する。エミが体の後ろや横で怪しい男になりきった正朔を「見る」。また、地元のヤクザになりきった正朔は、体でメガネ男子を見ることで存在感を消し、メガネ男子が気づかないうちに、そのシャツを掴む。この二つの例で正朔は、身の回りを意識する際には体の各部位を動員し意識高く全体で「見る」ことを提示している。

◉「目を付けて見る」

次に正朔は参加者を二つのグループに分ける。片方のグループが観察し、もう片方のグループは手の甲に「目を付けて」周りの空間やモノを「見る」。目で見ることをやめて、手の甲の目で周りを見るように動く。例えば、手の甲で壁に近づき細かく壁を見て、離れて壁の全体を見て、他の参加者や観察者を見るなどする（図8－17）。正朔は踊らないように、すなわち想像を使って動かないようにと注意する。正朔は「本当のこと」について次のように述べる。

図8－14　無為に近づく

図8－15　首を振ってものを見る

図8－16　首は動かさずに見る

これを動きと思わないでください。本当のこと。本当にここ〔手の甲〕に目が付いている。ここで見る。生まれて初めて目を付けてもらって「ありがとう」。

まず人間の肉体は肉の塊であり、手足という区別はただの決め付けであるから、本来は別々のパーツではない。したがって、手が単独で動くのではなく、身体全体が動いて手の甲の目を通して見る。そして、物事をどう見るのかは、人間という生き物の性格によるという。人間という生き物は「ケダモノの気まぐれ」であるから、何かを見ているうちに、興味が移り、突然次の何かを見つめていくと、正朔は見る手における身体運動について述べる。

また、視線も肉体の延長もしくは一部分であると言う。正朔は照明を暗くし、手持ちの懐中電灯で壁に丸い光を放つ。そのとき、「見るということ、それは光をここから出して、見てあげている」と説明する。それは手の甲から出ているものなので、その光すなわち視線を移すため、体が必然的に動くのである。

次は体のあらゆるところに目を付ける。まずは鼻の下、そして耳、舌の先、尻、肛門、肩甲骨、背中と、順番に付けるよう指示し、最後に参加者が自由に全体の各部位に目を付けて見る。

図８－17　手の甲で「見る」参加者と正朔

図８－18　舌で「見る」参加者

正朔▼舌を出す！　出す、出す！　見づらいでしょう？　思い切り出す！（図８－18）

◉「見られることは何なのか」

次に、正朔は相手を見ること、逆に相手に見られるとは何かと問いかける。参加者が見られることの極端な例を体験できるように、正朔は二つの設定を設ける。それは、上から巨大で権威的な目に見られること、そして下から異性の目で股間を見られることである。

正朔▼変なことをしたらたちまち、上から銃殺されるかもしれない。それほど威圧的なものが、上から巨大な目があなたを見ている。その重苦しい、強力な視線を上から感じる。……ウァー！　体が体の中に押し込められていく。……下を向かない！　下を向いたら殺される。全部受けるんです、頭上で。恐ろしさを。それで萎縮していくの。上からの威圧を受けて……。ウアーッ！（図８－19）。

正朔が指示を言い続け、「本当のこと」のようにその場を醸し出す。そのため終わると、一人の女性参加者が泣き出す。正朔が心配して大丈夫かと尋ねると、彼女はすぐに冷静な状態に戻る。彼女に「〔権威的な目は〕本当にはいないから」と優しく声をかける。

図８－19「ヒトラーの目」で「見られる」参加者

図８－20　下から「見られる」参加者と「見る」正朔

正朔▼ここ〔下〕にガラスばりの廊下がある。男の子でもいいけど、女の子の気分で、下から男の人はこう見ている〔図8－20〕。

〈正朔が参加者の足元で寝転んで怪しく笑う〉「エヘヘヘヘ」っていうのがいるわけですよ。

参加者▼〈笑う〉

正朔▼そこを、オールヌードで、歩く。で、イヤとなっちゃってはダメ。〔股を〕見せる。その視線を、ここ〔股で〕全部、……視線はあなたの股間を見続ける。男の視線は股間。男でも、おばあちゃんでもいい。なんか、おしっこを漏らして変な感じ。

二つのワークショップを実際に体験して、私は次のことを感じた。上や下からの視線に対しては、自分の体の無力さと剥き出しの状態が意識される。その視線からのプレッシャーを本気で意識すると、体は勝手に弱く感じ、小さく縮む。まるで、その妄想の目から物理的な影響を受けているようである。

ところが正朔は、見られるときには、視線を一方的に受けるだけではないと述べる。見られるときに、自分の体で見返すことができるという。さらに、その人を体で見ることは自分を見せてあげることだともいう。つまり、見ることで見られることを許すのである。このように、「視線」は管や糸のように体と体を引き合う状態に繋ぎ、関係を築くものである。

4　二つの事例の比較

まず、小林の稽古と正朔の稽古を比較する。小林の稽古と同様に、正朔の稽古では「目で見る」という概念を問い直すことを契機に、身体全体の機能性の固定概念を覆そうとしている。また、両方とも目を付けるという言語的イメージを比喩としてではなく「本当のこと」として提示しており、身体に付けられていると信じるよう参加者に指示している。さらに、二人ともその「付けた」「目」の視線を通して身体と身体との関係が生じることを示している。正朔はこの点をさらに展開させ、言葉をかけたり、直接働きかけたりせずとも、相手を見る、あるいは察知するだけでも関係が成立し、影響し合うことを提示した。そして、二人の講師とも遊び心をもって、イメージを認識しつつ動くことで、普段は意識されていない身体の各部分を意識しようとしている。

主要なテーマは類似しているが、小林と正朔の稽古法と内容はかなり異なっていた。小林は静かにあまり話さず、ゆっくりした柔らかい動きで手本を見せる。そして、動いている参加者を観察し、時々アドバイスをする。ここでは小林の子供のような素朴な遊び心がみられる。これに対して正朔は、身体運動の手本が勢い良く激しく、さらに分かりやすい言葉で説明する。そして指導に物語性も生かし、また下品な要素も含み、小林とはまた違う味の遊び心を表している。

⑴　言語的イメージからアフェクトの拡大へ

序章で述べたように、アフェクトには周囲への感覚、そして身体の内面的な感覚も含まれる。本事例で皮膚が周囲を見ているような新しい感覚が得られたら、それはアフェクトの拡大になると考える。ここで重要なのは、いかにそのアフェクトを得ることができるかということである。

まず、講師二人とも身体への固定概念を取り外そうと指導する。その理由は、自分への固定概念は自分の可能性を制限するからであると考える。われわれの身体はこのようなもの、またはわれわれの活動はこのような行為と定義してしまえば、その定義に含まれていないものを想像できなくなる。想像できるようにするところから、身体と行為における発見、そしてアフェクトの拡大が始まると指摘したい。

どのような感覚が想像されているか、ここで詳細に考えたい。二人が言うのは、皮膚を通して周囲の不可視な情報を受信できるという感覚である。しかも受信だけではなく、その皮膚の「視線（gaze）」も送ることができる。その「視線」に入ったものと「見る・見られる」という関係になることで、皮膚を通して関係を築くこともできる。

しかし、ワークショップの中では、このことは言説に留まったように感じた。私には、参加者の皮膚を通して見ることや見られること、その関係性を感受できなかったからである。しかし、友人のソロ舞踏公演で踊り手の皮膚に見られたことならびにその関係性を感受した経験があるので、ここでその出来事を紹介する。

これは、正朔のワークショップに参加してから二箇月後に、私と同年齢の男性舞踏家の公演を東京の住宅街にある小さなアートスペースへ見に行ったときのことである。彼は定期的にこの公演を開いており、その日は偶然にも観客は私一人であった。最前列の客席に私が座り、踊り手は私の二メートルぐらい前でパンツ一枚で踊る。その踊りは努力と抵抗を感じさせるものであり、筋肉を強調させた男らしい動きである。一人で見ているうちに「エロい」とも感じ、その自分の「エロい」という視線が恥ずかしくて少々居心地が悪く感じる。そのように感じて間もなく、踊り手は顔を上げずに、手の甲を私の方に上げる。なぜか分からないが、その手の甲はカメラのレンズのようである。やがてだんだんと、私が普段日本人の年配の知らない男性たちに睨まれるように、手の甲に睨まれているように感じる。手の甲が私を見て、私がその手の甲を見返す。睨んでくる日本人の年配の男性と同様に、その手の甲は何を考えているのか、この一瞬の関係においてどうしたらいいのかと考えてしまう。

公演後に打ち上げを行い、その踊り手と会話をした。手の甲に見られたようであったという感想を言う際に、踊り手が正朔のワークショップに通い、「目をつける」稽古をしていることを知る。そして、納得する。この経験を踏まえて、身体中に目を付けることで、身体のどの部分にも意識を置くことができ、身体のどの部分でも「自我」になれると考えるようになった。この事例をもとにさらに言えば、その自我は踊り手が決めるものではなく、観客の思いや感覚を反映していると言える。それを具体的に言えば、この公演で私が送ったいわゆる怪しい視線が、踊り手の手の甲からの怪しい視線として返されたことである。

その一方、「自我」という頭に集中的に存在していると一般的に思われているものが消えることで、身体全体で相手にアフェクトをし、相手からアフェクトを感受できるようになるとも考えられる。この理解を踏まえて、どのようにアフェクトができるかという想像力が大きくなり、アフェクトの能力も拡大する。

(2)「目を付ける」ことから「なること」へ

友人の舞踏ソロ公演で「目が付いている」というアフェクトが見えたことからは、「なること」の可能性が窺える。そのアフェクトと二人の講師の指導を考えると、次のことが言える。

それは、「なること」はドゥルーズとガタリが論じているように自分のアレンジメントから離れることではないということである。むしろ、自分のアレンジメントそのものを見直し、未知のアフェクトに気づくことである。自分が持っている物質的身体と生命で、かつてできなかったアフェクトができるだろうと想像できるようになるところから始まる。そして、なろうとしているものについても考え直す必要がある。そのものも絶えず生成変化をしているもので、そこから受け取るアフェクトはその断片的印象である。言語的イメージを付け加えることで、自分のアレンジメントにあるもの、他者にあるものに関する捉え方を増やしていく可能性もある。そうして自分の考え方、見方、そしてあり方を変えて「なること」に接近しようとすることができる。

最後に、小林と正朔はおおよそ同様のアフェクトを目指すが、その「なること」への接近の仕方は異なっていることを指摘したい。自分のアレンジメントを考え直すといっても、それは自分のアレンジメントを新たに作り直すということにはならない。しようとしても、一人ひとりのアレンジメントは同じものにならない。その人の物質的身体と蓄積してきたアフェクトを踏まえて、気分や気質、興味によって言語的イメージの受け取り方を工夫しないと、効果的にはならないだろう。

受け取り方の工夫をするとは、つまり一人ひとりが自分なりに腑に落ちるように言語的イメージを受けるということである。ここで「腑に落ちる」というのは言葉通りの感覚的比喩であり、言語的イメージを飲み込み、自分なりに消化することだと考える。*29 その結果として、一人ひとりの「なること」の方法が違っていても、見えているアフェクトならびに目指しているアフェクトは同様であるということになる。

本章の事例では、踊りを促す言語的イメージに焦点を当てて、そこから導き出される意識・気持ち・感覚を考察した。そして、その意識・気持ち・感覚を通していかに未知のアフェクトそして「なること」ができるかを提示した。明らかになったことをまとめると、以下のとおりである。

まずは自分のアレンジメントから離れず、または作り直さずに「なること」ができることが分かった。自分のアレンジメントを見つめ直すことで、自分の身体ができること、すなわちアフェクトを発見できるからである。これは先入観なしで素朴に、合理的に考えずに素直に、判断せずに寛大に自分の身体と環境とそこにいる他者に向き合うことから始まる。

そして、「なること」への鍵は想像力であることを論じた。つまり、かつてなかった出会いあるいは挑戦を機に、想像力をもって自分のアレンジメントに既にあった未知のアフェクトに気付くことだと考える。想像力を生かせば、言語的イメージは踊り手の環境の構築に影響し、その結果として踊り手のアフェクトそのものも生成させることになる。しかし、踊り手は受動的にその言語的イメージを受け取るだけではなく、自分の感覚と気持ちも生かせるように、自分なりの接近の仕方を工夫しないといけないと考える。

最後に、「なること」でアフェクトを発するには、言語的イメージを観察者に伝達する必要がないことを論じた。事例では、モノの言語的名付けを知る前に、動きからそのモノのアフェクトが発された。つまり「なること」の対象が分からなくても、その「アフェクト」は感受できるのである。とはいうものの、本章の考察を踏まえた上で、次のことが主張できる。それは、自分の姿勢と想像力を生かし、自分のアレンジメントに既にあるアフェクトを発見するためには、言語的イメージが不可欠であるということである。

第８章註

＊29　この考え方については舞踏家の今貂子から聞いた。

第9章　複数の言語的イメージに「なる」

　第8章は、いかに言語的イメージと絡めて「なること」に挑むかについて論じたが、それは一つの「なること」を対象にしていた。本章は多数の「なること」において、暗黒舞踏の言葉がどのようなことを示唆しているのかを明らかにする。そして、暗黒舞踏の言語的イメージと動きが様々なアフェクトを同時に発し、それらを増幅する可能性を提示する。

　ドゥルーズとガタリによれば、「なること」は一回で終わらずに、羅列され、ある軌道に沿って進むという。その順番は「女性になる」、「子供になる」、「動物になる」であり、その先にあるのは「知覚しえぬものになる」のだと論じる。これらの「なること」は政治的な二項対立において行われ、その二項対立は「男性／女性」、「大人／子供」、「白／黒、黄色、赤」、「合理性／動物性」だという。つまり、「多数派／少数派」とも言える。さらに全ての「なること」は、この二項対立のなかで「マイナー性になる」ことであると論じる。

　彼らは「マイナー性になる」ということは「少数派になる」ことではないと指摘している。主体は多数派から離脱し、少数派のアフェクトができるようになることで、「なること」に進むという。ここで少し複雑になる。少数派に所属する人も、「男性」で始まり、「少数派になる」という。つまり少数派に所属することは生まれつきのものではなく、ある行動によってなると考える。分かりやすい例は、「個人は女性に生まれるのでなく、むしろ女性になる」（"One is not born, but rather becomes, a woman."）というシモーヌ・ド・ボーヴォワールの名言からこのことを読み取ることができる［Beauvoir 1973: 301］。主体は、人間的な言説である「多数派は少数派より格が上」ということ、すなわち「合理的白人男性は子供、女性、動物より上位である」という政治的なリアリティーから「なること」に取り掛かっているということである。

本章では暗黒舞踏の事例を通して、二項対立の中で「なる」ということを検討し、ドゥルーズとガタリの理論を発展させる。暗黒舞踏でも様々な二項対立がみられるので、これらがドゥルーズとガタリの軌道においてどのような位置付けであるかを考察する。さらに、ドゥルーズとガタリの「なる」対象は主に人間や動物としているが、人間の一生ではモノや環境とも出会い、アフェクトを感受することも否定できないというのが私の立場である。それになろうとするときには、他の二項対立が必要になる。

本章では、それらを考察し、私独自の「なること」の概念を明らかにする。その概念をもって、二項対立が二重性になり、さらにアフェクトと「なること」も多重になることを事例から検証する。そして、「なること」またはその軌道は一人の営みではなく、二人以上のものである必要性を主張する。

1　暗黒舞踏における「なること」の軌道

事例を紹介してドゥルーズとガタリの理論を検証する前に、暗黒舞踏においても多数の「なること」が起こることを指摘しなければならない。暗黒舞踏を踊ることには必ず二つの段階がある。第一は踊り手の社会的なあり方であり、踊ろうとすることでそれがいかに変わるかということである。そして第二は、踊る中で言語的イメージをもとに「なること」である。

第一の「なること」は、本書の第3章、第4章、第5章の論述から分かるものである。第3章では、現在のワークショップの参加者の多くが海外から観光がてらに来るという余裕があり、中流もしくは上流階級の背景をもち、高学歴であることを明らかにした。これに対して第4章と第5章では、一九七〇年代の暗黒舞踏は自分の都合で行うものではなく、自分の人生の全てをコミットしないとできないものだったことが分かった。一九七〇年代の舞踏家たちは大学のみならず主流社会から脱落して踊り子という社会的に低い地位にあり、その日常的営みとキャバレーでの経験は、彼らによる暗黒舞踏の生成に不可欠であった。一方、第3章や、第6章から本章までで見てきたワークショップの参加者は、元の社会的地位を保持しつつ、周囲の人々に「変わった趣味」や「芸術的な活動」をしていると思われる程度である。つまり現在の参加者は、一九七〇年代の舞踏家のような社会的地位ならびに日常生活における「なること」はないと考えることができる。

本章で扱うのは、第二の「なること」である。しかし、「なること」の軌跡を考えると、現在の暗黒舞踏のワークショップでは、第一の「なること」のない参加者たちは、第二の「なること」に接近できない。そのため、まず暗黒舞踏の講師による指導と言語的イメージを検討し、一九七〇年代を経験した彼らがいかに「なること」に取り掛かるのかを明らかにする。そこで彼らの「なること」が、しばしば「人間から人間でないものへ」として述べられていることを指摘する。ほとんど「人間から別の種の人間へ」(すなわち「女性になる」とか「子供になる」とか)または「人間から別の種の動物へ」(すなわち「動物になる」とか)というかたちで「なること」を論じるドゥルーズとガタリに対し、暗黒舞踏は新鮮な切り口を与えていた。しかし現在の参加者は、その新しい切り口を体現し、暗黒舞踏の「なること」に接近する土台がない。以下は、このことを認めつつ、講師が示唆する可能性を検討したい。

2 「環境になる」

ここで分析する事例は、和栗由紀夫の事例と同じ体育館で開かれた、玉野弘子によるワークショップの初日に行われたものである。参加者でもあるスタッフおよびその他の参加者は、車に分乗するなどして、一〇時までに体育館に集まってくる。

初日ということで、玉野は体育館の床を確認する。古い木材で、凸凹があれば怪我の元になる可能性もあるので、注意深く見る。そして、玉野は参加者と共に一列で足を引きずって歩き、体育館の床を確認する。この行為は遊びのようで、参加者全員がすることで、楽しそうな、打ち解けた様子が生まれる。

次に玉野は音楽を流し、ワークショップを始める。ＢＧＭとしてオリエンタル風のワールドミュージックが流れており、その背景のセミの鳴き声は大音量である。参加者に大きな輪になるよう指示する。その状態で参加者に言語的イメージを与えるが、玉野を真似ることによってできる全身を使った大きい動き、創作ダンスのような、簡単な動きを指導する。その最後に、風が腕を通って吹いていることを想像するように指導し、参加者たちは頭の上で腕を左右に揺らす。続いて、私が「基本の状態」と呼んでいる、暗黒舞踏にしばしばある指導をする。その出だしは「身体は地球と同じ材料でできている」である。さらに、次の指導をする。

花が咲いて、うんん。〈香を嗅ぐように演技をする〉。花の匂いが鼻を通ってまつげをひろげる。Grown open your eye.〈目がだんだん開かれている〉。花の香りの風でまつげが……額に当たります。ここは本当の目、第三の目。〈花の香りの風が第三の目を開くという仕草をする〉。この目で、光の始まりの、地球の中心に向かって、そしてこの目は全て、外の宇宙と体の中の宇宙、全てを見ます。皮膚は二つの表面があって、外の宇宙に面している表面と、中の宇宙に面している表面。だから、感覚とか、暑いとか、寒いとか、外の宇宙の世界で、そして思い出だとか、夢だとかという、そういう世界は皮膚の内側の方で感じます。……背中に滝、長い髪の毛が落ちているみたいに。そしたら、こうして、滝の音が聞こえる、背中から。それから水の匂いが肩越しにやってくる。……花の匂いと、虫の音と、そして水の匂い……どんな滝なのか想像してみる。

玉野がこの「環境になる」指導を始めるとき、参加者はただ立っている。その中で、様々な小さな動きが現れてくる。たとえば、図9－1の左側に立っている白い服の香港から来た女性は、玉野が説明していた動きを真似し、手を少し動かしている。また他の参加者についても同様で、指導と関係のない、図9－1の奥に立っている私が肩を無意識に触っているなどの動きもある。ところが、玉野が上記の滝に関する指導をしたとき、この余分な動きがだんだんなくなってくる。参加者は動かずに立っているように見える。また、彼らは背伸びしたように、姿勢がよりまっすぐになる傾向がみられる。玉野が指導を続けているとき、参加者はその仕草を真似することをやめ、動こうとせずに立っているのみである。

……古い森。二千年の森。……たくさんの動物がすんでいる……

図9－1　玉野による言語的イメージを聞く参加者

You can hear, you can see ……熊もいるな、鹿もいるな…… There are many different kinds of life, deers, birds, spiders（多数の様々な種の生命、鹿、鳥、蜘蛛が見える、聞こえる）。そして二千年の大きな古い木の根っこが……この肩の骨の上に、ビシビシビシビシ、ギギギギって。Cracking（砕けている）って、日本語でなんて言う？ Cracking your shoulder bones（肩甲骨が砕けている）……古い木の根っこでね、肩が砕けている。Relax your shoulders（肩の力をぬいて）。砕けている。Flower（花）、third eye（第三の目）、滝、forest（森）、roots（根っこ）。2000 kinds of snow covered（二〇〇〇種類の覆われた雪）、2000 kinds of springs（二〇〇〇種類の泉）。雪が溶けて、肘から指先に、つねに流れています。

この指導が終わった時点で、ほとんどの参加者たちは完全に動かずに立っている。ところが、参加者の一人である三〇歳代後半の日本人女性が少し動いていることに私は気づく（図9－2で左側手前に立っている短髪の参加者）。この参加者は、指導に無意識に反応しているようで、ピクピクと指先が動いたり骨盤が前に傾いたりしている。精神的にとても繊細なようである。他の参加者の身体は動いていないが、姿勢は微妙に変わる。例えば、根っこで肩甲骨が砕けていることを想像するとき、肩甲骨が弛緩して下がることで、胸は開き背筋も少し伸びる。そして、雪が溶けて

図9－2　指導を聞き、ほぼ動かないか、もしくは微妙に動く参加者

落ちていくことが想像されるとき、溶けてゆく坂を作っているように肘が少し横へ曲がることもある。そして、玉野は言語的指導を続ける。

……お腹のおヘソのところに、小さな池があります。小さな森に囲まれている、静かな小池の口に、一人住んでいます。とても静かに暮らしています。It may be an artist. たぶんアーティストが住んでいるんでしょう。あまりうるさいことを言わないで。〈玉野は笑う〉。その人の暮らしを尊重していきましょう。皆一人ずつ、リスペクトしているアーティストが住んでいる。膝は、ゴーゴーゴーゴー、膝には石が転がっている砂漠。暑かったり、寒かったり。Only wild things may live there. 野生のものしか住んでいない、人間は住めないが、最近、膝の後ろに小さなお家が建てられて、最近誰かが住み始めて、小さな赤ちゃんがいる。胸の花、背中に滝、溶けた雪が指先に流れていき……膝は砂漠、膝の後ろに小さな家族。そして空が頭の上にあります。花は一生懸命咲いていて、森は一生懸命、命を尽くして、滝は背中に一生懸命……アーティストは精一杯で、小さなファミリーはギリギリに暮らしているが、誰も私のことを知らない。あたしは皆のことを知っている。

参加者たちは、まだ動かず立って聞いているが、彼らの姿勢にさらに微妙な変化が窺える（図9－3参照）。腹部や膝の周りが緊張せずに緩ん

図9－3　一歩歩く玉野（輪の中）と身体を緊張させる参加者（手前）、および表面的筋肉を緩める参加者（奥）

でいる参加者も、全身が少し緩んで微妙に揺れている参加者もいる。しかし、上記の日本人女性は例外で、まだ肩と指先を緊張させている。玉野は説明した後、何も言わずに何歩か歩く。玉野の姿勢は全体的に緩んでいるが、歩いてもまっすぐ縦の軸が保たれる。

> 踊り手は責任があります。The dancer has a responsibility. Maybe you cannot do anything, but still you know the flower.（あなたには何もできないかもしれないが、まだ花の存在を知っている）……太陽がついている、キラキラ。Stars scattered about（星が散らばっている）。It's beautiful but heavy（美しいが、重い）。Your response is to stand to order（あなたの反応は役目を果たすこと）。Try walking（歩いてみて）。花、滝、森、孤独なアーティスト、砂漠の膝、そして小さなファミリー、それを運びます。そしてそれを……またそれらに運ばれていく。

歩くとき、玉野はイメージによる全ての状態を保っているように見える。一歩一歩はとても静かで、床を注意深く踏み、体重を優しく後ろの足から前の足へ移動させる。参加者も集中して歩いている様子であったが、玉野と違い、頭部や、肩、腕に力が入っていることもある（図9－3参照）。ところが、いつのまにかその参加者は肩を下ろして背筋を伸ばしつつ歩く（図9－4参照）。

図9－4　背筋を伸ばして歩く参加者

緊張などは不要と分かっていても、考えると頭部の辺りが固まってしまうのであろう。玉野は、運ばれる、歩くときは、疲れた幼児が母によって運ばれるようにと、後ろから私の骨盤をもって表す（図9－5参照）。運ばれるようだが、自分の足で歩いていることは確かである。と同時に、身体の各部分における言語的イメージを思い、その状態を保ちつつ前へ進もうとしている。何人かの参加者は、ゆっくりと何歩か歩いた後で一度止まり、躊躇しつつ様々なイメージについて考えている様子である。玉野はこの躊躇を見て、次の指導をする。

匂い。When you get confused, go back to the smell of the flower（混乱したら、花の香りに戻って）。なんか、わけ分かんなくなっちゃったと思ったら、花の匂いに戻る。うんんん〈花の香りを楽しんでいるという演技をした〉。そうすると、ポーッと目が開いて、額の目もホッとクリアーになって、センターに戻りますから。

玉野はある参加者に近づき、言語と接触を通してイメージがいかに身体的状態に影響しているかを説明する。例えば、演劇経験のある東京からきた日本人女性に、花の香りを嗅ぎ、背中の滝の音を聞き、さらに肩の森のざわめきを聞くと、自然に顎を引くことになると言う（図9－6参照）。さらに、肩も緩むとのことである。玉野が音と香りを楽しむこ

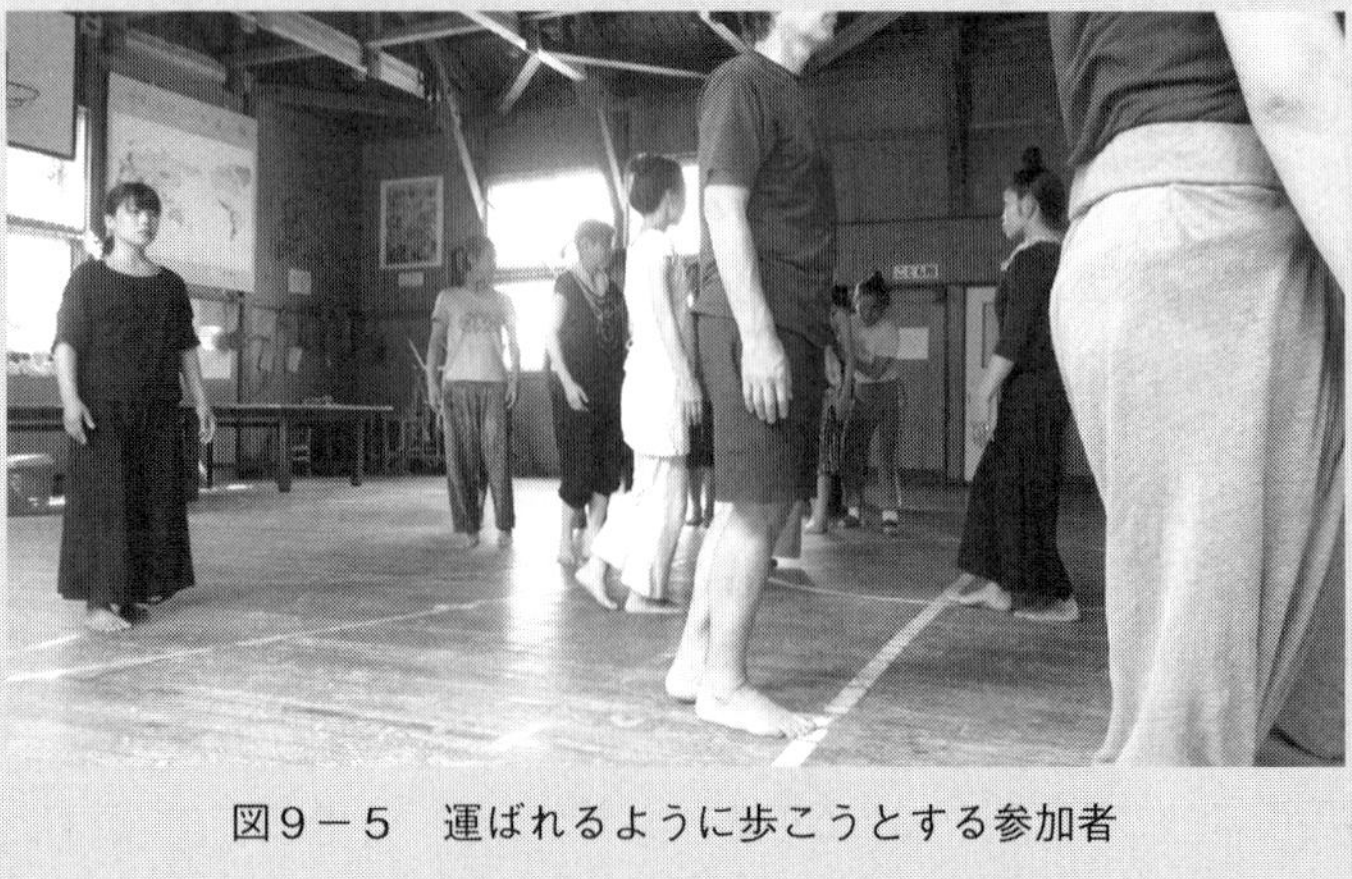

図9－5　運ばれるように歩こうとする参加者

とを考えたとき、頭部の位置だけでなく、その音や香りの快適さが肩を緩ませるようである。

次に、玉野はマレーシアからきた三〇歳代後半の女性舞踏家の腕を触り、溶けて落ちる雪の道を表す（図９－７参照）。その接触は非常に軽く、外側にも内側にも落ちる線を描いていく。おそらく、腕は外側を意識するのみならず、内側も意識しつつ全体的に内側から緩めるためだろう。

参加者がしばらく歩きの練習をする間、玉野は動きについてさらに「何やるときでも、胸の花と、背中の滝と、森とアーティストと……Haha… its your family（ハハ、あなたの家族だね）」と述べた。つまり、振付または単なる動きをするときも、この状態を保てるとのことである。このため、これは振付ではなく、踊りの一つの基本的状態と考える。練習すれば、意図的にこの状態でいようと思わずとも、自然にこの状態でいられるようになるという。玉野は上記の身体的状態について「すでにやっているの」と言う。それは、この身体的状態を重視し練習すれば、たえずその諸要素に運ばれる状態になれるということであろう。

⑴　言語的イメージ、アフェクト、動きから同時発生の複数の「なること」へ

この稽古の最初から最後まで花の香りを想像できていると、身体に直

図９－６　イメージをもって顎を引く参加者

接影響を及ぼす。その想像した香りで目が開き、呼吸が深くより安定する。そして、肩の緊張もほぐされ、心静かになり、多幸感に包まれることもある。自分のお気に入りの花や香水を嗅ぐのと同様である。つまり想像で始まるが、身体的に影響を受けて、アフェクトが変わる。その変化が次のアフェクトと「なること」への基盤になる。

このアフェクトのもとに、動きもアフェクトに応じて変化する。この過程は、子供が真面目に遊ぶことと同様である。たとえば、「背中にある滝」の音がより聞こえるように、耳そして頭を少し斜め後ろに動かす。この動きの結果、顎も引いて背骨をより伸ばすことにもなる。このように聴覚によって想像されたアフェクトが動きに連鎖する。

この過程で導かれた動きは顎を引くことになるが、身体形態が似ている場合でも動きの内容あるいは質感が異なっている。たとえば「顎を引いて」と言われて自分で姿勢を正しくしようと思い動く場合は、自分が正しいと思い込んでいる位置を身体に強制することになってしまう。その結果、より「正しくない」、すなわち固くて身体に負担をかけてしまう姿勢になることは多々ある。しかし、「背中にある滝」を聞こうとすると、強制をしなくなる。聞こうとすればするほど、姿勢を固定せずに、背骨が徐々に斜め後ろに伸び、少し揺らぐからである。そうすると、背骨や姿勢は固くなく、より脱力した楽な姿勢になる。この言葉を読んで二通りの動きをやってみるだけで、その違いを分かることができるだろう。

図９－７　腕について指導する玉野と指導を受ける参加者

花の香りと滝の音というと、嗅覚と聴覚という感覚すなわちアフェクトが付いてくることは当然である。その上、前述したように、音はその発した身体の延長である。匂いもその身体やモノの延長である。それゆえに、匂いと音は対象のアフェクトの媒体となり、感受した人のアフェクトを変化させる。さらにいえば、アフェクトを感受することはそのアフェクトができるようになることへの一歩であろう。そのアフェクトができるようになることは、その対象に「なること」でもある。つまり、滝の音を聞くと想像することは、滝に「なること」である。具体的な例を述べると、例えば「背中の滝」の音を真面目に聞こうとすると、背骨が緩やかに長くなり、滝の「垂直」というアフェクトならびに「垂れ下がる」アフェクトもできるようになる。

このことができれば、「滝になる」ことができたということである。しかし、本事例では「なること」が見られない。むしろ、参加者たちは前述した言語的イメージ／アフェクト／動きという連鎖を自分の身体で繋げようとしていた手前であることが見出せる。暗黒舞踏は創作ダンスやモダン・ダンスのように何かを想像しそれを表すことや解釈して身体形態を作ることではないから、現代舞踊とは大きく違う。また、身体形態を真似てできることでもないので、他の舞踊とも大きく異なっていると言える。子供がいかに想像力を生かして「真面目に遊んで」いたかを思い出し、あるいは発見することがこの稽古の第一歩である。多くの参加者たちはこの第一歩すらとれず、その言葉をいかに受け取ったらいいか躊躇していたのかもしれない。

この事例においては、「なること」が実際にはなかったにしても、前述したような言語的イメージ、アフェクト、動きとの関係性は玉野の身体性と言葉、そして私の身体的経験において確かである。ゆえに、この言語的イメージから「なること」が促されることは可能であると考える。

さらにこのワークショップでは、「環境になる」ということで、一つのものではない、多数の存在に同時になることを目指している。背中の滝が聞こえるように顎を引くことになると論じたが、同様に胸の花をより嗅ぐことができるためにも顎を引くことになる。それらのアフェクトが混じるように一つの動きになっている。ゆえに、「なること」の対象は異なっていても、お互いのアフェクトが共に生成できる。そのため、アフェクトと動きを動員し、様々な「なること」が同時に発生する。

(2) 人間の論述から人間ではないものへ

次に玉野が文化的論述を通して人間ではない「環境」になることをいかに促そうとしたかを分析する。そのなかで、いかに論述を生かして論述では捉えられないアフェクトを示したかを論じる。そうすることで身体感覚から得られたアフェクト論においてどのような新しいことが言えるかも端的に述べる。

玉野が「環境」のアフェクトを言うとき、不思議なことに人間の文化的論述に依拠する。人間の文化的概念では、「環境」のことは述べられないはずである。玉野の言う「環境」は、全てを知っているが、能動的に行為はしない。さらに、生命の調和した形で、受動的に動かされることもないと考えられる。それを同様に玉野は、歩いている「環境」になることは、参加者たちが幼児のようになってお母さんに支えられ押されて考えずに歩こうとすることだという。おそらく幼児は、母親に支えられ押されたら、「歩こう」とは思わずに、とくに意識せずに足を床に踏み出しているであろう。このように、その「環境」は意図や考察なしに動いている。ところが玉野は、「環境」に人間の論述も適用する。「環境」になろうとしている人たちは、「環境」に住み着いている生命に関して責任を感じて、その全体において美そして重みも感じると玉野は言う。しかし実際の「環境」がこのようなことを感じているとは言えない。さらに言えば、「環境」に含まれる生命に責任や美を感じると、人間のように考察し意図的かつ能動的に作用をしようとするので、「環境」のアフェクトとは異なるだろう。また、ドゥルーズとガタリの「なること」は行動と動きをもとにした実験をするが、感情での実験は行っていない。続いて、なぜ玉野が人間の感情で実験するかを考察したい。

玉野の言う人間的感情とは、「われわれは動かされているものである」とする論述と言えよう。「環境」として歩こうとするときに、「美しいが重い」そして「無力だが責任がある」と言われると、ある身体的な反応が起こる。その反応は、身体の状態は脱力して静かであるが、歩くこと自体が意味のある重要な、あるいは有力なことに感じる。感情や気持ちに関する論述はアフェクトの論述であるとすれば、アフェクトは純粋にわれわれと共に動くエネルギーである。そもそも感情はそのアフェクトの気づきと言説にすぎないと言える。また、玉野の発言を聞くと、芸術家に対して感じる尊敬や家族に対して感じる同情をもとに、彼らのためにより注意深く歩くことになる。つまり、彼らの存在が全体の歩き方にアフェクトをする。これは、「環境」の中に起こっている調和と似たような出来事である。存在するだけで、その環境に変化を与えるからである。ゆえに、玉野は人間の論述を通して、参加者の身体に環境のアフェクトと同様なアフェクトを起こすことができると考えているといえる。さらに考えれば、これらは玉野の論述ではなく、土方から受け継いだ言葉である。そうすると、このアフェクトは言葉を媒体にしていると捉えることができる。

これは行動と動きを強調するドゥルーズとガタリのいう「なること」の実験に対する新たなアプローチである。第８章で述べたように、自分のアレンジメント（位置）から「なること」に挑むということは、人間という領域から「なること」に取り掛かることであると考える。そこから離れて「環境になる」ことができるのであれば、「人間である」という特定の領域もただの思い込みであると言える。つまり人間という概念に含まれていないことも、一人ひとりのアレンジメントには既にある可能性があるということである。

ここで、もう一つの課題が残っている。それは、「モノ」になろうとしていることである。次の事例も、土方から受け継いだ言語的イメージをもとに「モノになる」稽古を検討し、どのような二項対立の中でいかにアフェクトを増幅し「なること」を促すことができるかということに関する示唆を考察する。

3「ベルメールの球体関節人形になる」

ここで分析するワークショップは市民センターの多目室で開かれ、参加者は一〇人であった。その場所と参加者のほとんどは前章の小林嵯峨による稽古と同じであるが、さらに日本人の男子大学生も参加している。彼は背が低く肉づきが良く、よくボーっとした顔をしている可愛い男子である。また、長髪で人見知りだが話し上手で、いつも観察するのみで参加はしない日本人中年男性もいる。

前章で述べた目を身体中に付けるという稽古が終わった後、小林はハンス・ベルメールの人形になるという稽古を紹介する。人形には目などの器官の機能がないと小林は言い、視線はあるものの、視覚的情報が眼球に入ってこないと言いながら、顔の前で手を振る仕草をする。そして、人形の感覚は、肢体がバラバラに解体され、また組み立てられるという

図9－8　人形の身体について説明する小林嵯峨
手前が小林嵯峨、奥は参加者

ものであり、その状態は不安定であると述べる。小林はその身体運動を次のように説明する。「体をバラバラにする」と言いながら、他の誰かに動かされている人形のように肩を回し骨盤を横にずらす。そして「自分を何ものでもないものに、名前のないものになる」と背中を丸めて恥骨を前に出し、左手で顎を少し隠すような動きをする（図９－８参照）。

次に小林はベルメールの作品に関する資料を部屋の真ん中の床に置いて、参加者に近づくように誘導する。参加者はその資料を囲んで見る。

小林は作品の写真を指しながら、そこに何が見えているかを語る。参加者たちはコメントや質問をせずに聞いている（図９－９参照）。小林の声は静かで、録画した映像からは次の発言しか拾えなかった。

手が足になってしまっていますね……これ、ほら、足の裏は……なっちゃった。ここに……、手の平に聴覚……足の裏に視覚、嗅覚、膝ですね……体の……にされて。解体されているんですね。

この指導で、身体の各部分の境界が分からず、混沌とする。感覚器官も、元々の身体的位置と異なる部分に置かれているという。

そして小林は、動いてみましょうと参加者の前に立ち、参加者は立って動けるように隣の参加者との間に少し距離を置く。次に、参加者は小林の動きを真似して動く。まず小林は、球体関節の肩を前から後ろへ、

図９－９　ベルメールの絵を見ながら小林の説明を聞く参加者

そして後ろから前へ回すように指示する。自分の身体は誰かに動かされている人形であるというイメージで、小林は膝を柔らかく曲げてバウンドし、浮遊しているようである。参加者も、この浮遊の質感を模倣する。同様に、骨盤を水平に旋回させ、膝から先に足を動かし、肘から先も、手首も旋回させる。全ての関節を回した後、小林は「それで関節がバラバラになっています」とその身体変化を示す。このとき私が小林の身体とその運動から受ける印象は、床の上に投げ出された人形が立ちあがったようであった。

小林は参加者に自分で練習するように指示し、しばらくして三人を指名して、全員の前で人形の踊りをするように言う。最初の三人は南アフリカの女性、私と日本人男子大学生である。三人が身体の各関節を回す動きを繰り返すが、それは長いと感じるほどの時間である。小林は終わりの合図をし、アドバイスをする。

そのアドバイスは、身体をより「あやうい」状態にするということであった。小林は動きながら、体重を足の裏の外側にかけ、次は一本足で立ち、足元を不安定にするように言う。私から見ると、足元からの不安さが身体の上に登り、それが連鎖して身体の各部分も不安定に動き出したようである。

小林がこのアドバイスをした直後に、南アフリカの女性がその動きに挑戦する。彼女は足が強く、しっかりと地面を踏んでいるため、不安定

図9－10　小林(手前)の指導で優美に動く日本人女性(左)とオーストラリア人男性(中)、大胆に動く日本人女性(右)

な足にならない。また、彼女の動きには小林が表す柔らかさがない。しかし、アドバイスを受ける前の動きとは違い、彼女の身体の捻り方から不思議な予測不可能性が現れる。急に骨盤が曲がり、肩が前に倒れる。小林は何も言わずに観察している。

次に小林はオーストラリア人男性と小林の生徒であった四〇歳代の日本人女性二人を指名する。三人は同じ指導を受けているが、私から見るとそれぞれが異なる人形になっている。小林の生徒であった二人は、肢体が誰かに操られているように動き始め、その後にその位置で動かないかゆっくりと回るかという似た動き方がある。しかしながら、既に人形のようになった一人は安穏な半眼で、円滑に優美に動き、もう一人の元生徒は、より乱暴に大胆に肢体を動かし、目は半眼だが空ろだった。この二人の間で、オーストラリア人男性は、より硬直した強度の高い動きをし、目線を強く正面に向けている。三人はそれぞれの「人形」になろうとしている（図9－10参照）。

小林は終わりの合図を送り、感想を述べる。オーストラリア人男性の動きについて、その人形は強くて「おもしろい」と言う。その男性はシャイだったが嬉しそうな笑顔になる。次に、小林は緊張をほぐし、より不安定にするように指導する。

次に踊る三人は、イギリス人留学生、哲学博士後期課程院生の喜多、イタリア人デザイナーのマリである（図9－11参照）。三人とも半眼だが、

図9－11　大きく動くマリ（左）とイギリス人留学生（中）、速く動く喜多（右）

それぞれの動きの速度と滑らかさが異なっている。喜多は急な速度で始め細かく動き、たくさんの小さな関節でできている人形のようである。マリはよりゆっくりとした、大きく円滑で素朴な動きをし、イギリス人留学生も大きく動きより複雑な肢体の回し方を披露する。小林は一旦終わらせて、彼らに「もう少し明確に。肩は肩。……腰は腰」と指導する。それはより丁寧にその部分のみを動かし、そのとき他の部分を静止させるもので、それによってどのような動作なのかはっきり見えるようになる。彼らがまた動くと、違う速度と力動感が見られる。ゆっくりと動くことでその部分を強調し、また、ダイナミックに、すなわち急にその動きを始めることでその部分が空間から放り投げられたように、より際立って見える。

次に、小林はこの言語的イメージを展開し、ベルメールの絵を生かして蜘蛛の糸に囚われているような動き方を説明する。

> デッサンを見てください。この蜘蛛の糸が部屋中にブワーッと溢れている。その部屋中に、いっぱいになっている。蜘蛛の巣に体がヒューッと絡められる。〈立って上半身を上向きに開き、不可視な糸に絡まれているように肢体が違う方向に引っ張られているように動く（図9－12）〉。こういう感じで絡まれる。この次にこれをと動きを決めることができないので、蜘蛛の糸に絡まったらどうなろうとイメージして。

図9－12　蜘蛛の巣に絡まる動きを見せる小林（中）と参加者

参加者全員が糸に絡まれているように関節を回してみる。絡まれているという設定によって、全員の動きがより内向きに小さくなって、強度のある、あるいは抵抗感があるようになる。三人のグループで動くときは、それぞれの異なったやり方が見られる。小林は最初のグループについて次のコメントをする。

> 三人それぞれ違います。それでいいと思います。彼女〈南アフリカの女性〉はぐるっと後ろまで回って……ローザ〈イギリス人留学生〉は上下を……それから彼は糸からほとんど動けない状態……面白い……。ローザはエロティック〈笑う〉。

私が小林の元生徒と共に動くときとは、かなり違う動きをしている〈図9－13参照〉。二人は抵抗感がある動きをやっていたのに対し、私は糸に引っ張られていることを許し若干楽しそうに動く。ところが、小林からその違いに関するコメントはなく、私に向かって「少女が出てきた」と感想を言う。

次の三人はそれぞれの身体表現の来歴がその動きに反映されているようである〈図9－14参照〉。マリは経験がなく、喜多は研究調査のためにワークショップに通っており、エリーは国際的に活動している舞踏家である〈第3章参照〉。ところが、小林の目線はほとんどマリの方に向けら

図9－13　優美に動く日本人女性〈左〉、私〈中〉、大胆に動く日本人女性〈右〉

れており、終わった後、まずマリについて感想を言う。「彼女は指先と足先が繊細で、逸脱しようとするけど、やはり絡みとられて、また戻ってきてしまうということですね」とマリから受けた印象を述べる。そして喜多については「蜘蛛そのものになっていた(笑)。床を触ると蜘蛛の巣を想像できる」という印象を述べ、最後にエリーに対し「恍惚、エロチシズム、素敵でした」と微笑みつつ述べる。ここで、最も来歴のない人が最も目を惹きつける力を発揮したことは興味深い。

(1) アフェクトの増幅

この事例で新しく分かった、言語的イメージや言語的指導に基づいたアフェクトの増幅の方法を明らかにする。その方法の全ては動きとアフェクトとの関係に基づいており、明確さ、流動、多様性、抵抗という四つの分類である。これらの方法はドゥルーズとガタリの論じる「なること」へのアプローチをさらに展開していると考える。これらはどのアフェクトでも、どの「なること」においても、多重のアフェクトや同時発生の「なること」においても適用できる。

まず、「もっと明確に」という指示があったが、動きの明確さによって動きから発するアフェクトがより観察者に明白になり、主体が別のものに「なること」が観察者に見えることもある。例えば、人形の動きを

図9－14　小林嵯峨(手前)、マリ(左)、喜多(中)、エリー(右)

より明確にすることで、その人形らしさのアフェクトがより浮き彫りになるということである。ドゥルーズとガタリによると、子供は自分で決まったその物事のアフェクトのリストに従ってそのものを識別すると述べている。動きがより明確だったら、それが実施されているアフェクトのリストのように見える。ゆえに、より「なること」が観察者に伝わるだろう。

また、本事例で主体がアフェクトの流動と共に動きつつ、いかに「なること」ができるかがより明らかになったと考える。つまり、中動態で「なること」である。これは、小林が「なる」途中に「どうなろう」という発言に示唆されている。「どうなろう」という意味には、自分の状況が選べずに、そう「なってしまう」という意味も、このような自動的な成り行きに対し「どうしよう」という意図性が示されるニュアンスもある。「どうなろう」という想像は様々であってよく、その想像すなわち言語的イメージにはある程度の自由があると考える。「なる」ことは流れている川のようであり、主体がある流動に乗るために川のどのようなところに飛び込むか、または水の中でいかに身体を傾け流れにのるかということは、そのアプローチのようである。このことは「なること」への姿勢であるとも言える。

次に「なること」の効果としてのアフェクトの多様性について考察する。同じ対象になろうとしても、主体によってその過程とアフェクトは異なる。しかし、小林は「三人それぞれ違います。それでいいと思います」と言い、このことを認める。その理由は、例えばアフェクトが異なっていても、人形のアフェクトなら良いということである。アフェクトの正しいリストはなく、様々な視点からの様々なアフェクトを様々に組み合わせられると考える。ドゥルーズとガタリもこの過程を実験のように述べるので、その結論がない。ゆえに、同じ「なること」において多様な仕方があるということが分かる。

最後に、言語的イメージから動きの中の抵抗感を強めることで、動きからくるアフェクトも強める方法を述べる。本事例のなかで、この効果は「糸に絡められる」という言語的イメージから導かれることが可能である。そのように動きへ制限あるいは不可能性を加えることで、その動きがより濃密になる。おそらくその理由は、動きへの努力が増え、動く際に空間のなかに描かれる一点一点が明確になるためだと思われる。また、以前と異なる状況に自分が置かれることで、その状況に応じて新しい動きあるいはアフェクトを発見できる。

つまり、身体運動において、経験がない動きまたは無理な動きに挑戦し、その動きの一つひとつの変化を川が流れているようにしつつ明確にすることで、身体運動のアフェクトが高まり、より「なること」ができると考えられる。

(2) 言語的イメージ・動きから複数の「なること」へ

ドゥルーズとガタリは様々な「なること」の中で主体が脱組織化され、生物学的に認識されぬものに、そして知覚されえぬものになると述べている。これらはある軌道に沿って連鎖しているように起こるという。また、それらの「なること」には、身体の行動あるいは身体運動が鍵であると繰り返して述べる。ところが、その論述には、動きを通して「なること」ができるかどうかが書かれていない。そのため、本事例を使ってその「なること」は何なのか、ドゥルーズとガタリの理論を具体的に展開させ、さらに「モノになる」ことがこの軌道にどのように入れられるかについて考察する。

まずは、身体を脱組織化させ生物学的に認識されぬものになることについて、本事例からの示唆を考察する。小林の言語的イメージでは、身体が解体され、その各部分や器官が混沌の位置に置かれる。次の指導で、その感覚を導くことができると考える。それは小林が身体の各部分を回すように指導し、実施後に「それで関節がバラバラになっています」という発言である。円を描くように関節を回すと、一周して元の位置に戻っても回る前とは少し違う感覚になる。たとえば、一回肩を大きく回すだけでこの感覚を味わえるだろう。そのような新鮮で不思議な感覚の後に、小林の言葉がその感覚の意識を提示する。「バラバラ」と発言することでそれを参加者のリアリティにするので、その言葉は遂行的（performative）である。

同様に、小林の感覚器官の機能性がなくなるという発言は、ドゥルーズとガタリがいうような生物学的に認識されぬものになることに適用できる。感覚器官の脱組織化は小林のいう解体と同様であると考える。このときも言語的イメージを述べることで、参加者の身体的リアリティとして提示している。繰り返して引用するが、この提示は「手の平に聴覚……足の裏に視覚、嗅覚……」ということである。これはドゥルーズとガタリが述べる、「なること」のアフェクトのリストを読み上げていることに他ならない。ここで新しいのは、そのリストを相手のリアリティにしようとすることである。

さらに指摘すれば、小林は実際の人間からではなく、絵画からもアフェクトを感受している。何かの役割を果たすモノだけではなく、芸術作品である人形からもアフェクトがある上に、二次元の絵画作品からも「なること」の設計図となるアフェクトを感受し、言語化することができる。

また、知覚しえぬものにおいて、そのアフェクトを示唆している。小林は人形になることに関して「自分を何者でもないもの、名前のないものに」なると言うが、これは知覚しえぬものになることそのものである。ドゥルーズとガタリは知覚しえぬものになることを、誰も知らない人、群衆の中で識別されぬ人にたとえている。小林はさらに社会的人間として存在しないということも指摘し、知覚しえぬものになることの論述に大きな示唆を与えている。

(3) 「素人になる」

ドゥルーズとガタリは全ての「なる」ことは「マイナー性になる」と論じるが、本事例では他の二項対立の中で「なる」ことが行われていることを見出せる。

まず、本事例において「素人／プロ」という二項対立が示唆され、その中で素人の方がアフェクトに満ちていることが窺えた。本事例で最も興味深く思ったのは、小林がプロの踊りからではなく、踊った経験がまったくなかったマリの踊りを見て刺激を受けることである。言い換えれば、マリの踊りからアフェクトをより感受したとも言える。確かに暗黒舞踏や他の踊りを長年学び公演を開いたりすることで、自分の踊り方を見つけると思われがちだが、他の踊り手やそのダンスのコミュニティのそれに似るようになる。「ダンサーになる」ということである。そうすると、踊りに必要な技術や体力を会得するが、その一方で踊りにおいて初体験ということからくる新鮮な部分がなくなる。これに対し、踊りを習ったことのない人がダンスの様式にはない、未知の動きができることがある。様式化されておらず未知ということで、アフェクトがより強度のあるものだと考えても良い。ゆえに、アフェクトに満ちている未知の踊りを創造するときに、素人の心を得ようとする、すなわち「素人になる」ことは重要である。

このプロと素人との二項対立は、踊りの世界のみならず一般の日常生活にも「子供／大人」というように適用できる。経験者である大人は教育され、記憶も多々持つことで、自分のアイデンティティーや行動が既にパターン化され固定されている。そして、「なること」のために、大人の世界から抜け出し子供の目から物事が見えるようになろうとする。このことができたら、より物事のアフェクトが分かって、より「なること」に挑戦できる。このように考えると、「なること」が起こる二項対立があるとすれば、それはドゥルーズとガタリのいう政治的なものではなく、身体的経験に基づいていることである。

そして、ドゥルーズとガタリは「なること」の軌道の順番を「女性になる」ことから始まると主張する。これに対しては、本章の分析から特定の順番はないはずだと指摘したい。「なること」が実験のようなものだとすれば、その結果を知っているわけではない。「女性になる」ことでどのようなアフェクトができるようになれるのかは分からない。結果としてのアフェクトは分からないのだから、「なること」の対象も重要ではない。例えば「猫になる」ことを通して、「女性が発するアフェクト」に接近することもあり得る。そうすれば、二項対立は政治的でなくても良く、さらに順番もその軌道に関係ない。その軌道の中で次の「なること」は、新しく、そのアフェクトがはまだできないものでさえあれば良い。言い換えれば、そのアフェクトが再生産や表象なら「なること」の軌道は進まないのである。

4　二項対立から二重性へ、複数の「なること」からアフェクトの多重性へ

本事例と「環境になる」という事例とを合わせて考えると、「なること」を通して二項対立が二重に変化しているといえる。どちらの事例においても、なろうとする人間が対象のアフェクトと一体化する可能性を見出せた。言語的イメージでは、人間の性格によって、その性格を持たないはずの人形の動きと性質が生成させる。また、人間の感情が感情を持たない環境のアフェクトを生成させる。二項対立で始まるが、それが二重性を帯びる。自己と他者のアフェクトが混ざり合って区別できなくなるところでは、二項対立が崩壊するだろう。ゆえに、「なること」のための二項対立は、主体と共に生成変化をし、二重性に「なること」ができる。

そして、「なること」は一回だけでなく、知覚しえぬものになることに向かって連鎖する軌道であると

考えると、この二重性になる二項対立は起こった後に消えるとは考えられない。要するに、何回かの「なること」からのアフェクトが蓄積してゆき、さらに「なる」対象も主体の身体になんらかの形で残る。このように、二項対立が二重性に変容すると共に、多数の「なること」で主体のアフェクトが多重になる。「環境」の事例で見られたように、滝にもなり、森林にもなり、湖にもなり、砂漠にもなることがあり得ることが分かった。このことをドゥルーズとガタリの軌道で考えると、女性にもなり、子供にもなり、動物にもなるという同時発生の生成変化である。全てになることで知覚しえぬものになる。そう考えると、軌道という形ではなく、「なること」の羅列は、アレンジメントという一点において深まっていく形だということである。

本章では「なること」の軌道、つまり「なる」ことが重なっていく、アフェクトが増えて行くという切り口から、言語的イメージと身体運動がいかに未知のアフェクトを導くことができるかを提示した。その言語的イメージでは、主体のアフェクトと対象のアフェクトは対立するものではなく、動きと「なること」を共にさらに生成させる要素となった。そして、それぞれの「なること」からのアフェクトも主体の中に蓄積しつつあることも論じた。さらにドゥルーズとガタリのいう二項対立に関する理論を展開させ、暗黒舞踏に示唆される様々な二項対立を指摘し、それによってその二項対立は破綻した。二項対立の必要性や特定の順番はないとして「なること」の軌道も破綻させ、一点の形をとっていると論じた。

終章

本書では、身体の生命力に関する問題意識から出発し、暗黒舞踏における「なること」を検討することで、ドゥルーズとガタリのいう生成変化の理論を発展させ、アフェクト論の視点から身体経験そのものを論じた。そこには理論的（学問的）目的と、より実用的な目的がある。前者は、いかにアフェクトの民族誌を作成するかというテーマであり、後者は日常の中にも見られる身体経験、あるいはスピノザのいう「存在する力」への理解を深めることである［Kisner 2011: 20］。本章では、暗黒舞踏を踊ることが、アフェクト論とその人類学、およびドゥルーズとガタリのいう生成変化の理論に対してどのような新しい事柄を示唆したのかを明らかにし、今後の課題を提示する。

1　身体経験の言語化

序章において、アフェクト論の一つの問題は過度の抽象化であると述べた［Skoggard and Waterston 2015］。

その問題は身体経験と身体そのものの言語化の難易度を表している。この問題を解決するために、序章では特定の身体性の要素を通して身体を検討し、中動態の動詞で身体経験を把握することを提案した。以下にこの言語化の方法論を通して何が分かったのかをまとめて提示する。

序章では、身体経験の言語化ならびにアフェクト論の民族誌を作成するに当たり、調査者が研究対象の身体性に注目することを提案した。身体性は文字通り身体の性質であるが、そこには一〇の要素がある。それらはアフェクト、能力、代謝・生理、方向性、感覚的経験、身体形態、時間性、ジェンダー、共在、身体運動である。この諸要素は緻密に関係しており、つまり一つに変化があると他の要素も変わってしまう。

本書で紹介した事例の全てにおいて、私は身体性の要素を通して調査するようにしたが、とくにアフェクトと「なること」の可能性または不可能性において、身体性に注目した。ここではまず、本書では「なること」を不可能にすると論じた身体性からまとめて述べる。

第6章では、「なること」ができなかった理由として、身体形態で対象を真似たり、舞踊の身体運動に陥ったりしたからであると指摘した。第8章では、同様に過去の感覚的経験にない行動や動きを創造しないと「なること」にならないことも明らかになった。さらに、自分のアレンジメントからしか「なること」に取り掛からないはずなのに、ワークショップの中で、他の参加者と同じ行動をとるという暗黙了解のもとに、自分の方向性と時間性を他の参加者に合わせることも第6章で指摘した。

次に、「なること」ならびにアフェクトの拡大と増幅を可能にすると論じられた身体性をまとめて提示する。まずは、第6章でオノマトペ、太鼓の叩き方、接触が身体の延長になり、相手にアフェクトを与えることを明らかにした。また第6、7、8章で示した事例は、相手を見る／相手に見られる関係も実は身体的であり、アフェクトを及ぼし、「なること」を促す活力になれることを示している。最後に共在については次のことが分かった。第6章の講師／参加者、参加者どうしの関係においても、第7章の踊り手／

観察者の関係においても、いずれもアフェクトと「なること」の生成には、身体と身体との共在が不可欠であるということである。

序章で論じたように、中動態で身体経験を把握する経験とは、ショルダッシュが言うように、「私が世界を動かしたり、世界に私が動かされるわけではない」、「私が世界と共に動き、世界も私と共に動く」ということである。そしてユクスキュルの環世界の理論を通して中動態をさらに考察し、言語からの意味がいかに人間のリアリティを構築し、その動きを形作るのかという視座を提案した。そして研究対象の発言がお互いの身体経験にそのような影響を及ぼすという仮説を立てた。

第8章と第9章では特に言語に注目したが、本書全体において、言語からのアフェクト的な影響が窺える。一九七〇年代に舞踏家たちが土方巽の言葉と出会い、彼らの踊りに土方の言葉が蓄積していることは明らかである。第3章では、彼らがこれをいかに参加者に伝えられるかと考え、その来歴を語ることや、あるいはお寺のツアーを行いながら自分の考えを述べるなどの事例を示した。そして、第6章と第7章では、身体性がアフェクトおよび「なること」において最も重要であるが、そのワークショップの主役は舞踏家の言葉、その言語的イメージであることを否定できないことを示した。

第8章と第9章からの結論を端的に言えば、言語的イメージは「なること」とそこからのアフェクトの拡大や増幅の原因にはならないが、触媒として不可欠である、ということである。第8章では言語的イメージだけでは「なること」ができず、その言葉を受け取る際に、ある姿勢と想像力が必要と論じた。その際、言語的イメージが自分のアレンジメントに既にあったアフェクトと響き合い、動きを導くことは可能であると述べた。

しかし、言語的イメージは「なること」の未知のアフェクトを生成するための触媒であるが、そのアフェクトが感受されるためにその言語的イメージが伝わる必要はない。例えば、私が猫になって踊るとき、鑑賞者はずばり「猫」と分からなくてもよい。「柔らかい」や、「気まぐれ」、「気だるい」などのアフェクトが伝わればよいのである。

さらに、第8章と第9章では、言語的イメージを展開しつつ動くことでアフェクトの拡大と増幅ができるという可能性を示した。第8章では実際に目が身体のどこかに付いているように動くことで、その言語的イメージが感覚の拡大につながる可能性を示した。また、第9章では「人形になる」ことにおいて関節を回して「バラバラになった」と発言することで、参加者による自身の身体的リアリティの認識がいかに影響されるかを明らかにできた。

同様に「環境になる」事例においては、言語的イメージが催眠術のように参加者の身体的リアリティーを変容させる可能性を探ることができた。おそらく第4章と第5章、または第7章で述べた一九七〇年代の暗黒舞踏はそうであったと推測できる。しかし、本書の調査では、そのような現象はあまり観察されなかった。私を含む参加者はいかに言語的イメージを受け取って、いかに動いたらいいのかという浅い段階にあった。自分の全てを暗黒舞踏にコミットしても、一九七〇年代のような生活とキャバレー出演の機会がないため、彼らの言語的イメージを受け取っても「なること」が彼らのいう通りにできないのである。

しかし、本書で紹介した事例において、舞踏家と参加者が一緒に踊ることができたということは否定できない。本書が論じるような「なること」は、一九七〇年代のそれを再生産することではないはずである。参加者が舞踏家の言葉と身体性との出会いを通して、新しい挑戦と未知のアフェクトができたら、それもまた「なること」である。

2 ドゥルーズとガタリの生成変化に対して

ドゥルーズとガタリの理論はアフェクト論の土台である。暗黒舞踏の「なること」は、ほぼ問題なくドゥルーズとガタリのいう「生成変化」に置き換えることができる。そこで次に、本書がドゥルーズとガタリの生成変化論のいくつかの点において、どのような貢献と批判ができたかをまとめたい。ポイントは、「なる」主体の周囲の人間関係、主体のアレンジメントと「なること」との関係、生成変化の軌道とその二項対立の有様である。

まず、序章では、ドゥルーズとガタリの議論においては、「なる」主体の周囲の人々との関係がいかにその生成変化ならびに未知のアフェクトの獲得に影響しているかという考察が欠如していることを指摘した。本書では生成変化は真空の中で行われるわけではなく、関係性の中で行われていることを前提とした。第6章では、舞踏家の身体が参加者の身体性とその動きに変化を与えることを明らかにした。つまり、周囲の人やものとの出会いによって、「なること」が促される。そして第7章では、暗黒舞踏の「なること」は踊り手の身体のみならず観察者の身体にも感じられる現象であることを示した。このことは主体と観察者が共に生成変化を経験できるということである。

第6章では、「なる」ためには自分のアレンジメントから離れる必要があると考えたが、第8章ではアレンジメントの概念を再考した。まず、アレンジメントは主体の置かれている位置について、蓄積されてきたアフェクトに基づく身体的状態や性質という意味も帯びると論じ、アレンジメントの概念をより身体的かつ具体的に展開した。そして、同じようなアフェクトであっても様々な「なること」へのアプローチが可能であり、また多様な動きが可能であることを明らかにした。より具体的に言えば、踊り手どうしで異なるアプローチ、または異なる動きをしていても、その踊りを通して同様のアフェクトができるということである。そこでは、舞踏家の言葉を素朴に受けとりつつ、自分のアレンジメントの中でアプローチしていることを示した。このことから、生成変化のために自分のアレンジメントから離れるのではなく、自分のアレンジメントに未知のあり方を発見することもできると論じた。さらにその発見は創造でもあり、その創造の鍵は参加者の想像であると主張した。

ここまではドゥルーズとガタリの生成変化を発展させる示唆を与えるものであったが、第9章ではドゥルーズとガタリの生成変化を批判し、私が考える生成変化についても論じた。

まずは、生成変化への批判をまとめて述べる。ドゥルーズとガタリは生成変化の対象を主に人間や動物とするのに対し、第9章は環境と人形すなわちモノ、つまり完全な非人間を対象にする事例を検討した。その結果、全ての生成変化は、ドゥルーズとガタリが論じるように「マイナー性になる」ことではなく、「経験を持たないものになる」ことであると批判した。また、舞踏家に動きの多様性が認められたことから、主体が何になるかは、ドゥルーズとガタリが論じるように順番によるのではなく、その主体のアレンジメントによることを指摘した。

さらに、ドゥルーズとガタリの言う「知覚しえぬもの」と同様に、暗黒舞踏の「なること」は、小林が言う「自分を何者でもないもの、名前のないものに」なるということである。ところが、暗黒舞踏では、同時に様々な対象になり、同時に多重のアフェクトを発する。ということは、「何もないもの」になるためにほぼ全てのものになると言える。ドゥルーズとガタリは、軌道の「負（minus）」の方向性に集中するが、その軌道は同時に「正（plus）」の方向にも働いている。

最後に、ドゥルーズとガタリが論じる二項対立について批判的に検討した。ドゥルーズとガタリの生成変化も、暗黒舞踏の「なること」も、「主体／他者」という二項対立の中で行われている。しかし、暗黒舞踏では、非人間である他者のアフェクトを促すための主体の人間的な言説は、意外とその過程を遮断するのではなく、よりそのアフェクトを呼び起こす作用が認められた。例えば、人間のアフェクトで「環境」になることを示した。主体のアレンジメントの中の工夫で他者のアフェクトにたどり着けるということは、主体と他者との距離を縮めて、結局その二項対立を破綻させることにも通じる。さらに、生成変化を通して二項対立が二重性になる可能性があることも論じた。つまり、主体が他者のアフェクトもできるということは、「主体－他者」という二重性をもつ存在になるということである。

総じて本書は、踊りの生成の検討を通してドゥルーズとガタリの抽象的な論述を具体的に発展させて、実際に行われている場でしか分からない生成変化の様子を明らかにしたと言えよう。

3　アフェクト論への意義——文化と身体

二〇世紀の後半、社会科学の身体論において、表象主義、文化論、言語分析などの様々なアプローチが使用されていたが、これらのアプローチには身体を象徴やテキストのように固定された二次元のものとして扱うという問題があったことを序章で論じた。一九九〇年代には、これらのアプローチを補完するものとして身体化論が現れた。この理論では、身体が生きる中で影響を受けて変化をしていくさまをより深く捉えることができたと考える。ところが、身体化論は身体を形成するものが文化だと論じることで、身体を文化システムの要素にし、その焦点を身体から文化にしてしまった。二〇世紀末には、文化の要素、象徴、テキストなどに還元することなく、身体経験そのものを対象にできるアプローチがまだ欠如していた。

こうした理論に比べて、アフェクト論は身体と身体との間を流動する不可視なものに焦点を当てることで、より身体経験に肉薄できる可能性をもつ。アフェクト論は文化が身体を徹底的に形成していることを認めつつ、文化的言説に論じられる前の気持ちや感覚などを理解しようとする。ところが、これはアフェクト論の長所でも、短所でもある。アフェクト論の課題は、過度の抽象化に陥らずにいかに文化の手前の身体経験を具体的に論じられるかということである。さらに、民族誌をアフェクト論的に記述するに当たり、どのような方法論が必要になるかという問題もある。次に、本書がいかにこれらの問題に取り掛かり、どのような解決がみられたかをまとめて論じる。

まず、序章で述べた問題の一つは、いかに文化論に陥らずに、身体経験を捨象しないことができるか、ということであった。アフェクト論的な民族誌の執筆にあたっても、この問題は解決されていない。この問題について、素朴な提案であるが、序章において、マクロの文化よりもミクロの関係性を研究対象にすることを提案した。そして、関係性というのは身体と身体の関係のみならず、身体とモノ、身体と環境との関係も含んでいる。

当然のことながら、現地の文化からの影響は無視できないが、本書の出発点として、当事者の関係性を重視した。そこで暗黒舞踏の実践は「日本の暗黒舞踏」という文化的様式により決まっておらず、その時の場所と参加者に応じて講師が即興的に行うものである。第3章で示したように、研究対象である人間どうしのみならず人間と物理的環境との出会いはアフェクトの文脈あるいは基盤でもある。

第2部では、暗黒舞踏を日本の一九七〇年代という文化的背景に単純化せずに、舞踏家たちが実際に何を経験していたのか、すなわちどのようなアフェクトを蓄積していたのかを提示した。稽古のみならず、彼らの踊りは当時の日常生活とキャバレーでの経験を通して形成されたものであった。そこで彼らが感受したものは、踊りへの固定概念を超えて、彼らの肉体論と舞踊論を生成した。過去のものであっても、日常のアフェクトと身体経験が個人の一生を変える力があるのだ。

第3部では、身体性を通してアフェクトを導くことが、いかに彼らの関係性に基づいているかを明らかにした。第6章では講師と参加者、ならびに参加者どうしの身体的関係が直接にお互いの身体そしてアフェクトに影響を与えている様子を示した。そこで、未知のアフェクトができるようになるために、「近い関係性」とそこから生まれる動きの「必要性と緊急性」が不可欠であると論じた。さらに、第7章で「なること」とそこからのアフェクトは主体のみならず、踊り手と観察者が二人で成立させる現象であることが分かった。しかしこれは、その観察者が主体に関してある願望や気持ちを持っているがゆえに成立する現象である。さらに、この現象の珍しさゆえに、興味のない観察者では「なること」は成立しない。つまり、アフェクトに基づいているリアリティは一人ではなく、二人以上によって構築されるものである。ゆえに、そこでどのような文化が成立するかについては、その人々の出会い（共在）と動き（身体運動）が基盤になっている。

このことを文化論において考察すると、物事の文化的アイデンティティは、他者ならびに自己がいかに主体のアフェクトを認識するかによる。さらに言えば、アフェクトは現実であり、アイデンティティと文化はその言説であるとも言える。

第4部では、言語的イメージに焦点を当てることで、言語的イメージの触媒としての有様が分かった。ここで、言語的イメージとは何なのかと問えば、それは文化そのものであると言える。舞踏家の言語的イメージは彼らの蓄積してきたアフェクトとその特定の身体性を言語に置き換えて、文化を通して伝えようとしているものである。そして、全ての事例が特定の動きやその身体性に依拠しているので、言語的イメージは動きなしでは「なること」と未知のアフェクトを導くことができないと考える。

とくに第8章の「何をもっていますか」という事例において、そのモノが名付けられる前、すなわち文化的位置付けができる前に、そのモノのアフェクトを感受できることが分かった。それは動きからそのモノのアフェクトが発されるからである。つまり、われわれは言語で現象の認識を整理したがるが、言葉の前に否応なしにアフェクトが身体に流動してくる。

と言いつつも、第8章の「花粉になる」という事例で見られるように、そのアフェクトの強度は主体が言葉を受け取る姿勢によることも無視できない。この事例では、主体の姿勢はアフェクトと「なること」を遮断することもあった。私は自身が「恍惚になる」ことに対して疑問を抱いた結果、「なること」を遮断した。私と違って、二〇歳代のメキシコ人女性はその言葉を素直に受け取って、恍惚と共に動きをしてみた。そこで、彼女と和栗の「恍惚になる」という論述が異なっていても、彼らがそこに見出したアフェクトは同様であると考えた。この事例においても、動きと身体性が先立って、その後の論述は後の理由付けにすぎない。

さらに、第8章の「身体中に目を付ける」事例では、身体に関して既に押し付けられてきた固定概念を超えて、身体のあり方を問い直す可能性が示唆された。このことは文化に逆らうようなアフェクトの拡大とも言える。

第9章では「なること」は何回も行って幾重にもなっていくもので、それらのアフェクトも蓄積していくと論じた。このことは身体に一つの文化を強制しようとするよりも、または身体から文化を取り剥がそうとするよりも、重層的に文化を身につけていく可能性を示唆している。そして、このことの実現には、特定の位置や特定のやり方が要らずに、多様なアプローチがあり得ることが示唆された。ということは、身体が先に文化によって完全に構築されていると言っても、未知のアフェクトができるようにその個体の身体に適切なアプローチがあるということである。ゆえに、どのような文化的身体であっても、その文化には設定されていないアフェクトを身につけることができる。さらに、「環境になる」という事例を参考にすると、自分の文化からの論述を生かし、自分の文化の外にあるアフェクトに届くこともあることが示唆されている。

ただし、そのためには前述したような言語的イメージ、相手の身体性ならびに相手と共通のリアリティーの構築が必要である。想像力を生かし未知のことを生み出すことは難易度が高く奇跡のようなものである。その代わりに、記憶に依拠し、過去の物事を再生産しようとする営みの方が一般的であろう。ここで、その再生産は文化の構築そのものである。

そして、主体のみならず文化も、固定されておらず絶えず構築されているものであると考えれば、次のことを主張できる。それは、アフェクトの先行研究においてアフェクトに先立って文化があることを前提に論じられてきたことに対し [Mazzarella 2002: Martin 2013 など]、本書では文化に先立ってアフェクトがその存在を成り立たせていることが明らかになったということである。

これは序章で提示した「身体としていかにより充実した生き方ができるかという洞察」に還元できると考える。それは、人とは、その彼／彼女が所属する文化や個人のアイデンティティそのものではないからである。人とは経験した出会い及びそこからのアフェクトの蓄積と、何かに「なる」可能性及びその未知のアフェクトをかけて得られた総合体なのである。

かといって、このことは、誰でもどの状況に置かれても、子供のように先入観に囚われずその出会いに挑めば、他者と自分との間にいる存在になり、他者のアフェクトが得られるということを意味しない。本書での考察は、「なること」すなわち生成変化は、主体（この場合は踊る人）のみならず観察者などの相手と共に経験するものであり、したがってそれが相手に承認されていないと阻止されるという現実があることも示唆している。相手も主体の生成変化を認識するならば、自分自身の生成変化が行われなければならない。逆に、主体は新しい何かに生成変化することが承認されるように、周囲の人々の生成変化も促さざるをえない場合もある。つまり、様々な可能性（生成変化）や影響力（アフェクト）を実現するために、共在する人々と共に生成変化していくことが必要である。これは、身体運動を通して、想像力・感覚・気持ち、すなわち身体に基づいている諸要素を動員して、相手と共に実験していく過程であり、ダンスも含めた踊り、さらには生きることそのものなのである。

あとがき――私自身の生成変化

暗黒舞踏のワークショップは生成変化のための実験室であるが、日々の生活は生成変化の過程が果てしなく続いていく現場である。筆者自身も、二〇〇六年に来日して、この人類学的な調査を行ってきた中で生成変化してきている。

この生成変化は誤った先入観に自ら気付き、それを超克しようとしたことから始まった。アメリカでの大学時代を振り返ってみると、筆者は、写真集を通して出会った暗黒舞踏に、数多くの先入観を抱いていたことに気づく。一般的に言えば、アメリカでの故郷、サウスカロライナの田舎町は信仰心が篤く男尊女卑であるのに対し、暗黒舞踏は反宗教、反家父長制であるだろうと思い込んでいた。アメリカの故郷がいわゆる理性的なオクシデントであるなら、暗黒舞踏は神秘的なオリエンタルなものであるとも思ったのだろう。アメリカの故郷が保守的であるのに対し、暗黒舞踏は自由主義で自由奔放だろうという夢を見ていた。つまり、自分の故郷の現実から、日本そして暗黒舞踏に逃避すれば、対極にある生き方と何らかの答えが容易に得られるだろうと思っていたのである。

しかし、実際に出会った暗黒舞踏はその期待を裏切った。研究対象の暗黒舞踏は、土方巽またはその次世代のカリスマである男性主催者を中心に据えたカルトのような集団であったと言える。また、その内実はエキゾチックでも異国風でもなく、振付は異化、ときにはオリエンタル化されていた。日本社会自体も、故郷より進歩的かつ自由主義的でもなく、細かく階層化された社会と厳重に規定された市民生活で、変わりつつあるとはいうものの、まだ保守的で男尊女卑に根ざしていた。それは、江戸期以前からの儒教的な思潮による社会に対する深い影響と、明治以降のキリスト教的な規範に基づいた欧米的思考が入り交じった文化的影響の結果であることを実感した。それらの影響は、日常生活の表面的なところから、その奥底にある価値観や常識にまで浸透している。日本と暗黒舞踏に、故郷の諸問題への答えは見つからなかった。故郷とは正反対のものを求めて来日してみると、相違点よりも知っているものとの共通点が見えてきたのである。

ところが、日本に慣れていく中で、違うものが何なのかを周囲が暗黙のうちに知らせてきた。それは「外人」、すなわち私自身である。私に関わりたがる人々の多くは、アメリカ好き、または英語を喋りたがっている人々であった。そして私自身は、彼らからアメリカ的な行動を期待された。相手と違う行動をすると「やはりアメリカ人の感覚は違う」と言われたりもし、相手の期待を満足させた。そうではない場合は、「アメリカ人はこうだと思っていたのに」とがっかりされたりもした。「外人」または「アメリカ人」というレッテルが貼られ、その範囲内に閉じ込められたように感じた。日本では故郷に対する答えではなく、新たな問題に直面した。

こうした経験を語らずとも、たまに周りの日本人から「日本は閉鎖的でだめ。もっとオープンにならないと」と共感を得ることもあるが、閉鎖的かどうかは問題ではないのかもしれない。それよりも、「日本という国には純血日本人以外は理解できない本質的なものがある」という考え方がなくなれば良い。そして、ほとんどの人間には、文化的状況にその都度調和できるソフトウェアが備わっていると信じてほしい。さもないと、暗黒舞踏を含む史上の様々な文化は、由来の多様な混合体にはなっていないはずである。

しかし、暗黒舞踏の場では、こうした「外人」という対応がほぼなかった。日本の生まれ育ちではないため、知らないことがあるだろうという説明の仕方はあったが、理解できないだろうと言われたことはない。たとえば、八年前、まだ日本語が流暢に喋れない私に対し、研究対象である初対面の舞踏家は日本語で自然な喋り方でインタビューに答え、様々に語ってみることを通して私と世界観を共有した。土方が弟子入りしたいと訪ねてくる者を拒まなかったのと同様に、まだ学生であった私を拒む者もいなかった。外国人だから違うだろうという扱い方もなく、若いダンサーとして受け入れていたように感じた。踊り、または生成変化に国籍は妨げにならないと感じた。

私の当初の期待を裏切ったとはいうものの、暗黒舞踏家の人々は、期待よりも面白い方々であった。社会の決まりに縛られることを否定し、ほぼ一生踊っている方々である。そして、男尊女卑や保守主義よりも膨大な問題に挑戦していた。舞踏家たちは、社会的かつ理性的な「人間」と一般的に言われている自分より、混沌とし計り知れない肉体である自分を重視してきた。誰でも文化的状況に調和できるようなソフトウェアが備わっているが、肉体はハードウェアである。言い換えれば、様々な生成変化をしつつも肉体自体を支配することは不可能である。その結果、帰属意識が高い社会においても完全な理想の一員にはなり得ない。アイデンティティは脆いものであり、自分の体はもっとも確かで信じられるものである。彼らはこれを受け入れて、むしろ体一つあれば何を言われても生きていけるという冒険者の姿勢をとる。この姿勢は彼らの踊りの基盤でもあり、その踊りおよび生き方は、ある境界内に収まることはなく、常に範疇を揺さぶるものである。

そして、彼らと共に時間を過ごす中で、自分自身が生成変化していった。もちろん、自分自身のリアリティーがいかに構築されるか、相手に自分がいかに視覚されるかに対して、己が能動的に直接できることは何もない。意識外のことを、いきなり意識できるようにもならない。しかし、暗黒舞踏とその人々を理解しようとすることは、踊りのみならず日常の言語や、態度、身振りなどが共有されていく過程であった。私の根っこには、日本人になりたいという意識はなかったが、この社会の一員として参加したいという願望があった。それを信じ込み、丁寧に「どうなろうか」と方向づけていったから、今日の社会的な自分自身が成り立っている。

第7章で紹介した教授が、紅茶をコーヒーのような物に変化させたのと同様に、たまに自分も外国人ではないような者に見えることがある。他人が私の言葉を聞きながら私の顔の特徴を訝しげにジロジロ見ることもあるし、私が言葉を発する前には緊張感が漂い、挨拶の後では緊張が一気に和らぐこともある。一方で、私が英語を喋ったり、海外の派手な服を着ると、知人がびっくりすることもある。前者に関しては三〇歳ぐらいの美容師の日本人女性が「かっこいい！」と言い、後者に関しては三二歳のフリーターの日本人男性が「外人にみえる！」と驚いた。彼らは、まるで私が外国人であることを忘れていたようであった。私が普段から日本語でしゃべり、日本社会の常識にふさわしい服装をしていくうちに、いわゆる完全な日本人ではないが、日本人と言えなくもない存在になりつつあったということも窺える。[*30] そしてその二人が私からすればどのように見えるかにも関係があるだろう。私はその二人に対しシンパシーを感じ、二人のように格好良さや優しさとも言える何らかのアフェクトができればいいと念頭に置いて、行動している。教授が紅茶をコーヒーに変えたように、紅茶の性質は変わらないかもしれないが、ここで我々が出会って、我々が共に生きていけば、お互いに響き合い、性質も生成変化していくと信じている。このようにして、お互いの行動とアフェクトが変化していくと共に、見方および見え方も変わっていくのだろう。

この研究を一二年間続けてきて、調査地すなわち当地の一員になれたように感じる。それは故郷と距離を置いていればこそかなうもので、かの地ではこのように生成変化できなかった。多くの外国人が経済的かつ現実的な理由を持たずに来日することは、このような生成変化への願望を少なからず抱いていると考えている。[*31] 外国に行かずとも、国内で田舎から上京することや、勇気が必要なことをやってみることなども、人や物に出会い経験し自分自身が生成変化していくことで、より充実した生き方に繋げられる契機なのだと思う。

あとがき註

＊30 そのように言ってくれた知人たちも、一般常識から多少外れている。前者の知人に対し、もう一人、たまたま同席していた五〇歳ぐらいの会社員で子供がいる女性は「何言ってんの？ ケイトリンは外人だもん！」と突っ込んだ。

＊31 私は若い白人アメリカ人女性であり、現在の国際社会および日本である種の大きな特権を得てしまっていることも忘れてはいけない。このような特権的な立場がなければ、日本で研究しながら生きてはこられなかっただろう。恩返しとして、いかに他者の生成変化を促せる力になるかは、個人的な次の課題である。

謝辞

本書は数え切れない程の多くの方々の親切と応援がなかったら成り立たなかったものである。今でもこの方々に感謝の意を十分に表すことができず、これだけの謝辞では足りないとも思っている。

まずは、博士後期課程の指導教員である田中雅一先生（京都大学）に感謝を申し上げる。先生の支えなくしては、京都大学に編入学することができなかった。その際、私の学問的能力が不足し、一般的に知られていない研究対象に取り組んでいたにもかかわらず、田中先生は興味を示していただき私を受け入れてくれた。先生のもとで私が研究したいものを追究できるように、研究の自由と時間を与えてくれた。人類学理論の勉強に没頭するためにダンス活動を休止するか否かと迷ったとき、先生がダンスを続けるようにと助言してくれたことは本当にありがたかった。さらに本書の草稿を提出した際には徹底的に目を通し、早々にご指導をくださった。本書ならびに私の性格と志向を考えると、田中先生ほど適切な指導ができる先生は存在しない。

また、京都大学大学院人間環境学研究科の文化人類学分野の皆様への感謝を述べたい。石井美保先生、風間計博先生、岩谷彩子先生、菅原和孝先生、そして院生の方々に非常にお世話になった。ゼミの際には、皆様の思考の柔軟性と知識と知恵の深さに驚かされた。中屋敷千尋先輩、川本直美先輩、森下翔先輩は、本書に対して多くの添削とコメントを寄せていただき、心より感謝している。

博士後期課程での時間は、フィールドでの一〇年間のほんの一部であったことは否定できない。この一〇年間、多くのダンサーと舞踊学者の時間と協力をいただいてきた。本研究の開始からずっと支えてくれた舞踏家の今貂子氏は、私に暗黒舞踏の基本と日本の文化、歴史、言語について教えてくださり、その上ご自身が演出した作品でも踊らせてくださった。その踊りと稽古場は私に多大な影響そして居場所を与えてくれた。

本書の対象である舞踏家たち全員が、私のために時間を割いていただき、拙い質問に興味深い回答をくださった。彼らの深い親切に心が動かされるのを覚えた。あらためて深く感謝を表したい。さらに、私のことを研究者としてだけでなく、若い踊り手ならびに人間として受け入れてくれたことが忘れられない。彼らを非常に尊敬しているがゆえに、本書においては正直に私自身の考えを述べるようにした。舞踏家のみなさんにとって意に沿わない点があれば、率直にお詫びしたいと考えている。

そして、慶應義塾大学アート・センターの土方巽アーカイヴのスタッフ、特に森下隆氏、本間友両氏に感謝とお詫びを申し上げたい。アーカイヴのみなさんは、写真や資料を提供いただいたのみならず、舞踏家を紹介していただき、多くの研究プロジェクトに参加させていただいた。彼らからこのような大きなサポートを受けたにもかかわらず、お見せできる結果が本書に過ぎないことは誠に恐縮である。

また、本書の執筆に当たって、家族と友人の優しさと温かさにずっと頼らせてもらった。実家に帰ることができないほど研究に没頭していることに深い理解を示し、無条件に私を支えてくれている家族には、心の底から感謝をしている。執筆のストレスを抱えて落ち込んでいたときには、友人たちが私を励ましてくれた。西村直樹氏はいつも癒してくれた。皆様にお世話になっている。

さらに、研究生活全体を通じて、何から何までずっと私を支えてくれた方がいる。「虫先生」という愛称の加藤佳枝先生である。大学院に進学したいと思いつつ、教科書どころか申請の説明書すら読めなかった時期から、加藤先生にはお世話になっている。私にとって加藤先生は、日本語の先生というよりも、人生の先生と呼んだ方がふさわしい。加藤先生には、度胸をもつこと、笑いとばすこと、自分自身も頼れる自分であるから他者からも頼られるという存在であることの大切さを教えてくれた。私の親代わりであり、友達や飲み仲間でもあり、学問的な指導者でもあり相談相手でもある。そうした人が必要になったとき、加藤先生はいつもすぐ来てくださった。いくら感謝の言葉を述べても足りることはない。加藤先生が周りの人々に尽くしている愛情が先生に戻ってくることを願う。

本書の刊行に際しては、平成三〇年度総長裁量経費人文・社会系若手研究者出版助成金の交付を得た。記して感謝したい。また出版を快く引き受けてくださった京都大学学術出版会に心から感謝を申し上げる。何分、書物の出版は初めてであり、最初から最後まで御迷惑をおかけしたにもかかわらず、深い興味と理解、また編集の際には細かな配慮もいただいた。そのおかげで本書の刊行が果たせたと感謝している。

参照文献

欧文文献

Adkins, B. 2015. *Deleuze and Guattari's A thousand plateaus : a critical introduction and guide*. Edinburgh: Edinburgh University Press.

Baird, B. 2012. *Hijikata Tatsumi and Butoh: Dancing in a Pool of Gray Grits*. NY: Palgrave Macmillan.

Beauvoir, S. 1973. *The Second Sex*. New York: Vintage Books.『第二の性』(中嶋公子、加藤康子訳)。

Blacking, J. 1977. *The Anthropology of the Body*. London; New York: Academic Press.

——— 1983. "Movement and Meaning: Dance in Social Anthropological Perspective." *Dance Research* (1) : 89–99.

Blackman, L. and C. Venn 2010. "Affect." *Body and Society*, 16 (1), 7-28.

Brennan, T. 2004. *The Transmission of Affect*. Ithaca; London: Cornell University Press.

Browning, B. 1995. *Samba: Resistance in Motion*. Indiana: Indiana University Press.

Butler J. 1990. *Gender Trouble: Feminism and the Subversion of Identity*. New York: Routledge.

Centonze, K. 2009. "Resistance to the Society of the Spectacle: the 'nikutai' in Murobushi Kō" *Danza e ricerca*. Laboratorio di studi,scritture, visioni, 1:0, DAMS, Bologna, pp. 163–186.

Crossley, N. 2006. *Reflexive Embodiment in Contemporary Society*. Maidenhead: Open University Press.

Csordas, T.J. 1993. "Somatic Modes of Attention." *Cultural Anthropology*, 8 (2): 135–156.

——— 1994. "Introduction: the body as representation and being in the world." In T.J. Csordas (Eds.), *Embodiment and Experience: The Existential Ground of Culture and Self* (pp.1–26). Cambridge: Cambridge University Press.

——— 2011. "Embodiment: Agency, Sexual Difference, and Illness." In F.E. Mascia-Lees (eds.), *A Companion to the Anthropology of the Body and Embodiment* (pp.137–156). Oxford: Wiley-Blackwell.

Daniel, Y.P. 1994. "Race, Gender, and Class Embodied in Cuban Dance." *Contributions in Black Studies*. 12: 70–87.

Deleuze G. and F. Guattari 1987. A *Thousand Plateaus* (B. Massumi, Trans.). Minneapolis: University of Minnesota Press.

Desmond, J. Ed. 2001. *Dancing Desires: Choreographing Sexuality On and Off the Stage*. Madison: University of Wisconsin Press.

———— 1997. *Meaning in Motion: New Cultural Studies of Dance*. Raleigh-Durham: Duke University Press.

Evans-Pritchard E. 1965. *Theories of Primitive Religion*. Oxford: Oxford University Press.

Farnell, B. 2012. *Dynamic Embodiment for Social Theory: "I Move Therefore I Am."* London: Routledge.

Frank, A. 1991. "For a Sociology of the Body: An Analytical Review." In M. Featherstone, M. Hepworth, and B. Turner (eds.), *The Body: Social Process and Cultural Theory* (pp. 36-102). London: Sage Publications.

Gottschild, B. 2003. *The Black Dancing Body: A Geography from Coon to Cool*. New York: Palgrave Macmillan.

Hanna, J. L. 1987. *To Dance is Human: A Theory of Nonverbal Communication*. Chicago: The University of Chicago Press.

Jackson, M. 1989. *Paths toward a clearing: Radical empiricism and ethnographic inquiry*. Bloomington: Indiana University Press.

Kaeppler, A. 2000. "Dance Ethnology and the Anthropology of Dance." *Dance Research Journal*, Vol. 32, No.1 pp. 116–125.

Kealiinohomoku, J. 1983. "An Anthropologist Looks at Ballet as a Form of Ethnic Dance." In Roger C. and Marshall C. (Eds.) *What is Dance?: Readings in theory and Criticism* (pp.533–549), New York: Oxford University Press.

Kurath, G.P. 1964. "Iroquois Music and Dance: Ceremonial Arts of Two Seneca Longhouses." *Bureau of American Ethnology Bulletin* 187, Washington D.C.: Smithsonian Institution.

Kurihara, N. 1996. *The Most Remote Thing in the Universe: Critical Analysis of Hijikata Tatsumi's Butoh Dance* (Unpublished Doctoral Dissertation). New York: New York University.

Kisner, M. 2011. *Spinoza on Human Freedom: Reason, Autonomy, and the Good Life*. New York: Cambridge University Press.

Martin, E. 2013. "The Potentiality of Ethnography and the Limits of Affect Theory," *Current Anthropology*, 54 (S7). Retrieved from http://www.journals.uchicago.edu/doi/full

Massumi , B. 1995. "The Autonomy of Affect." *Cultural Critique*, 31, 83-109. Retrieved from http://cr.middlebury.edu/amlit_civ/allen/2012%20backup/scholarship/affect%20theory/massumi.pdf.

——— 2002. *Parables for the Virtual*. Durham: Duke University Press.

Mazarella, W. 2002. "Affect: What is it Good for?" In S. Dube (eds.), *Enchantments of Modernity: Empire, Nation, Globalization* (pp. 291–309). London; New York; New Delhi: Routledge.

Ness, S. 1992. *Body, Movement, and Culture: Kinesthetic and Visual Symbolism in a Philippine Community*. Philadelphia: University of Pennsylvania Press.

——— 2004. "Being a Body in a Cultural Way: Understanding the Cultural in the Embodiment of Dance," In Helen Thomas and Jamilah Ahmed (eds.), *Cultural Bodies: Ethnography and Theory* (pp. 123-144). Hoboken: Wiley-Blackwell

Nomura, M. 1990. "Remodelling the Japanese Body" in M. Moerman and M. Nomura (eds.), *Culture Embodied* (259-274). Osaka: National Museum of Ethnology.

Novack, C. 1990. *Sharing the Dance: Contact Improvisation and American Culture*, Madison: University of Wisconsin Press.

Radcliffe-Brown, A. 1922. *The Andaman Islanders*. Cambridge: Cambridge University Press.

Royce, A.P. 1977. *The Anthropology of Dance*. Indiana: Indiana University Press.

Savigliano, M. 1995. *Tango and the Political Economy of Passion*. Boulder: Westview Press.

Seigworth G. and M. Gregg 2010. "An Inventory of Shimmers" In G. Seigworth and M. Gregg (eds.), *The Affect Theory Reader* (1-25). Durham: Duke University Press.

Skoggard I. and A. Waterston 2015. "Introduction: Toward an Anthropology of Affect and Evocative Ethnography." *Anthropology of Consciousness*,26 (2) :109–120.

Shouse, E. 2005. "Feeling, Emotion, Affect." *M/C Journal*, 8 (6). Retrieved from http://journal.media-culture.org.au/0512/03-shouse.php.

Spencer, P. ed. 1986. *Society and the Dance: The Social Anthropology of Process and Performance*, Cambridge: Cambridge University Press.

Spinoza, B. 1994. *A Spinoza Reader: The Ethics and Other Works* (E. Curley trans.). Princeton: Princeton University Press.

Stewart K. 2007. *Ordinary Affects*. Durham: Duke University Press.

Stoller P. 1997. *Sensuous Scholarship*. Philadelphia: University of Pennsylvania Press.

Thomas H. 2003. *The Body, Dance and Cultural Theory*. London: Palgrave Macmillan.

Thrift N. 2004. "Intensities of Feeling: Towards a Spatial Politics of Affect." *Geografiska Annaler*, 86 (1): 57 – 78.

Uexkull J. 1934. *A Foray into the Worlds of Animals and Humans, with a Theory of Meaning*. Minneapolis; London: University of Minnesota Press.

Uno K. 2012. *The Genesis of an Unknown Body* (M. McMahon Trans.). Sao Paolo; Helsinki: n-1 publications.

Watkins M. 2010. "Desiring Recognition, Accumulating Affect" in G. Seigworth and M. Gregg (eds.), *The Affect Theory Reader* (269-285). Durham: Duke University Press.

Williams, D. 2004. *Anthropology and the Dance: Ten Lectures*. Chicago: University of Illinois Press.

Zuckerman, C. 2013. "Book Review of Dynamic Embodiment for Social Theory: 'I Move Therefore I Am.'" *Journal of Linguistic Anthropology*. 23(3): 221-223. Retrieved from https://deepblue.lib.umich.edu/bitstream/handle/2027.42/106746/jola12031.pdf?sequence=1&isAllowed=y

日本語文献

「暗黒舞踏はおいしい」1972『THE OTHER MAGAZINE 21』21: 64 – 79

市川雅　1986「肉体の物質性、物質の肉体性」『美術手帖』561: 26 – 42

稲田奈緒美　2008『土方巽――絶後の身体』日本放送出版協会

井上淳生　2013「ダンスの人類学の概観と展望」『北海道民族学』9: 57 – 67

上野昂志　1989『肉体の時代――体験的60年代文化論』現代書館

川崎市岡本太郎美術館、慶應義塾大学アート・センター　2004『土方巽の舞踏――肉体のシュルレアリスム・身体のオントロジー』慶應義塾大学出版会

小沢昭一　2005（1969）『私は河原乞食・考』岩波現代文庫

――　2013（1977）「ハダカの値打ちがなくなりました」『芸人の肖像』ちくま新書

小沢昭一、土方鉄　2013（1981）『芸能入門・考――芸に生きる』明石書店

金谷武洋　2004『英語にも主語はなかった――日本語文法から言語千年史へ』講談社

小林嵯峨　1990「足早に」『江古田文学』17: 69–70

――　2005『うめの砂草――舞踏の言葉』アトリエサード

國吉和子　2002『夢の衣装・記憶の壺――舞踊とモダニズム』新書館

黒ダライ児　2010『肉体のアナーキズム――１９６０年・日本美術におけるパフォーマンスの地下水脈』グラムブックス

黒木博　1990「インタビュー・身体の中の〈他者〉を探す――芦川羊子と白桃房の現在」『季刊思潮』7: 160–175

佐藤郁哉　1999『現代演劇のフィールドワーク――芸術生産の文化社会学』東京大学出版会

志賀信夫　2008「土方巽――舞踏・キャバレー考」『Corpus――身体表現批評』4: 41–45

ジャパンファウンデーション　2010「舞踏の魅力――フェローセミナーレポート」〈http://d.hatena.ne.jp/japanfoundation/20100818/p1〉（二〇一三年六月三〇日アクセス）

菅原和孝　2013「身体化の人類学へ向けて」菅原和孝（編）、『身体化の人類学――認知・記憶・言語・他者』（pp. 1–40）

正朔　2014（6月28日）「舞踏への思い」『正朔――舞踏　舞踏馬鹿の独り言』〈http://seisaku523.blog.shinobi.jp/〉

田中雅一　2006「ミクロ人類学の課題」田中雅一（編集）、『ミクロ人類学の実践――エイジェンシー／ネットワーク／身体』（pp. 1–37）

ドゥルーズ、ジル & ガタリ、フェリックス　1994『千のプラトー――資本主義と分裂症』宇野邦一、小沢秋広、田中敏彦、豊崎光一、宮林寛、守中高明（訳）、河出書房新社

西井凉子　2013　『情動のエスノグラフィ――南タイの村で感じる・つながる・生きる』京都大学学術出版会
橋本与志夫　1995　『ヌードさん――ストリップ黄金時代』筑摩書房
土方巽　1969　「犬の静脈に嫉妬することから」『美術手帖』「特集 エロスのニュー・イメージ」312: 126－129
福富太郎　1994　『昭和キャバレー秘史』河出書房新社
松嶋健　2014　『プシコ ナウティカ――イタリア精神医療の人類学』世界思想社
麿赤兒　2011　『怪男児麿赤兒がゆく――憂き世戯れて候ふ』朝日新聞出版
三上賀代　1993　『器としての身體――土方巽・暗黒舞踏技法へのアプローチ』ＡＮＺ堂
元藤燁子　1990　『土方巽とともに』筑摩書房
山田一平　1992　『ダンサー』太田出版
箭内匡　2011　「情動をモンタージュする――フレデリック・ワイズマンのニューヨーク」西井凉子（編集）『時間の人類学――情動・自然・社会空間』(pp. 38－61) 世界思想社
和栗由紀夫　1998　『舞踏花伝』ジャストシステム

■人名索引

索引

■事項索引

著者略歴

ケイトリン・コーカー（Caitlin Coker）

1985年，カリフォルニア州生まれ。2006年，サウスカロライナ大学卒業。2006年，日本で暗黒舞踏の研究を開始。2014年，立命館大学社会学研究科修士課程終了。2017年，京都大学大学院人間・環境学研究科博士課程終了（文化人類学博士）。2018年，立命館大学衣笠総合研究機構専門研究員を経て，2019年より京都大学国際高等教育院特定講師。

主要著作

「舞踏の肉体――現代日本における舞踏家たちの日常実践と共同生活」『人文学報』第107号，2015年。

「危うい肉体に出会う――舞踏とショー・ダンスとの関係をめぐって」『日本オーラル・ヒストリー研究』第11号，2015年。

"The Daily Practices of Hijikata Tatsumi's Apprentices from 1969 to 1978," *Routledge Companion to Butoh Performance*. B. Baird and R. Candelario (eds.) Routledge Publishing, 2018年。など

プリミエ・コレクション97

暗黒舞踏の身体経験――アフェクトと生成の人類学

2019年3月5日　初版第一刷発行

著　者　ケイトリン・コーカー

発行人　末　原　達　郎

京都大学学術出版会

京都市左京区吉田近衛町69番地
京都大学吉田南構内（〒606-8315）
電　話（075）761-6182
FAX（075）761-6190
URL http://www.kyoto-up.or.jp/
振　替 01000-8-64677

ISBN 978-4-8140-0193-4
Printed in Japan

印刷・製本　亜細亜印刷株式会社
カバーデザイン　野田和浩
定価はカバーに表示してあります